古格遗址
壁画保护项目竣工报告

傅鹏
唐伟
黄伟
乔兆广
郝尚飞

著

敦煌研究院 编

文物出版社

图书在版编目（ＣＩＰ）数据

古格遗址壁画保护项目竣工报告 / 傅鹏等著 ; 敦煌
研究院编. -- 北京 : 文物出版社，2022.8
ISBN 978-7-5010-7756-4

Ⅰ. ①古… Ⅱ. ①傅… ②敦… Ⅲ. ①古格－古城遗
址(考古)－寺庙壁画－文物保护－研究报告－札达县
Ⅳ. ①K879.414

中国版本图书馆CIP数据核字（2022）第151443号

古格遗址壁画保护项目竣工报告

著　　者：傅鹏　唐伟　黄伟　乔兆广　郝尚飞
编　　者：敦煌研究院

责任编辑：黄　曲
责任印制：张　丽
装帧设计：雅昌设计中心·北京

出版发行：文物出版社
地　　址：北京市东城区东直门内北小街2号楼
邮　　编：100007
网　　址：www.wenwu.com
印　　刷：北京雅昌艺术印刷有限公司
经　　销：新华书店
开　　本：889mm×1194mm　1/16
印　　张：21.5
版　　次：2022年8月第1版
印　　次：2022年8月第1次印刷
书　　号：ISBN 978-7-5010-7756-4
定　　价：620.00元

引言

　　"西藏阿里古格王国遗址保护维修工程"是继 1985 年和 1997 年对古格遗址进行抢救性保护之后，阿里地区文物保护维修史上投资最多、规模最大的文物保护维修工程。古格遗址壁画保护项目，是此项工程的重要内容之一。2007 年，古格遗址壁画前期调研项目组成立，展开了前期调查工作，收集了各类文献资料，考察了壁画的赋存环境和周边环境。

　　2008 年至 2010 年，项目组收集并整理了相关历史资料，对古格遗址、遗址内现存建筑、壁画及其他附属文物进行了价值评估；结合人为干预历史对壁画保存现状进行了评估，综合各类信息进行分析研判，提出了古格遗址壁画保护的技术思路，经过多次讨论最终制订了《西藏阿里古格遗址壁画保护修复方案》。

　　2011 年，根据设计方案的要求对古格遗址白殿、红殿、大威德殿、坛城殿、度母殿和依怙洞开展了更加全面、详细的现状调查工作，其中包括壁画赋存环境、建筑遗存现状、壁画保存现状、壁画病害类型与分布等信息的调查。

　　同年开展前期研究工作，对壁画层面结构以及各个层面的物理、化学性质等信息进行了分析，对壁画的制作工艺和绘制年代进行了调查；利用环境监测数据，分析研究外部环境对殿堂、洞窟环境的影响方式，以及壁画赋存环境的温湿度特征和变化规律；结合分析研究结果，从壁画原始制作材料与工艺、环境、建筑、人为干预四个方面对壁画病害机理进行了分析；根据壁画赋存环境、绘制年代、原始制作材料、工艺、病害类型及病害程度等不同特征，选取古格遗址壁画的典型病害开展了壁画保护修复现场试验，并取得了良好的保护修复效果；根据现场试验结果，探索出了同一位置、多重病害并存的系统处理方法，进一步细化并优化了设计方案中提出的处理措施。

　　在项目实施过程中，结合前期研究结果，根据不同殿堂或洞窟的工作环境，持续开展研究试验，不断总结，制订明确且可持续的治理措施，选取最适当的保护材料与工艺，以高度负责的态度谨慎实施，最终取得了理想的保护修复效果。项目实施期间，项目团队严格遵守相关法律法规，安全防范措施到位，从未发生安全事故。

　　2012 年和 2013 年，古格遗址壁画保护项目团队共完成五个殿堂（度母殿、坛城殿、大威德殿、红殿、白殿）、一个洞窟（依怙洞）的壁画保护修复工作，保护修复面积为 1265.4 平方米。

　　在项目实施过程中，我们建立了壁画保护档案机制，共收集各类相关文件 57000 余件，为古格遗址现存建筑和洞窟建立了 6 套完整的壁画保护档案。至此，古格遗址壁画保护项目圆满收官。

致谢

　　古格遗址壁画保护项目作为"西藏阿里古格王国遗址保护维修工程"的重要内容，是继"西藏三大重点文物布达拉宫、萨迦寺、罗布林卡壁画保护维修工程"之后的又一重要项目，也是敦煌研究院和西藏自治区长期合作的一部分。从 2002 年到 2015 年敦煌研究院在西藏开展的所有工作，得到了国家文物局、西藏自治区党委、西藏自治区人民政府的关心支持，以及西藏自治区文物局历任领导的信任和帮助。

　　在此特别缅怀我国著名文物保护专家敦煌研究院李最雄先生。李最雄先生在我国古代壁画彩塑和土遗址保护领域功勋卓著，先生始终工作在文物保护第一线，曾多次深入西藏拉萨、萨迦等地区考察。由李最雄先生作为总负责的"西藏三大重点文物布达拉宫、萨迦寺、罗布林卡壁画保护维修工程"项目的成功实施，为古格遗址的壁画保护修复工作奠定了坚实基础，为我们留下了丰富的经验。2004 年，先生就带领王旭东、吴健、傅鹏、乔兆福等人赴阿里考察，这是敦煌研究院对阿里地区石窟寺的第一次科学考察，非常怀念和先生在一起工作的时光。

　　古格遗址壁画保护前期调查阶段，时任西藏自治区文物局局长尼玛次仁和他的同事洛桑扎西处长为考察调研团队提供了一系列的帮助。项目实施阶段，时任西藏自治区文物局局长桑布和主管文物保护工作的刘世忠副局长，不辞辛苦，多次亲赴古格遗址视察、指导工作。2013 年，时任西藏自治区党委常务副书记吴英杰亲赴古格遗址调研，悉心了解我院面临的困难，并部署相关部门予以帮助解决。此项目的顺利完成也要感谢时任西藏自治区文物保护研究所所长哈比布和他的团队的密切合作与热心帮助。

　　感谢阿里地区以及札达县的各级领导对我们的支持，他们是时任西藏阿里地区文物局局长李兴国、札达县委书记马庆林、县长次仁扎西。尤其要感谢时任札达县文化局局长达珍女士，不仅在前期调研工作时给予我们诸多帮助，项目实施伊始，还为我们四处寻找合适的居所，解决我们面临的实际困难。

　　感谢札达县文化（文物）局局长罗丹，他不仅参与了古格遗址壁画保护前期调查工作，项目开始后罗丹还带领他的团队全力以赴地为我们与当地政府以及相关部门的协调工作提供帮助。我们在现场工作的每一天，土林－古格风景名胜区管理委员会主任格桑仁增、副主任巴次都给予了全力的配合。

　　感谢承担古格遗址古建筑维修的施工单位——西藏轩辕文物古建筑保护工程有限公司在工作期间给予我们的帮助，在壁画保护与建筑维修的时间安排上，时任项目经理熊焕忠与我们保持着密切的沟通，总是以包容的态度给予我们方便，并为我们提供各种材料与设备方面的支援。

特别感谢陕西省考古研究院张建林研究员。因地处偏远、环境艰苦，我国对于古格遗址的调查工作非常稀少，与古格遗址相关的资料也少之又少。我们在开展古格遗址壁画保护工作中，对古格遗址现存建筑及壁画的认知大多来源于由西藏自治区文物管理委员会编、文物出版社于1991年出版的考古调查报告《古格故城》一书。感谢张建林、童明康等文物工作的前辈们为我们留下了十分珍贵的考古资料，难以想象在20世纪80年代物资匮乏、环境恶劣的情况下，张建林老师和他的团队仍然克服万难并完成如此专业、详细、全面的考古工作，同时也非常感谢张建林老师在我们的壁画保护工作和此书的出版中给予的建议和帮助。

感谢一直与敦煌研究院密切合作的美国盖蒂保护研究所的 Stephen Rickerby、Lisa Shekede，他们为壁画保护的效果呈现提供了宝贵的经验和建议。

项目总负责王旭东研究员，积极组织、协调敦煌研究院各部门的专业力量和资源，参与了前期调查、方案设计等阶段的工作，在保护实施过程中到现场检查指导，并带领团队成员开展现场试验，确保了项目的顺利实施。

2007年敦煌研究院再次组队前往阿里地区开展壁画调查工作，非常感谢孙志军研究员、傅鹏、乔兆福、赵新成、李新锁等团队成员为古格遗址壁画前期调查工作所付出的艰辛和汗水。

在为期三年的古格遗址壁画保护工作中，除了在现场工作的团队，敦煌研究院的许多同仁也以不同的方式为该项目的顺利开展和完成做出了贡献，时任敦煌研究院保护研究所所长苏伯民研究员，对前期研究和项目实施给予了坚持不懈的帮助和坚定不移的支持；时任敦煌研究院文物保护中心主任汪万福研究员、赵林毅研究员，在当时各个项目都缺少人手的情况下，抽调精英骨干优先保证古格遗址壁画保护项目的人力资源；从事后勤保障的汤爱玲，主要负责工作现场与院计财处的财务往来，确保了一线工作的顺利推进；从事财务工作的王金环处长、刘鹏、王倩，负责保护项目的经费支出与核算；从事壁画保护多年的段修业老师、刘涛工程师，毫无保留地为壁画保护过程中遇到的技术难题出谋划策；从事实验室分析的殷志媛、善忠伟，提供了古格遗址壁画样品的分析数据；从事美术工作的赵新荣、雷蕾夫妇，驻扎在现场一月之久，直到完成地仗加固后的压色方案。在此一并表示感谢！

感谢所有参与壁画保护项目的团队成员，不畏艰险，吃苦耐劳；同时还要感谢这些一线工作人员的家属，在我们常年野外工作的情况下，是他们的默默付出给予我们强大的支撑和动力。

目　录

引言　　　　　　　　　　　　　　　　　　　　　　003

致谢　　　　　　　　　　　　　　　　　　　　　　004

第一章　项目介绍　　　　　　　　　　　　　　　　009

　　　第一节　项目概况　　　　　　　　　　　　　010

　　　第二节　实施方法　　　　　　　　　　　　　016

第二章　信息收集　　　　　　　　　　　　　　　　019

　　　第一节　环境概况　　　　　　　　　　　　　020

　　　第二节　文献资料收集　　　　　　　　　　　024

第三章　价值评估　　　　　　　　　　　　　　　　027

　　　第一节　遗址价值评估　　　　　　　　　　　028

　　　第二节　壁画价值评估　　　　　　　　　　　038

第四章　现状调查　　　　　　　　　　　　　　　　053

　　　第一节　环境调查　　　　　　　　　　　　　054

　　　第二节　建筑遗存现状　　　　　　　　　　　061

　　　第三节　壁画保存现状　　　　　　　　　　　079

　　　第四节　壁画病害类型与分布　　　　　　　　093

　　　第五节　干预历史　　　　　　　　　　　　　152

第五章　前期研究　　　　　　　　　　　　　　　　155

　　　第一节　原始制作材料与工艺分析　　　　　　156

　　　第二节　环境数据分析　　　　　　　　　　　167

　　　第三节　病害机理简析　　　　　　　　　　　176

　　　第四节　保护修复材料与工艺筛选　　　　　　181

目 录

第六章　保护实施　　　　　　　　　　　　　　　　　　197

　　第一节　古建施工过程中壁画处置预案　　　　　198

　　第二节　档案建设　　　　　　　　　　　　　200

　　第三节　保护修复措施　　　　　　　　　　　209

　　第四节　保护实施成果　　　　　　　　　　　220

　　第五节　小结　　　　　　　　　　　　　　　340

结束语　　　　　　　　　　　　　　　　　　　342

编后记　　　　　　　　　　　　　　　　　　　344

第一章

项目介绍

公元 10 世纪中叶至 17 世纪初，古格王国雄踞西藏西部，弘扬佛教，抵御外侮，在西藏吐蕃王朝以后的历史舞台上扮演了重要的角色。公元 1630 年的一场战争使之灰飞烟灭、销声匿迹。古格王国遗址位于阿里地区札达县扎布让区 2000 米以外的一座土山上，遗址总面积约为 72 万平方米。大部分建筑集中在土山的东面，依山叠砌，层层而上，房屋洞窟星罗棋布，共计有 400 余座殿堂建筑、近千孔洞窟、58 座碉楼、4 条暗道、28 座各类佛塔、11 座仓库和其他附属建筑，房屋建筑均为土木结构。古格王国遗址的现存建筑充分体现了古格人在建筑设计思想和建筑技术上所做出的成就，殿（洞）内的壁画、望板、藻井、梁柱替木雕绘，表现了强烈的宗教艺术追求，古格遗址的建筑及其附属文物都具有极高的历史价值、科学价值和艺术价值。古格王国遗址在 1961 年 3 月 4 日由国务院公布为第一批全国重点文物保护单位。

古格遗址中有 5 座殿堂、5 个洞窟保存有壁画，现存壁画面积总计约 1200 平方米。所有殿（洞）的壁画都受到不同程度的破坏，保存较好的有白殿（拉康嘎波）、红殿（拉康玛波）、大威德殿（杰吉拉康）、坛城殿（金科拉康）、度母殿（卓玛拉康）、依怙洞（贡康洞）。丰富的壁画题材与内容对研究古格王国的历史沿革、政治体制、宗教文化、社会经济、现实生活、科学技术等方面具有极高的研究价值。

第一节　项目概况

一、前期准备

1. 项目启动

敦煌研究院于 2007 年初组织成立了古格遗址壁画前期调研项目组，项目组由时任敦煌研究院常务副院长王旭东负责，自 2007 年 2 月开始文献资料的收集、查阅工作，初步提出了古格遗址壁画保护的基本思路和技术路线。

2007 年 9 月初，项目组负责人王旭东与西藏自治区文物局尼玛次仁局长在拉萨举行了会谈，会谈内容主要包括在古格遗址开展前期现场调研工作，双方在古格遗址壁画保护的基本思路方面达成了一致。西藏自治区文物局委派洛桑扎西处长配合此次调研工作，并敦促阿里地区札达县文物局积极参与和配合。

2. 前期调研

项目组部分成员于 2007 年 9 月 6 日自西藏自治区拉萨出发，赴阿里地区札达县古格遗址开展壁画保护的前期现场调研工作。前期现场调研工作历时一个月，工作中当地县委、县政府及文物局等相关部门积极参与配合，为此次工作提供了诸多方便。

此次现场调研工作内容主要包括对遗址壁画保存现状进行文字记录、图像记录、取样等工作，并对壁画的赋存环境和周边环境进行考察、取样（图 1–1–1）。

（1）资料收集

●收集并整理了古格遗址的考古发掘资料，为现场调研及其后的壁画保护工作提供了基础资料。

图 1-1-1　2007 年前期调研

（上面两图是调研团队跋山涉水驱车前往古格遗址途中，下面两图是调研团队对周边环境的考察，最远到达新疆与西藏交界的地方，一些没有道路的地区只能骑马前往）

● 收集并整理了札达县托林寺的考古发掘资料与干预历史资料，以便与古格遗址壁画保存现状进行比对。

● 收集并整理了札达县的相关历史资料与人文环境资料。

● 收集了古格遗址的卫星遥感地图以及各个殿堂的平面图。

● 完成了古格遗址壁画保护的数据库档案设计工作，确定了数据库的内容和形式。

（2）现场调研

● 利用红外测距仪，对古格遗址各个殿堂进行了测量（图 1-1-2），获得数据共计 122 个。

● 对壁画保存现状进行了文字记录，包括现存壁画的内容、保存范围、病害情况、病害范围等内容。

● 对壁画保存环境、现状进行了图像记录（图 1-1-3），获得白殿图片 485 张、红殿 310 张、大威德殿 37 张、坛城殿 70 张、度母殿 40 张，共计 942 张。

● 完成了对壁画颜料层、地仗层、酥碱地仗的取样工作（图 1-1-4）。

● 对周边地质环境、水环境进行了调查。

3. 方案设计

2008 年，由西藏自治区文物局组织多家单位参与《阿里古格王国遗址保护维修工程初步设计（洞窟边坡加固与山体排水治理、文物本体、壁画保护）》方案。敦煌研究院应邀完成了壁画保护部分的初步设计工作，

图 1-1-3　2007 年调研时的图片拍摄工作

图 1-1-2　2007 年调研时的测绘工作

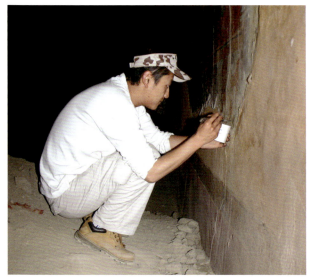

图 1-1-4　2007 年调研时的样品采集工作

设计内容主要针对古格遗址内保存较好的 5 座殿堂、1 个洞窟内的壁画进行保护。

2009 年 9 月，西藏自治区发展和改革委员会组织相关专家对该设计进行评审，并予以通过。

2010 年，古格王国遗址被列入"188 项目"的西藏"十一五"重点文物保护维修工程之中，由国家发展和改革委员会对《古格王国遗址保护维修工程可行性研究报告》进行了审核并予以通过，预算总金额 421 万。

同年，根据国家发展和改革委员会的审批意见，敦煌研究院完成《西藏阿里古格遗址壁画保护修复方案》。

4. 现场试验

2011 年 6 月，敦煌研究院与西藏自治区文物局签订《西藏阿里古格遗址壁画保护修复工程》合同。合同签订之后，在室内实验研究的基础上，针对古格遗址壁画现状的实际，制订了壁画保护修复现场试验方案。敦煌研究院委派傅鹏和黄伟赴古格遗址开展各类壁画病害的现场试验工作。现场试验主要针对夯土墙空鼓壁画灌浆、洞窟空鼓壁画灌浆、起甲壁画修复、酥碱地仗加固以及污染壁画清理等病害治理类型。

5. 后勤保障

2012 年初，敦煌研究院组建成立古格遗址壁画保护项目组，并于 4 月下旬进驻西藏拉萨开始各项准备工作。

（1）驻地建设

阿里札达县地域狭小，经济发展欠佳，能够选择的租住点几乎没有，在札达县文物局达珍局长的全力帮助下，终于找到了一处可以对外出租的民居。该民居只有四间房，没有厨房和卫生间，屋顶还有漏雨痕迹，须经改造才能作为驻地使用。

项目组委派了曾在西藏工作多年的高三虎同志负责并带领后勤组先行进驻阿里地区札达县，开展驻地改造。在克服了所租房屋基础条件差、材料短缺、用工短缺等困难后，他们仅用了短短半个月的时间就完成了对破旧土坯房的地面硬化、公共区域扩展、厨房卫生间装修、员工宿舍布置等一系列工作，最为重要的是解决了驻地用水的问题。

经过改造，驻地拥有设施齐备的厨房一间，洗澡间一间，可供两人同时使用的卫生间一间，活动室兼饭厅一间，可供 13 人居住的卧室四间，库房一间。因札达县经常停电，驻地还备有功率 2500 瓦的发电机一台，以备停电之需。

当时札达县还没有通自来水，县城旁边的象泉河河水浑浊，无法直接使用，当地人都必须去郊外一处泉眼接水。项目开始后将有 10 余人用水，去郊外接水无疑只是杯水车薪，面对此种情况，后勤组将在拉萨定制的两个铁质水箱置于屋顶，由水泵从地下抽水，满贮水量达 4 立方米，可保证驻地在停电四日的情况下使用"自来水"。

札达物流困难，但驻地大容量的冰箱、冰柜保证了蔬菜、肉类的储存，满足了工作人员的营养需要。

驻地接通了卫星电视、无线宽带网络，这不仅方便了项目组和院部的联络以及日常工作，而且大大丰富了驻藏工作人员的业余生活。

（2）现场工作条件

古格遗址工作现场，每天中午便会刮起强风，为营造良好的工作环境和休息场所，购置了一套户外帐篷及便携式桌椅，既可方便现场办公，同时可用于工作人员用餐和小憩（图 1-1-5）。

（3）饮食

驻地到古格遗址的车程约为 20 分钟，工作期间中午不返回驻地，午餐直接由驻地送往工作现场。后勤组在严格把关食品安全的同时，尽可能丰富工作人员的一日三餐。

（4）物资补给

因札达县地处偏远，物资匮乏，包括工作用品、生活用品在内的许多物资很难在当地直接购置，驻地与工作现场所用物资大多从拉萨租车发送。

最大规模的物资运输是在 2012 年 5 月 13 日，为将在拉萨购置的各类设备和存放在布达拉宫库房的 200 多套支顶架等物资运送至札达县，租赁了一辆可载重 10 吨的卡车，于当天晚上 9 点（白天卡车不得进入市区）

图 1-1-5　工作现场搭建的办公帐篷

进入布达拉宫，在拉萨市交警队、布达拉宫管理处的通力协助下，于次日凌晨 2 点完成物资的装载并顺利启运。

（5）身体健康保证

前往古格遗址的交通条件及当地气候条件非常恶劣，对工作人员的身体健康极为不利。所有长期工作人员均在进藏之初接受了医院体检，包括肝肺功能、心脏状态、血常规、血压、骨骼等科目。

二、项目目标

2011 年，"西藏阿里古格王国遗址保护维修工程"全面启动。此次工程是继 1985 年和 1997 年对古格遗址抢救性保护之后，阿里地区文物保护维修史上投资最多、规模最大的文物保护维修工程。工程分为三个部分，分别是洞窟边坡加固与山体排水治理、古建保护、壁画保护。壁画保护修复是此次西藏阿里古格遗址保护维修工程的重要内容之一。

古格遗址历经近千年的历史，由于受多种因素的影响，殿（洞）内的壁画出现不同程度的病害。根据国家发展和改革委员会、国家文物局、西藏自治区文物局提出的保护要求，结合敦煌研究院在西藏历年的壁画保护经验，依据《西藏阿里古格遗址壁画保护修复方案》，古格遗址壁画保护项目主要围绕以下几个目标开展工作：

● 壁画保护工作的开展须遵循我国各项法律法规，实施过程中须确保文物与人员的安全。

● 了解古格遗址及其附属文物的文化价值，避免对其真实性和文化价值造成不利影响。

● 通过对壁画保存现状的调查研究，掌握壁画病害的成因和机理。

● 开展和实施预防性保护，防止壁画进一步病变，尽可能保持赋存环境的稳定。

● 通过对保护材料与工艺的筛选，解决壁画的病变问题，并取得明确和可持续的治理措施。

● 制定并实施项目监测策略，改进收集数据的信息管理方法。

● 为当地培训文物管理员、壁画保护专业技术人员。

● 向游客展示保存完好的殿堂或洞窟，传达保护信息。

三、项目挑战

敦煌研究院有着多年的壁画保护历史，在西藏承担过布达拉宫、罗布林卡、萨迦寺等多处历史遗址的壁画保护工作，积累了许多经验，但此次面对古格遗址壁画保护项目，仍然有来自诸多方面的挑战和压力。

近百年来，对古格遗址的考察活动屈指可数，研究成果亦极为少见。之前对古格遗址的研究主要集中在地质环境和考古学角度的建筑遗存、附属文物的研究，缺少壁画制作材料与工艺以及保护方面的研究，这无疑增加了壁画保护前期研究工作的难度。

古格遗址地处偏远，自然环境恶劣，即便在 2012 年，从拉萨到阿里札达县也需要三至五天的车程。古格遗址处于西藏阿里地区腹地的高海拔地区，日常生活对人员身体本就有很大的损耗，开展保护工作更是一个巨大的挑战：遗址依山而建，上下高度落差将近 300 米，工作人员每天都需步行爬坡至工作殿堂，而处于遗址上部的坛城殿、依怙洞，需要半个多小时才能抵达，这对工作人员的身体更是一种极限考验。

在项目实施的时候，遗址还没有通电通水，这在之前的保护工作中是前所未有的，所以项目实施过程中用电、用水、物资搬运等各种问题的解决无一不考验着项目团队人员的决策能力。

古格遗址现存壁画约 1200 平方米，大致分为三个时期。不同时期、不同结构、不同环境的壁画，病害类型众多，病害成因复杂，保护材料与工艺的筛选是项目团队必须面对的难题。

红殿壁画作为古格遗址遗存的早期壁画，具有极高的艺术、历史、科学研究以及社会价值。因建筑漏雨及下部酥碱，红殿南壁有大面积壁画脱落，1997 年国家曾对古格遗址进行过抢救性保护，对红殿壁画脱落部位进行了加固处理。限于当时的技术条件，加固材料使用了较为坚固的水泥，有效阻止了壁画进一步脱落，但因水泥透气透水性差，数年以后曾经加固部位的边缘出现了酥碱现象，造成壁画颜料层起甲、脱落。对于这种大面积曾经加固部位的处理也对项目团队提出了更高的要求。

白殿壁画存在大面积的颜料层起甲，作为早期遗存的壁画，白殿壁画绘制得极其精细，且壁画颜料层较薄，对于这个殿堂壁画的起甲修复技术要求非常之高，在第二次现场试验成功之前，项目团队的心理压力不可谓不大。

古格遗址保护维修工程启动后，洞窟边坡加固与山体排水治理、古建保护、壁画保护三个分项工程是同时开展的，如何在古建保护施工的同时做好壁画的防护，也是摆在项目团队面前的一个新问题。

面对上述困难或挑战，项目团队在敦煌研究院各个部门的紧密配合与协调支持下，都逐一予以了妥善地解决和化解。

四、保护依据

2012 年 5 月，我院组织专业技术人员进入古格遗址开展壁画保护修复工作。工作初始，我院就对所有相关人员进行了安全教育，提出了必须遵循的保护依据。要求必须坚决贯彻执行《中华人民共和国文物保护法》《中华人民共和国消防法》《中华人民共和国文物保护法实施条例》《建设工程安全生产管理产条例》《文物保护工程管理办法》《中国文物古迹保护准则》等法律法规；遵循 2010 年 11 月制订、并已通过专家评估的《西藏阿里古格遗址壁画保护修复方案》中所拟定的保护修复方法及保护设计方案，对各种病害的治理实行严格的技术控制，以确保文物安全。针对不同病害，本着细致、严谨的科学态度进行研究、试验，并根据实际情况，随时进行适当的技术方案调整。

五、成果

为了切实有效地做好古格遗址保护维修工程中的壁画保护修复工作，我们在总结敦煌研究院几十年来在石窟寺壁画保护修复的成功经验和教训的基础上，本着对文物高度负责的精神，在慎之又慎的前提下，加大对文物保存现状的调查、评估和前期研究力度。

鉴于古格遗址壁画现状保存的实际，室内实验针对壁画制作材料及保护修复材料进行了系统地分析、研究，现场试验则侧重于空鼓壁画灌浆、起甲壁画修复、酥碱地仗加固、泥渍污染壁画的清理以及脱落壁画的拼接、回贴等保护修复材料与工艺的筛选工作。

2013年10月，在西藏自治区文物局和当地政府部门的大力支持和协助下，全体工作人员克服海拔高、生活条件艰苦等诸多困难，顺利完成了现场保护工作。

2015年，西藏自治区发展和改革委员会同财政厅组织了古格遗址维修工程第三方财评工作，壁画保护项目获得了验收通过。

第二节　实施方法

一、项目实施理念

古格遗址壁画保护项目的设计、实施理念都是基于《中国文物古迹保护准则》（2000年）。《中国文物古迹保护准则》是在中国文物保护法规体系的框架下，对文物古迹保护工作进行指导的行业规则和评价工作成果的主要标准，也是对保护法规相关条款的专业性阐释，同时可以作为处理有关文物古迹事务时的专业依据。

《中国文物古迹保护准则》主张保护的目的是真实、全面的保存并延续文物的历史信息及其全部价值。根据《中国文物古迹保护准则》的要求，古格遗址壁画保护项目分为五个部分，依次为信息收集、价值评估、现状调查、前期研究和保护实施（图1-2-1）。

项目实施期间，项目团队严格把控壁画保护工艺，坚持最小干预的保护原则，尽可能避免过度修复的情况发生。

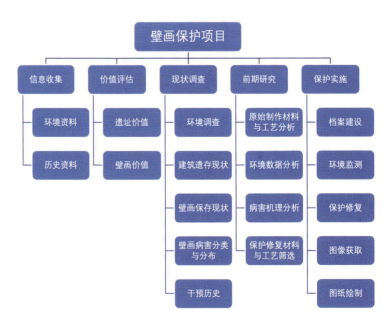

图1-2-1　基于《中国文物古迹保护准则》的古格遗址壁画保护项目实施方法与过程

二、项目实施顺序

2011 年

"西藏阿里古格王国遗址保护维修工程"全面启动，按照《西藏阿里古格遗址壁画保护修复方案》的要求，在前期调研工作的基础上，深入开展价值评估、现状调查、前期研究及现场试验等工作。

2012 年

根据前期调研结果，获知古格遗址的现存壁画可分为早、中、晚三个时期，红殿、白殿壁画为早期绘制，坛城殿、大威德殿壁画为中期绘制，依怙洞、度母殿壁画为晚期绘制。

鉴于晚期绘制的壁画与敦煌研究院之前完成保护修复的萨迦寺部分殿堂的壁画属于同一时期，壁画原始制作工艺也较为接近，项目团队中的大多数成员亦都参与过萨迦寺壁画的保护修复工作，对这种原始制作工艺较为相近的壁画能够尽快地适应，所以项目团队选择度母殿壁画作为整个项目开展的第一个保护对象（图 1-2-2）。

古格遗址地处高海拔地区，对工作人员的身体损耗非常大，根据敦煌研究院以往在高原工作的经验，应当在工作人员身体状态较好的时候，安排较高海拔、体力消耗需求大的工作。所以项目团队决定在完成度母殿的工作之后，将所有工作人员调至位于遗址最高处的坛城殿和依怙洞开展工作。

根据环境数据以及之前考察调研积累的经验，古格遗址所在地札达县在进入 10 月以后很大可能会有强降雪，而降雪之后，温度的下降不仅会导致保护工作无法开展，还会造成长达六个月的封山期，项目团队必须在 10 月初撤出阿里地区。按照时间计划以及工程量的规划，选择大威德殿作为 2012 年工作的最后一个殿堂。

图 1-2-2 2012 年项目实施顺序

2013 年

按照保护修复方案，红殿内有大面积的历史加固需要去除，这对工作人员的体能是个很大的挑战，所以 2013 年进场之初，就选择在红殿开展工作（图 1-2-3）。

白殿壁画属于古格遗址的早期作品，艺术价值高，起甲修复难度非常大，基于对文物安全高度负责的态度，为确保保护修复的成功，在经历两次现场试验之后，对试验区域持续观察两年后才正式开展对白殿的壁画保护工作。

图 1-2-3 2013 年项目实施顺序

第二章

信息收集

第一节　环境概况

文物各种病害的产生与其所处的地域环境、人文环境、赋存环境以及自然灾害历史有着密切的关系，这些也是影响保护效果的主要因素。因此在壁画保护过程中，对壁画所在殿堂及周边环境进行了解并长期监测，对数据进行分析和评估，可为保护提供翔实、准确的环境数据资料，并依此制订切实可行的保护对策。

本节所述环境概况主要涵盖与古格遗址价值关联的自然和人文景观构成的环境，包括古格遗址所处地理位置、地质环境、气候环境、水文环境、自然灾害历史和人文环境等。

对古格遗址地质环境的分析，可以了解当地地质对遗址本体及壁画赋存环境、壁画支撑体及制作材料的影响。对气候环境的分析有利于了解当地气候对遗址及壁画保存的影响，依此可在保护过程中制定相关应对措施。

一、地理位置

古格王国遗址所在的札达县位于我国青藏高原的最西端，在西喜马拉雅山与其支脉阿伊拉日居山（也称阿伊拉山）之间的湖盆中，现属西藏自治区阿里地区管辖，占阿里地区总面积的8.65%。西、南两面与印度交界，西北端与克什米尔毗邻，东南、东北分别与阿里地区的普兰县、噶尔县接壤。

古格王国遗址位于札达县扎布让区2000米以外的一座土山上，遗址的西边、西北边是高达200米的断崖，崖下为一条干涸的河床；南端依靠高耸陡峭的大土山；东边是一片较开阔的山坡地，坡下有一条小溪，小溪对面山坡上是扎布让寺遗址。遗址所在山体下部（入口处）海拔3680米，山顶王宫区海拔3800米。

二、地质环境

札达县境内地形复杂，具有高山、丘陵与盆地等多种地貌类型，尤其是境内的高山，直接影响着札达县的气候与土壤的形成。

1. 地貌

札达县的主要山脉是南部分布的喜马拉雅山脉与东北部分布的阿伊拉山脉。

西喜马拉雅山脉从东南—西北方向进入普兰境内，山脊海拔高6000米以上，分水岭最高海拔达6939米，它促使现代冰川发育，阻挡着印度洋的湿润气流的入侵，使喜马拉雅山北坡形成"雨影带"，气候表现为干燥少雨。

阿伊拉山脉是西喜马拉雅山的主要支脉，从西北—东南方向自克什米尔进入我国境内，其西北端山体高，平均海拔5500米，最高峰海拔6554米，它促使现代冰川发育。此段山体陡峭，岩石分化形成规模巨大的倒石堆，直泻谷底，因此形成稀疏的坐垫植被。山体向东南逐渐下降，到曲龙村降到海拔5000米以下，形成残丘。

札达县中部为古湖盆占据，为上新世断裂湖盆，面积3000多平方千米（长100千米，宽30千米）。湖盆海拔上限在4400米，被由东向西而来的象泉河（朗钦藏布）横穿而深切，切割深度达800～1000米。由于四周高山河流穿插札达盆地而流入象泉河，又由于地表径流的长期侵袭，故使湖盆形成了奇峰林立的地貌形态（图2-1-1）。札达盆地中气候干旱少雨，因而形成了荒漠草原植被，其河谷是札达县的冬春草场，也是札达县农业耕地分布地段。

图 2-1-1 札达县地貌

2. 地层

札达县平均海拔在4000米以上，相对高低悬殊，其间象泉河深切，致使原湖泊已为侵蚀地貌所取代，在较窄的区域里，形成了较大跨度的土壤类型过渡，成为西藏阿里地区乃至我国颇为特殊的自然地域。

札达县主要为上新世河湖相沉积地层，厚达800米以上，顶部海拔高约4500米，近乎水平，是为古湖底面，现为象泉河之谷肩。象泉河受断裂沟壑控制，由东向西贯穿盆地中部，将盆底沉积层切开。在曲松乡以上的上段，其东支和西支形成三级阶地，其中一级阶地为堆积阶地，二、三级为基座阶地或堆积阶地，西支兰成河无阶地发育。在曲松乡至扎布让以西的中段，札达峡口以上为窄谷和峡谷，以下为宽谷。曲龙一带有三级阶地，其堆积阶地（二级）由灰色和灰黄色砂砾组成，第三级为基座阶地，高100米，堆积物为钙质胶结的灰黄色砾石层，上浮棕红色粉砂黏土层。从札达峡口至扎布让以西长约30千米的地带，河床高度从海拔3700米逐渐降至海拔3650米，平均纵比降1.7‰，河谷宽6000米，河流多形成岔流，至扎布让开始归槽成曲流，所以其间河漫滩和阶地发育有三级阶地，第一级阶地为基座阶地，第二、三级为堆积或基座阶地，相对高度分别为20米、50米、90米，其基座由上新统粉细砂岩或侏罗纪灰岩构成，阶地平坦，宽达1000米，阶地堆积物以粗砂砾为主。扎布让以下至什布奇为象泉河之下段，长105千米，河床高度从海拔3650米降至海拔2900米，平均纵比降7.2‰，为深切狭窄河谷，宽大多在100～200米，什布奇处宽仅20～50米，无阶地发育，有相应的2～3级规模不大的洪积扇，其前缘构成的平台由砂砾组成，什布奇居民点就在此平台上，"V"形窄谷则由前石炭系之板岩、砂岩以及第三纪喜马拉雅期之花岗闪长岩等岩类组成。

3. 地质构造

札达县地质构造上属印度次大陆板块的喜马拉雅山与属欧亚大陆板块的西藏台块相碰撞，印度次大陆板块沿雅鲁藏布江断裂带向欧亚大陆板块俯冲，前者切入后者，地壳产生大幅度的隆升。海水退却，陆地露出海面，形成西南方向突出的弧形山地。构造架为喜马拉雅运动期产物。主要构造为象泉河断裂带。

古格王国遗址所处位置属札达盆地的土林地带，所处的土山土质为水平层状的第四纪湖相沉积物（未成岩），岩性主要为厚层状灰黄色黏土、亚黏土夹细沙层，胶结性较好。同时，山体外表不同部位的土体因所含土质的不同，显示出不同的抗水侵蚀性和抗自然风化性。山体外表几乎没有任何植被。

4. 土壤

由于札达地处阿里地区西南角，气候干旱而严寒，境内地形复杂，中部为古湖相沉积盆地，盆地四周为喜马拉雅山脉，而且现代冰川发育，河网分布均匀，因此在地形地貌上形成剥蚀山地、丘陵山麓冲积扇、河湖阶地及洪积倾斜平原，构成了各种土壤的成本母质，加之年轻的地质历史，对于札达县土壤发育过程和主要理化属性具有重要的影响。大部分成土分化壳普遍含有大量石砾或粗粒物质，发育较为原始，土壤一般质地粗疏，地表多碎砾和粗砂，土层不厚，含水少，结构较差，剖面中植物根系少，多数土壤有明显的石灰反应。土壤主要类型有高山寒漠土、高山草甸土、高山草原土、亚高山草原土、亚高山草甸土等。

三、气候环境

1. 气候特征

矗立在札达县南部的喜马拉雅高大山系的巨大屏障作用，很大程度上阻碍了印度洋暖湿气流向北运行，使札达县成为"雨影区"，札达盆地的气候变得干旱，加之谷地的热效应影响，形成谷地干热的特点，使这片盆地的生物气候规律变得复杂，气候作用表现得十分强烈而明显，形成亚高山带土壤。

札达盆地气候属高原温带半干旱型。在地貌作用的外引力和气候的水热条件相依从的规律下，札达山地垂直带气候分异较明显：即高山的寒带冷湿和亚寒带半湿润、半干旱，以及中山至谷底的温带半干旱。东北向的阿伊拉日居山将从喜马拉雅进入的温暖气流截阻在札达盆地，使该山南坡的水热条件较噶尔方向为好，其土壤发育跟噶尔有较明显的差异。

喜马拉雅与阿伊拉日居山在曲松以北形成一"∩"字地形，从喜马拉雅进入的印度洋暖湿气流在这里产生洄漩，致使马蹄形谷底相对多雨湿润，形成札达最暖湿的区域，并出现高山草甸草原土的狭长地带，镶嵌在高山寒漠土与高山草原土之间。

2. 气象

札达县年日照时数约 3500 小时。年均温度约 3℃，最热月 7 月为 13.7℃，最冷月 1 月为 −10℃左右，大于等于 0℃的天数约 230 天，大于等于 10℃的天数有 110 天左右。霜期达 235 ~ 241 天，冰雹多。

札达县属高原亚寒带季风半湿润、半干旱气候，每年 10 月至翌年 4 月，地面受冷高压控制，干旱多大风，低温少雨雪；5 月至 9 月，受西南季风支配，雨量集中；年降水量约 65 毫米，每年的降雨多集中于 7、8 月，多以暴雨为主；年平均气温低，年差较小，日差较大，最暖月平均气温在 10℃以上；现存植被绝大部分为高寒荒漠类型。

札达县因所处地理位置与海拔高度特殊，所以每年普降大雪较多，特别是曲松、底雅、萨让的封山期均在半年以上，一般从 11 月到翌年 5 月为封山期。

札达县气候受西风环流和西南季风的影响，随着季节的变化在札达盆地上空交互进退，发生着有规律的周期性更替。年均风速 3.7 米 / 秒，最大风速 19 米 / 秒，年均大风天数 32 天。在西风环流控制下，札达县气候干燥少雨，昼夜温差剧烈，大陆性强，成为札达县冬半年的主要天气系统。夏季西南季风于 6 月上、中旬影响札达县，具有气流下沉特点的西风环流逐渐消退，夏季环流开始建立，直到 10 月上、中旬，所以札达县夏季气候温暖、雨量集中。

四、水文环境

札达县境内水域总面积约 730 平方千米（不含地下水）。其中冰川面积 456.2 平方千米，约占总面积的 62%；河流（象泉河及其支流、泉水）面积 264.5 平方千米，占总面积的 36%；湖泊面积约 10 平方千米，约占总面积的 2%。

1. 冰川

札达县境内有西喜马拉雅山和阿伊拉山，山脊冰雪覆盖，冰川总面积为 456.2 平方千米，水质良好，夏季冰川消融是县境内各条河流水源的主要补给来源。

2. 河流

札达县境内主要河流象泉河（图 2-1-2）是阿里地区的三大外流河之一，发源于冈仁波齐峰两侧的冈底斯山南坡。从源头西流至门士横切阿伊拉山（拉达克山），经札达什布奇，又穿越喜

图 2-1-2 象泉河

马拉雅山出境，在我国境内的流程约 314 千米，流域面积 22760 平方千米，年均径流量 9.1 亿立方米，年平均流量 28.9 立方米 / 秒。阿伊拉山南坡由东向西有 9 条较大的山溪河流，主要有达巴河、马玉河、萨让河等，这些河流由四周高山向盆地中部呈放射状注入象泉河。

3. 泉水

主要分布在高山下的山麓冲积扇下部边缘，是冬春季人畜饮水的主要水源。

4. 湖泊

札达县境内有两个湖泊，均无鱼类生长，但可供人畜饮水。

弄穷错湖，分布于香孜，面积 0.14 平方千米，形成于喜马拉雅造山运动中。

嘎果错湖，分布在达巴乡曲龙村，面积9.55平方千米，形成于喜马拉雅造山运动中。

五、自然灾害历史

1. 雪灾

自1960年成立札达县人民政府以来，札达县共经历大小雪灾几十次，最大的雪灾发生在1975年和1978年。

2. 旱灾

1966年、1981年、1983年发生过较大旱灾，主要发生在3～5月。

3. 雹灾

1978年札达县萨让乡、托林镇受到冰雹的袭击，损失严重。

4. 洪灾

在没有旱灾的年份，札达县均要遭遇或大或小洪水的侵袭。1978年、1996年、1997年、2000年均遭遇洪水的侵袭，损失严重。

5. 地震

2007年5月5日，阿里地区日土与改则县交界处发生里氏6.1级地震。

2008年1月9日，阿里地区改则县发生里氏6.9级地震。

六、人文环境

札达县地广人稀，下辖一个镇六个乡，是典型的半农半牧县，总面积约27500平方千米，人口8454人（2020年第七次人口普查数据），居民绝大多数为藏族。所操语言为藏语的阿里方言，其中掺杂有克什米尔南部流行的"拉森语"成分。

第二节　文献资料收集

为了解古格遗址的历史以及它所发生过的变化，我们收集并研究了相关的文献资料信息。主要有：

● 记载有古格王国前段历史的藏文史籍《青史》，由廓诺·迅鲁伯（又译为管·宣奴贝，1392～1481年）所著，1476～1478年成书。

● 由萨迦派丹巴·索南坚赞（1312～1375年？）所著《王统世系明鉴》，1388年成书，1985年由陈庆英、仁庆扎西泽首次译注出版，2000年刘立千再次译注，名为《西藏王统记》。

● 格鲁派班钦·索南查巴编纂的《新红史》，1538年成书，1985年由西藏人民出版社出版。

● 巴卧·祖拉陈瓦（1504～1566年）所著《贤者喜宴》，1564年成书，2010年中央民族大学出版社出版由黄颢、周润年译注的《贤者喜宴——吐蕃史译注》。

● 五世达赖喇嘛阿旺·罗桑嘉措（1617～1682年）所著《西藏王臣记》，1643年成书，2002年由刘立千译注，民族出版社出版。

● 意大利耶稣会传教士依波利多·德西迪利（1684年～1733年）所著《西藏纪事》，1932年在伦敦出版，2004年由杨民翻译，西藏人民出版社出版，名为《德西迪利西藏纪行》。

● 意大利著名藏学家古瑟普·杜齐（Giuseppe Tucci，又译为朱塞佩·图齐，1894～1984年），他在1941年之前考察过古格遗址。他一生关于藏学的论著极多，2004年由向红笳将其《穿越喜马拉雅》一书译为中文，改名为《西藏考古》，由西藏人民出版社出版。2009年，杜齐关于西藏佛塔、擦擦和寺院的著作（即《梵天佛地》系列）由上海古籍出版社出版。

● 清末黄沛翘、韩铣编纂的《西藏图考》，1886年成书刊行。

●1979年，西藏自治区文物管理委员会和新疆维吾尔自治区文物管理委员会共同组织了对古格遗址的考察，参加考察的仁增多吉、张文生曾撰《阿里地区古格王国遗址调查记》一文，发表于《文物》1981年第11期。

●1981年，西藏工业建筑勘测设计院组织专业人员对古格故城进行了测绘、考察，1988年由中国建筑工业出版社出版《古格王国建筑遗址》一书。

●1985年，西藏自治区文管会组织专业人员对古格王国遗址进行考察。参加考察的张建林等撰写《古格故城》，1991年由文物出版社出版。

●2002年，西藏自治区文物局编著《西藏阿里地区文物抢救保护工程报告》一书，由科学出版社出版。

●2006年，于小冬著《藏传佛教绘画史》，由江苏美术出版社出版。

古格王国长达700余年的历史一直是海内外历史学家、考古学家和西藏学专家所关注的研究课题，但因其地处偏远、路途艰险、环境恶劣，近百年来国内外对古格王国遗址的考察活动屈指可数，研究成果更是极为少见。我们收集到的大多数历史文献所能提供的只是很简略的古格王统世系前段历史和一些与古格王国间接关联的人物事件，一些文献记载甚至多有出入，无法相互印证。好在1985年那次针对古格遗址的考察成果——《古格故城》一书，从各个角度全方位地介绍了整个遗址，内容丰富，研究深入，为我们提供了详细、科学、全面的考古资料。

在这些资料中，还有一些宝贵的历史图片，使我们有机会通过当前状态与历史状态的对比进行分析，了解古格遗址各殿堂（洞窟）和壁画发生的变化。

第三章

价值评估

文物古迹的根本价值是其自身的价值，包括历史价值、科学价值和艺术价值。

文物古迹以及赋存其中的壁画有珍贵的历史价值，往往包含政治、经济、人文、科学技术、宗教信仰等重要历史信息。在壁画保护过程中对壁画赋存环境的历史信息、历史干预及历史价值进行研究评估，可更大限度地了解壁画原始状态，为保护实施提供历史参考，以便在保护中尽可能保持原有历史信息及传统工艺。

对壁画及其赋存环境的结构、材料、工艺及它们所代表的当时科学技术或科学发展水平的研究，本身就是对古代科技的一种研究形式，依此得到的结论也将为我们今后的保护及其他领域所应用。

壁画有其珍贵的艺术价值，还能对古代绘画技法、艺术表现形式、颜料运用等方面的学术研究提供珍贵资料。

在保护过程中对壁画及赋存环境的历史价值、科学价值、艺术价值的调查评估也是为了在之后的保护工作中尽量避免或减少对这些重要信息造成的影响。

第一节　遗址价值评估

一、古格王国遗址总体价值评估

古格王国遗址位于阿里地区札达县扎布让区 2000 米以外的一座土山上（图 3-1-1），实际上是原古格王国都城的遗址，旧称扎布兰，现译为扎布让，我们习惯上称之为"古格王国遗址"。古格王国遗址在 1961 年 3 月 4 日由国务院公布为第一批全国重点文物保护单位。

1. 历史价值

阿里古称象雄，汉文史籍中称为"羊同"，是西藏古老文化的发源地之一。作为吐蕃王室的直系后裔，古格王国承袭吐蕃旧制，政体性质仍然是一种封建君主制，国王在小王国内享有至高无上的权力，支配着自己的辖地和臣民。权力的继承为世袭制，基本上是子承父位。

古格王国在长达 700 年间并没有形成一个长期稳定的疆域，时有长消，在古格王国中后期，其疆域大致可以框定在现札达县、噶尔县、日土县、普兰县北部这样一个范围之内。17世纪下半叶，五世达赖喇嘛派兵逐出拉达克军队、收复古格失地后，在阿里设置布让（现普

图 3-1-1　古格王国遗址鸟瞰

兰县)、达坝(现札达县达坝区)、扎布让(现札达县大部)、堆噶尔本(现噶尔县)、如妥(现日土县)五个宗,基本上就是古格王国原属地的范围。

古格王国长达 700 余年的历史,长期被历史学家、考古学家和藏学家所关注。而古格王国遗址正是研究古代象雄文化以及古格王朝历史变迁不可多得的实例,具有极高的历史价值。

2. 科学价值

古格王国遗址总面积约为 72 万平方米,大部分建筑集中在土山的东面,依山叠砌,层层而上,房屋洞窟星罗棋布,计有 400 余座庙堂和近千孔洞窟、58 座碉楼、4 条暗道、28 座各类佛塔、11 座仓库和其他附属建筑(图 3-1-2)。

古格遗址的建筑布局为王宫、议事厅等建筑位于山顶,形成一个居高临下的王宫区,大部分佛殿等宗教建筑则呈扇状分布在山头北侧山坡。另外,整个遗址的防卫设施布局也是经过精心设计、周密配置的,碉堡、防卫墙、暗道相互沟通、连接,完全是一套成熟的立体防御体系,堪称西藏建筑中防御设施的杰作。

据考证,古格王国都城创建于 10 世纪前后,自 17 世纪中叶王国被拉达克灭亡后,逐步废弃荒芜。目前遗址内的建筑大多受到不同程度的损坏,保存较好的有 5 座殿堂、1 个洞窟,存留有大量壁画、望板彩绘、门柱木雕、泥塑等佛教艺术珍品,对于研究西藏中世纪史、西藏同其他地区的文化交往、藏传佛教后弘期的发端、西藏佛教艺术的发展与流派等方面都有着极高的科学价值。

图 3-1-2 古格王国遗址外景

图 3-1-3　古格王国遗址外景

3. 艺术价值

　　古格王国遗址选址于一座突兀的土山上，背山面水，视野开阔，建筑群依山而建，层层上收，规模宏大，气势雄伟（图 3-1-3）。遗址的现存建筑充分体现了古格人在建筑设计思想和建筑技术上所做出的成就。遗址具备政治统治功能和实用功能，并能兼顾审美需求。白殿（拉康嘎波）、红殿（拉康玛波）两殿一白一红，给黄色的土山平添几分颜色。即便是建筑细部的装饰，例如佛殿的门框、门楣、出挑的椽头，以及殿内的壁画、望板彩绘、藻井彩绘、梁柱替木雕绘，均无一不表现强烈的宗教艺术追求。

图 3-1-4　白殿顶部望板彩绘

　　建筑内望板彩绘艺术是古格艺术的重要组成部分，现存遗址中有 4 个殿堂的望板绘有彩绘，共计 626 格（组）。600 余幅望板画面无一雷同，图案题材广泛，使用的单元图案就有 100 余种，包括人物、动物、植物、法器、吉祥物、梵文艺术字、几何图形等（图 3-1-4）。画面构图繁缛严谨，用色厚重浓艳，与殿堂内的壁画和塑像构成一个完整的宗教艺术环境。这种艺术形式在西藏其他地区的建筑遗存中极其少见。

　　遗址内的木雕艺术也极富特色，主要包括各

个殿堂的门框、门楣、柱头、替木、橡头雕饰等，基本属于建筑装饰木雕。雕刻技法有浮雕、圆雕、兼用镂、剔，刻工精细，技艺娴熟。表现的题材有经变故事、佛、菩萨、护法、力士、飞天、迦陵频迦、摩羯鱼、龙、狮、象、孔雀，以及忍冬、卷草、莲花、八吉祥物、梵文艺术字等图案花纹。如果将古格建筑木雕与拉萨大昭寺的吐蕃时期同类作品相比较，不难看出两者之间的传承关系，特别是红殿（拉康玛波）门框、门楣上的经变故事浮雕表现得更为明显。可以说在吐蕃王朝以后，西藏地区只有古格还保留了吐蕃木雕的传统。

遗址内塑像虽仅残存 10 余尊且无一完整，但仍可反映出古格塑像特征。佛像庄严端正，身体各部分比例合乎造像度量标准。护法金刚像为了表现出孔武有力的气势，将狰狞面孔及头部比例加大。最有特色的是菩萨、佛母等塑像，面容或坚毅宁静，或姣美优雅，上身躯干超过造像度量标准的 0.2 倍，显得修长挺拔，明显区别于其他地区的同类造像。

古格遗址的建筑及其附属文物都具有极高的艺术价值。

二、各个殿堂（洞窟）价值评估

针对各个殿堂或洞窟开展价值评估，评估对象包括建筑单体及除壁画以外的附属文物，叙述顺序按照项目实施顺序介绍。

1. 度母殿（卓玛拉康）

（1）科学价值

度母殿，藏语音译"卓玛拉康"。该殿由方形殿堂和门廊组成，门廊为现代后修。殿堂为正方形平顶土木结构藏式建筑，墙体为土坯砌筑、外壁通涂土红色颜料（图 3-1-5）。

墙体下部宽、上部窄，墙体收分角度一般在 5° 左右，建筑物重心下移，保证了建筑物的稳定性。墙体上部用一种当地生长的边玛草做一段墙，既减轻了墙体的荷载，又有很好的装饰效果。这些都对藏式传统建筑起到了很好的坚固和稳定作用，提高了建筑物的安全性和抵御自然灾害的能力。度母殿建筑对研究藏式建筑形式和功能具有较高的科学价值。

图 3-1-5 度母殿外景

图 3-1-6　度母殿柱头替木

（2）历史和艺术价值

殿内对称排列四柱，柱截面为方形，柱头呈斗状，四周浮雕忍冬卷草纹，下部雕联珠纹。柱头上置外轮廓略呈梯形的替木（图3-1-6）。替木正、反两面浮雕大致相同的图案，正中为一矩形框，框内刻"十相自在"梵文字母组合图案，框两侧为对称图案，上部为一仰莲瓣纹条带，下部为两两相背的忍冬卷草纹。雕刻技法兼用镂、剔，刻工精细，技艺娴熟。度母殿建筑内的木雕具有很高的历史和艺术价值。

图 3-1-7　坛城殿外景

图 3-1-8　坛城殿内顶

2. 坛城殿（金科拉康）

（1）科学价值

坛城殿，藏语音译"金科拉康"。位于遗址偏北部西侧的土台上，西、北两侧邻崖（图3-1-7）。该殿由前厅和主室组成，属单层平顶土木结构藏式建筑。前厅为后加，受地形限制，东、北两面墙体沿土崖边起砌，厅平面呈不规则的三角形。主室平面呈正方形，墙体为土坯砌筑，外壁通涂土红色颜料。

殿堂内主要供奉"坛城"。坛城在殿中占据大部分空间，整体轮廓外圆内方，以小土坯砌成，外涂泥并施彩绘。依据该殿内壁画内容分析，所供坛城应为"金刚界坛城"。坛城殿建筑对研究藏式坛城建筑形式和功能具有较高的科学价值。

（2）历史和艺术价值

坛城殿内顶为斗四藻井形式，由8根方梁组成2个方框，错向相叠构成3个水平面，层层上升内收（图3-1-8）。底层（即外层）由 4 根规格较大的方梁对接成方形搭于四壁正中，每根梁两端下方各伸出一狮形替木（图 3-1-9）。狮为圆雕，外施彩绘，后腿蹲踞，前腿抬起拱于嘴前，头生短角，颈披红鬣，口怒张，尾上卷，作奋力顶负大梁状。

图 3-1-9　坛城殿北壁狮形替木

藻井的梁橼天花均施彩绘，色彩华丽，图案丰富。底层大梁以外四角为 4 个等腰三角形，每个三角形又被 2 根横向方橼分为三部分，上铺天花板。橼涂蓝色，四角天花彩绘图案中，两对角采用相同的构图和大致相同的图案，东南角和西北角绘折枝忍冬纹、龟背纹地的摩尼宝珠图案、破式龟背纹地的八吉祥物图案，西南角和东北角绘折枝忍冬纹、升云纹、变形莲花及菱格莲花纹。中层二梁以外的四角亦为 4 个等腰三角形，每角被 2 根竖向方橼分为三部分，橼涂红色，橼上铺天花板并施彩绘，四角图案各不相同，东角中绘圆环十字结纹，两侧分别绘双狮、双凤；北角中绘填花毯路纹，两侧分别绘双龙、双蛟；西角中绘四孤忍冬套吉祥结纹，两侧分别绘双摩羯鱼、双迦陵频迦鸟；南角中绘方格宝相花纹，两侧绘双象、双孔雀。第三层即中央方框中的平棋天花，共分为等大的 9 格，每格中绘一圆形图案，四角填充角隅适合的升云，中心圆形内的图案题材计有金刚杵、羯摩金刚杵、海石榴花、摩尼宝珠、金刚剑、莲花、太平花等 7 种。

坛城殿的顶部藻井结构以及彩绘具有较高的历史和艺术价值。

3. 依怙洞（贡康洞）

（1）科学价值

依怙洞俗称护法神洞，是古格遗址唯一保存有壁画的洞窟，在生土层上直接挖凿而成，取之自然而融于自然（图 3-1-10）。依怙洞依山而凿，具有因地制宜、施工简便、造价低廉、适应气候等特点；深藏于土层之中，冬暖夏凉，充分利用地下热能和覆土的储热能力，具有保温、隔热、储能、调解洞窟小气候的功能，非常符合生态原则。因此，依怙洞对于研究当时社会生产力水平以及科学技术水平具有十分重要的意义。

（2）历史和艺术价值

依怙洞洞门门楣和门框均为木质，门楣和门框外面均有 2 层花纹雕刻（图 3-1-11）。门楣外层中间刻有兽面，两侧各刻有连续卷草纹样 2 组；左、右两框外层各刻有连续卷草纹样 13 组，其下各刻 1 个插花花瓶，瓶下刻有 3 朵四瓣莲花。门楣内层中间刻 1 朵四瓣莲花，两侧各刻莲瓣 3 组；东、西两框内层上部各刻莲瓣 6 组，其下刻莲瓣 13 组。其雕刻技法镂刻、剔削兼用，技艺娴熟，刻工精细。因此，依怙洞的木门雕刻具有很高的历史价值和艺术价值。

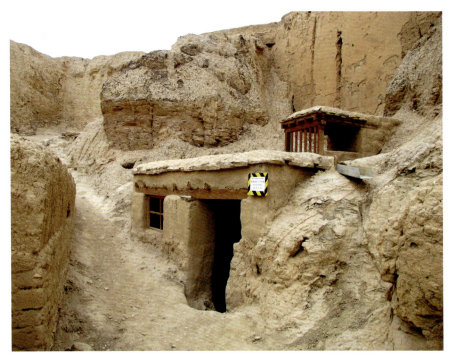

图 3-1-10　依怙洞外景　　　　　　　　　　　　　图 3-1-11　依怙洞洞门

4. 大威德殿（杰吉拉康）

（1）科学价值

大威德殿，藏语音译"杰吉拉康"。整个殿堂为土木结构的单层平顶藏式建筑，由"凸"字形正殿和长方形前厅组成，门向正东（图 3-1-12）。因选址于坡地，因地制宜，故采用后挖前架的方法找平，后部在山坡上向下挖 1.7 米，前部的前厅地基则起砌石墙，以木棚架成一个平面，作为前厅地面和门前小平台。前

图 3-1-12　大威德殿内景

厅平面呈长方形，无柱，面阔 6.65、进深 1.95、净高 2.74 米。

大威德殿在建筑形式和建筑技术的选择上，因地制宜，显示出一种独特风格，这对研究古格建筑体系具有较高的科学价值。

（2）历史和艺术价值

大威德殿前厅门楣中间为一高浮雕的迦陵频迦，作半人半鸟状，人身人面，长发卷曲披肩，耳饰大环，面相丰满圆润，上身裸，双手

于胸前作莲花合掌印。主殿内门框、门楣保存较好，可分内外三层：外层无雕饰；中层浮雕二方连续的四瓣花纹；内层门楣正中浮雕人臂兽面纹，兽面状若虎首，头戴莲瓣冠，环眼大睁，阔口怒张，双手如人置口两边，口吐双向忍冬卷草纹分别向两侧延伸至转角；内框两侧下端各雕一摩羯鱼，昂首翘尾，双足分立，上卷的尾部演变成双向忍冬卷草纹，与门楣的忍冬卷草纹隔界合角相接，整体和谐。

图 3-1-13 大威德殿柱头替木

殿内共有 8 柱，分为前后 4 排，每排 2 柱。柱身截面为方形，柱头呈束腰方柱体，束腰部分为一周联珠纹，上下分别雕八瓣如意忍冬头，柱头上榫卯套接外轮廓略呈梯形的替木（图 3-1-13）。替木正、反两面均加以雕琢，浮雕大致相同的图案，上、下分两层，每层中间一方框，框内雕八吉祥物或供养天，两侧雕忍冬卷草纹，两层间夹莲瓣纹条带。框两侧为对称图案，上部为一仰莲瓣纹条带，下部为两两相背的忍冬卷草纹。其雕刻技法兼用镂、剔，刻工精细，技艺娴熟。

大威德殿正殿望板均施彩绘，是殿内装饰艺术的重要组成部分。正殿望板彩绘共有 61 组（幅），图案各有变化，无一雷同。所采用的单元图案很丰富，计有 30 余种，即使同一种图案也有各种变化。

大威德殿的木雕和望板彩绘具有很高的历史和艺术价值。

5. 红殿（拉康玛波）

（1）科学价值

红殿，藏语音译"拉康玛波"。为单层平顶藏式殿堂建筑，墙体为石块砌基、土坯砌墙体，外壁通涂绛红色染料（图 3-1-14）。

红殿殿内面积达 430 平方米，殿内高度 9.8 米，是古格遗址现存有顶建筑中体量最大的一座。红殿区别于其他殿堂之处在于其屋面以上的墙体更为高大，3 米左右的高度已不是普通的女儿墙了。根据考古资料，红殿屋顶四周墙壁上，分别留有窗孔和竖长条形或长三角形孔洞，这些孔洞与遗址中碉堡上的箭孔或瞭望孔的形状、大小无异。红殿门前区域是通往整个遗址中心区的必经之道，如遇战事，在红殿顶部居高临下，易守难攻，具有很好的防御功能。红殿建筑对研究古格建筑形式和功能具有较高的科学价值。

（2）历史和艺术价值

红殿东壁正中设一木质双开大门，门楣门框共分三层（图 3-1-15）。大门的两扇门板、三层门楣门框以及正中的竖木板上，均浮雕有人物、动物、花草等图案（图 3-1-16）。两扇门板内六个圆中分别雕刻有梵文佛教密咒六字真言；外层门楣、门框共雕刻有 21 幅画面，以人物形象居多；中层门楣正中刻一不动明王，门楣两侧、门框两侧均浮雕有左右对称的连续忍冬卷草花纹，门框两侧下端各刻一力士；内层门楣正中刻一

图 3-1-14　红殿外景

图 3-1-15　红殿木质大门

图 3-1-16　红殿木门上方人物形象雕刻

不动明王，门框两侧下端各刻一菩萨，菩萨之上各刻一人身鸟尾图案，一手支于地，下半身后上卷，形成连续忍冬卷草花纹浮雕。大门整体刻工精细，内容丰富，层次分明，构思巧妙。

红殿内望板均施彩绘，东西分布 6 行，每行 37 格（组），共 222 格（组），总面积约 313 平方米。望板彩绘的题材内容非常丰富，可分为佛教神祇、人物、珍禽瑞兽、吉祥宝物、花卉、法器、梵文或藏文的六字真言、几何图形等。这些彩绘图案在单元图案的选择和整体构图上均不雷同，但具有一致的风格，画面充实饱满，繁缛华丽，设色浓艳。

红殿的木门雕刻以及殿内的望板彩绘都具有极高的历史和艺术价值。

6. 白殿（拉康嘎波）

（1）科学价值

白殿，藏语音译"拉康嘎波"，因殿外墙壁遍涂白色得名。现存殿堂为正方形土木结构平顶藏式建筑，墙体为土坯砌筑（图 3-1-17）。殿堂平面呈"凸"字形，因殿堂进深比较大，殿内亮度不足。白殿殿内采光分为四级，第一级为大门，门扇敞开可照亮殿前部；第二级为中部天窗，可照亮殿内中后部；第三级为后凸部分的一级天窗，可照亮大须弥座及座上的造像；第四级为后凸部分的二级天窗，可照亮造像头部及头上影塑装饰。这种采光方式使殿堂内光线整体比较暗淡，给人一种神秘感，而主尊佛像头部及背光则显得明亮突出，给人一种庄严、肃穆之感，使人们对佛更加敬仰（图3-1-18）。

白殿建筑对研究藏式佛教建筑形式和功能具有较高的科学价值。

（2）历史和艺术价值

白殿殿内望板均施彩绘，是殿内装饰艺术的组成部分。全殿共有天花彩绘314格（组），藻井彩绘一铺13格（组），白殿的望板彩绘数量占到了整个古格遗址望板彩绘总数的一半以上。每格彩绘独自成幅，幅幅不同，图案结构和图案单元极其丰富。白殿望板彩绘图案的数量之众、种类之丰令人惊叹（图3-1-19）。图案是追溯文化传播历程的活化石，这些图案显现出隐含其中的多种文化相互融合、生发、创造的复杂因素。白殿望板彩绘中的图案可见波斯联珠纹、源自古希腊忍冬图案的展叶卷草纹、源自中原的凤凰图案，在一些彩云图案中还可看到比古希腊还要古老的克诺索斯王宫式的图案。

白殿内的泥塑艺术也极富特色，塑像虽仅残存10余尊且无一完整，但仍可反映出古格塑像的一般特征，佛像庄严端正，身体各部比例合乎造像度量标准。护法金刚像为了表现出孔武有力的气势（图3-1-20），将狰狞面孔及头部比例加大。最有特色的是菩萨、佛母等塑像，面容或坚毅宁静，或姣美优雅，上身躯干超过造像度量标准的0.2倍，

图 3-1-17 白殿外景

图 3-1-18 白殿北壁龛内

图 3-1-19 白殿望板七小人像

图 3-1-20　白殿南壁护法金刚塑像

显得修长挺拔，明显区别于其他地区的同类造像。

白殿的望板彩绘、佛龛藻井以及殿内泥塑都具有极高的历史和艺术价值。

第二节　壁画价值评估

古格遗址是典型的宫寺一体的建筑群，遗址中现存的寺院建筑有白殿、红殿、大威德殿、坛城殿、度母殿及一座洞窟——依怙洞，现存壁画基本都集中在这些佛教遗存中，总计 1200 平方米左右。从壁画风格看，各殿（洞）的壁画绘制于不同的历史阶段，构成了一部较清晰的古格风格绘画史，并可以从中观察到古格画风的发展脉络。

一、壁画总体价值评估

1. 历史价值

古格遗址壁画的绘制年代与建筑年代交织在一起，但两者不一定一致。按照西藏佛教的传统，寺院壁画应始终保持洁净鲜亮的色彩，将旧的壁画铲除重绘从古至今屡见不鲜。古格王国地处偏僻，外界画风的改变很难在短时间影响到这里，所以古格壁画保持了较强的连续性，后世模仿前世之作，少有创新，没有发生较大的阶段性变化。但这一点正有利于对古格壁画历史演变的研究，具有较高的历史价值。

2. 科学价值

古格壁画的题材远较西藏其他地区丰富，除了各处常见的佛、菩萨、佛母、度母、空行母、天王、护法金刚、高僧大德及佛传故事、地狱变外（图 3-2-1、3-2-2），诸多供养天人像、吐蕃和古格王统世系、古格王室及僧俗各界"礼佛图""庆典图"等，都是其他地区寺院壁画所不见或少见的。

白殿壁画中可见上迄西藏吐蕃第一王——聂赤赞普，下至吐蕃最后一王——朗达玛的完整王系，反映了古格王国的政治体制以及古格王统的延续。红殿的"礼佛图"中，以尊卑秩序排列，王室成员居无量寿佛左侧，僧侣居佛右侧，僧俗分明，不相混杂。坛城殿东壁的"朝礼宝帐怙主图"中虽有僧人与王室成员并坐（图 3-2-3），但僧人明显居于王室成员之后。这些画面说明国王和王室成员在法事活动中总是居于极尊的位置，古格王国始终保持着王权的独立性和至高统治，这一点有别于萨迦政权、帕竹噶举政权以及后来的格鲁派政权。

宗教活动是古格王国日常生活中最主要的内容之一。古格王国初期正是藏传佛教史上称之为"后弘

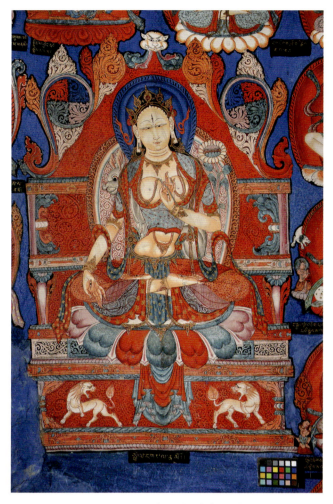

图 3-2-1 白殿南壁度母像

图 3-2-2 红殿北壁佛像

"期"的佛教复兴运动刚刚开始的时候。由于吐蕃末代赞普朗达玛的灭佛行为,许多高僧大德或以身殉教、或隐匿荒僻,佛教经典大都焚为灰烬,佛教徒们只好往印度求经学法,或从印度、克什米尔迎请大师。古格王国初期迎请的印度高僧中最著名的是阿底峡(982~1054年,现孟加拉达卡附近人),他到古格后在托林寺一住三年,讲经、译经、著述,后又被仲敦巴迎往卫藏地区弘法,被奉为噶当派的鼻祖,古格王国早期的佛教必然受到噶当派的较大影响。这一时期,古格自己也产生了一些高僧、译师,最著名的是仁钦桑布(958~1055年,古格当地人),他一生翻译了17种经、33种论、108种怛特罗(密宗经咒),被后世称为"洛钦"(大译师)。古格遗址各殿堂壁画中多处出现阿

图 3-2-3 坛城殿东壁"朝礼宝帐怙主图"

底峡画像和古格高僧仁钦桑布、玛·雷必喜饶的画像，表达了古格人对他们的怀念和尊崇。元朝时期，萨迦派被元朝中央政府赋予统领全藏"十三万户"的极尊地位，建立了政教合一体制，古格王国虽不归属十三万户中，政治、军事不受萨迦政权的约束，但在宗教上却与之有着密切的联系。古格遗址白殿、大威德殿、坛城殿等殿壁画中均绘有"萨迦五祖"之首贡嘎宁布的像。与此同时，古格王室还和噶举派中的支系止贡噶举派有较多的教务交往，壁画中也不止一处出现噶举派创始人玛尔巴的画像。15世纪中叶，格鲁派开始在阿里地区广泛传播，壁画中出现的宗喀巴像及二弟子像正是这种情况的反映。

古格王国与周边地区保持着比较密切的交往。红殿壁画中出现多处着外族服装的使节和商人，几个殿堂壁画的"运输图""供佛图"屡见运送木材、土特产或输入类似布匹、红糖之类的生产、生活必需品的场景。

古格人与其他地区的藏族人民一样，能歌善舞，这一点在古格遗址的壁画中得到了充分的反映。红殿、白殿的"庆典图"（图3-2-4），可以看到仅乐器就有唢呐、形制各异的号、筒形腰鼓、釜形腰鼓、手鼓、锣、钹、铃等十数种。古格的舞蹈也很丰富，壁画中可见的有狮子舞、跑马（类似汉族的跑驴）、手鼓舞、"弦"舞（为至今仍流行于阿里地区的一种妇女牵手踏步舞）以及一种奇特的喇嘛舞。杂技显然是古格人喜爱的又一项娱乐活动，壁画中出现的就有爬杆、滑竿、倒立行走、翻跟头、腹顶棍旋转、马技、骑射等。古格人丰富多彩的文化生活由此可见一斑。

大威德殿前厅北侧壁上绘有一幅建筑图，绘满大小不等、层数不一、错落有致的藏式平顶建筑，从壁画中建筑群布局特征和建筑形式分析，很可能是对当时古格都城的写生。

这些丰富的壁画题材与内容对研究古格王国的历史沿革、政治体制、宗教文化、社会经济、现实生活、科学技术等方面具有极高的科学价值。

3. 艺术价值

古格壁画具有自己的独特风格，很难简单归入西藏传统上熟知的"藏孜""康孜""卫孜"三大画派，而且古格壁画较这三个画派的形成时代要早。古格王国地处数种文化的交接地带，艺术风格不可避免地受到多方面的影响。从总体风格上观察，古格壁画与后藏的"藏孜"画派有接近之处，也可看出一些尼泊尔画派的影响。"藏孜"画派的特点是设色沉着饱和甚至有些浓艳，线条简约流畅，单线平涂结合晕染，人物形象饱满，追求曲线变化。尼泊尔画派着重用色，多用色线勾勒，晕染层次，造像构图通常以大像为主体，四周或两侧排列相关的众小像，格式较严谨。古格壁画既将这两种画风相融汇，又体现了古格自己写实、质朴的特征，尤其在礼佛、辩经、庆典、鼓乐、舞蹈、杂技等场面以及动植物的描绘上表现得更为突出。

此外，在古格壁画中，还可以看出印度晚期佛教艺术（7～9世纪）和10世纪以后印度教艺术的影响，如坛城殿和依怙洞壁画中的伎乐天，这种影响更加明显。特别是壁画和木雕中的大像背光中的摩羯鱼、马、羚羊等瑞兽，前半身保持原形，后半身演变成繁缛的忍冬卷草，与印度阿旃陀石窟壁画中的同类作品如出一辙。

汉地绘画的影响在古格壁画中难以寻觅，但在年代最晚的度母殿壁画的菩萨身上显露出间接影响的痕迹，这很可能是随着格鲁派势力在阿里地区逐渐扩展而带入的"卫孜"画派风格的表现。

古格王国遗址的早期壁画以红殿、白殿为例，两殿较为接近，年代相对较早，壁画题材丰富，变化多端，仅是各种造像的背光就分别达 10 余种，加上背光细部的一些变化，至少在 30 种以上。人物形体饱满而不臃肿，生动而不媚俗，色彩华丽而不妖艳，线条纤细而不显柔弱，布局富于变化而不显杂乱。白殿、红殿的壁画绘制者在绘制过程中有一定的随意性，尤其在庆典等世俗场面中多有即兴之作，这些都明显有别于其他殿堂的壁画。

古格王国遗址的壁画整体布局严谨，通常以绘制的大像或塑像背光为主体，四周或两侧排列相关的许多小像（图3-2-5）；佛传故事画多呈分幅长卷式或分幅组合式；商旅运输等壁画则多为单幅长卷或组合长卷式；佛界人物在不违反造像度量程式的前提下尽量表现出丰富的神情、姿态，少有僵化呆板之感，特别是在绘制佛母、度母、神母、供养天女等题材的造像中，创造出一种身材修长、隆乳丰臀、腰肢婀娜、容貌姣好的美女形象。

综上所述，古格遗址壁画具有极高的艺术价值。

图 3-2-4 白殿佛龛东壁"庆典图"

图 3-2-5 坛城殿北壁壁画

二、各个殿堂（洞窟）壁画价值评估

针对各个殿堂或洞窟的壁画开展价值评估，叙述顺序按照项目实施顺序。

1. 度母殿

（1）历史价值

度母殿南壁东侧绘有宗喀巴像（图 3-2-6），题名尊称"宗喀巴"，而非"杰·罗桑扎巴"或"罗桑扎巴法王"，并有二弟子像，这完全是格鲁派势力在西藏佛教各派中脱颖而出占主导地位以后的做法。据此可知，度母殿的壁画应该绘于 16 世纪中叶以后，是古格遗址最晚的壁画，对研究格鲁派与古格王国之间关系具有较高的历史价值。

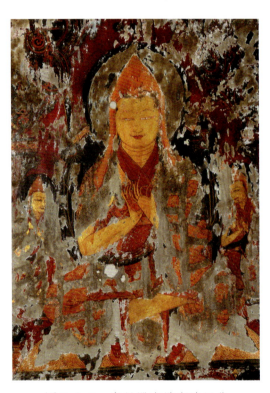

图 3-2-6　度母殿南壁宗喀巴像

图 3-2-7　度母殿东壁佛传故事"行苦行"

（2）科学价值

度母殿中绘有佛传故事。依汉地佛籍，佛传主要为"八相成道"，具体包括下生兜率、降母胎、出家、诣道场、降魔、成等正觉、转法轮、示涅槃等；依藏地佛籍则为"十二事业"，具体包括从兜率天下降、入胎、诞生、学书习定、婚配赛艺、离俗出家、行苦行（图 3-2-7）、誓得大菩提、降魔成佛、转法轮、度化其母从天降临、示涅槃等。度母殿中的佛传故事均以"十二事业"为脚本，加上诸事业中的许多细节，以连环画的形式绘成分幅长卷。

度母殿壁画对研究藏传佛教典籍具有较高的科学价值。

（3）艺术价值

从壁画制作技法来看，度母殿的壁画与古格早中期壁画相比变化较大，很可能间接受到汉地影响，早期丰富多彩的造像背景到此时只剩下两种形制，人物造型完全程式化，线条虽还流畅但风格已有变化，新出现的沥粉技法，已经比较接近卫藏地区明清时期的壁画（图 3-2-8）。

度母殿东壁绘有三佛，佛两侧的侍立菩萨姣美妩媚，极具特色。

度母殿的壁画对研究古格遗址绘画艺术具有较高的艺术价值。

2. 坛城殿

（1）历史价值

坛城殿壁画上下共分五层，靠近屋顶的第二层绘有一周高僧大德、译师、金刚小像，共计92尊，其中题名清晰、身份明确的就有83尊。这些人物可考的有藏传佛教宁玛派、噶当派、萨迦派、噶举派、格鲁派的高僧或创始人，有西藏佛教"前弘期""后弘期"的重要佛典翻译家。坛城殿壁画对研究藏传佛教与古格王国宗教体系的关系具有较高的历史价值。

（2）科学价值

坛城殿壁画中所绘金刚、明王、供养天女以及环殿一周的"众合地狱图"长卷（图3-2-9），都具有典型的藏密佛教艺术特征，这些壁画内容对研究密教艺术具有很高的科学价值。殿内的"朝礼宝帐怙主图"（见图3-2-3）和"萨迦五祖"之首贡嘎宁布画像，其题材与内容对研究古格王国的历史沿革、政治体制以及宗教文化等方面具有较高的科学价值。

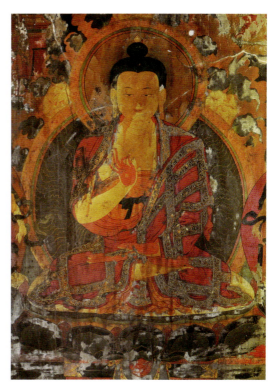

图3-2-8　度母殿东壁佛像

（3）艺术价值

坛城殿壁画整体布局严谨，以主尊大像为主体，佛界人物在不违反造像度量程式的前提下尽量表现出丰富的神情、姿态，少有僵化呆板之感。特别是在绘制佛母、度母、神母、供养天女等题材的造像中，创造出一种身材修长、隆乳丰臀、腰肢婀娜、容貌姣好的美女形象（图3-2-10）。

图3-2-9　坛城殿西壁"众合地狱图"

图 3-2-10   坛城殿南壁天女像

坛城殿壁画有两类特殊内容，一类是裸舞的各种天女，一类是血腥的地狱图。天女丰乳细腰，仅着璎珞，极其妖艳；地狱图中的人或被厉鬼撕扯，或被野兽分吃，残肢遍野，画面极其血腥恐怖。这两类壁画环殿一周，上下并置，对比鲜明，整体气氛恐怖邪艳，视觉冲击强烈，震撼心灵。这种表达形式在西藏再无第二。

坛城殿壁画具有极高的艺术研究价值。

3. 依怙洞

（1）历史价值

依怙洞东壁下部北侧绘有供养天女，此为饰带的后续段，其画面尺幅小，装饰物画得十分简洁，有金线而无双勾（图 3-2-11）。内容与坛城殿的裸舞天女、托林寺红殿门廊的金刚舞女相仿，只是在供养对象上不同而存在差别；造型特点与坛城殿一致，区别仅在四臂与二臂、着裙与全裸之别。其透露出来的历史信息对研究古格遗址各殿堂和洞窟之间、古格遗址与托林寺之间的关系具有十分珍贵的历史价值。

图 3-2-11   依怙洞东壁下层饰带（供养天女像）

图 3-2-12　依怙洞金刚护法像

（2）科学和艺术价值

依怙洞作为护法神的主供殿，其金刚护法的画像绘制得相当精美（图 3-2-12、3-2-13）。

在东、西、北三壁最下行，各绘制一条很窄的饰带，绘有供养天女、各种动物、七政宝、八吉祥、法器、供品祭品等（图 3-2-14、3-2-15），形象很小，底色为白色，与上部壁画区别很大，除东壁南侧的动物为深蓝色显得厚重之外，其余设色或艳丽，或淡雅，在白底的烘托下，给人以鲜明悦目之感；线条非常流畅，造型十分生动，是该洞窟的标志性绘画，也是古格遗址最精彩的壁画之一。

依怙洞内独特的壁画内容表现了藏传佛教密宗信仰文化的神秘与奇异，对研究古格遗址绘画艺术具有较高的科学和艺术价值。

图 3-2-13　依怙洞金刚护法像

图 3-2-14　依怙洞壁面下层饰带（八吉祥、供品等）

图 3-2-15　依怙洞壁面下层饰带（法器、各种动物等）

4. 大威德殿

（1）历史价值

大威德殿壁画的主体部分绘有佛、菩萨、金刚、法王、高僧等像，像下多有藏文题名，标明了画像身份，大部分至今仍可辨识。人物肤色皆用金色画成，是信仰达至疯狂而"挥金如土"的结果（图 3-2-16）。这一举动印证了古格王国僧侣集团的强大势力和经济把持，并导致古格王室忌恨的史实，也是古格灭亡的内部原因之一。大威德殿壁画具有较高的历史研究价值。

（2）科学价值

大威德殿前厅北侧三面墙壁绘有一组长卷式"建筑群落图"（图 3-2-17），大小不等、层数不一的白墙黑檐藏式平顶建筑重重叠叠、鳞次栉比，一些装饰味极浓的树木花草点缀其间，门前、窗口及屋顶或有人坐立。房屋门窗均饰黑色外框，檐上饰黑红色"边玛草"，不少房屋的墙壁上辟有三角形箭孔，个别房屋还有院墙、院门。其建筑规模之宏大、

图 3-2-16　大威德殿南壁无量光佛像

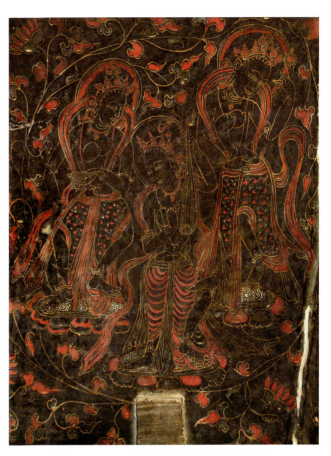

图 3-2-17 大威德殿前厅西壁"建筑群落图" 图 3-2-18 大威德殿龛内西壁菩萨像

很可能是对当时古格都城的真实写照。为研究古格都城的建筑群布局和建筑形式提供了较为详尽的图像资料，具有较高的科学价值。

（3）艺术价值

大威德殿壁画应属古格遗址现存壁画的中期作品，壁画布局严谨，与卫藏江孜画风多有接近，画像均规划成组，排列有序，繁而不乱，整体对称和谐；但又延续传承了早期壁画的风格，人物形象不失生动，线条流畅，设色丰富灿烂，格调华美富丽（图 3-2-18）。大威德殿壁画中的主尊较小，佛众高僧等形象构成了壁画主体。壁画的最重要特色是强烈而统一的色调，在浓重昏暗的色彩中，深蓝托起暗红、赤金两主色，犹如深沉的低调中又见金属质感的强音。

大威德殿的壁画对研究古格遗址绘画艺术具有较高的艺术价值。

5. 红殿

（1）历史价值

红殿东壁"礼佛图"，是该殿最重要也是最精彩的部分，有国王、后妃、群臣、僧俗信众等礼佛的场面，还有朝贡、庆典、修建寺院等情节（图3-2-19）。场面宏大壮观，展现了古格王朝兴盛时期佛法兴旺、国泰民安、歌舞升平的历史画面，是古格社会的真实记录（图3-2-20）。红殿壁画在民俗、宗教、艺术研究等方面都有不可估量的历史价值。

（2）科学价值

红殿东壁北侧下部绘有七政宝、八吉祥。八吉祥为吉祥结、法轮、莲花、宝伞、华盖、宝瓶、法螺、双鱼，为近现代藏族民俗中常见的形象，在公元16世纪以前的壁画中很少集中出现。这些图案的样式，明显有尼泊尔画风的影响。红殿壁画中这些图案样式、装饰花纹的演变，对研究古格王国艺术创作起源有很高的科学价值。

图 3-2-19　红殿东壁"礼佛图"

图 3-2-20　红殿东壁"庆典图"

（3）艺术价值

红殿壁画代表了古格艺术的最高成就，制作之精、内容之丰都称冠古格。壁画的主色调亦如其名，也是红色的，庄严宏伟，富丽浓重，古格艺术的王者风范和皇家气派均在这里得以体现。从图像风格来看，红殿壁画的创作年代晚于白殿，应在公元16世纪前后，是古格艺术鼎盛时代的经典之作（图3-2-21）。

红殿壁画中，布满四壁的主要形象是一铺铺巨大的佛、菩萨、佛母、金刚等（见图3-2-2）。白度母是这些主尊形象的代表，在平和庄严的神情中显现出慈祥与美丽。红殿壁画的主尊像没有一例样式重复的莲台和背光，也没有雷同的衣冠饰物。红殿壁画造型元素的丰富和多样性在整个西藏绘画史中可以说达到了登峰造极的境地。

红殿壁画中的佛传故事亦以"十二事业"为脚本，加上诸事业中的许多细节（图3-2-22），以连环画的形式绘成分幅长卷，绕大殿墙裙一周，其中降魔变一幅最为引人瞩目（图3-2-23）。群魔恶兽的形象生动鲜活、动态夸张、神情激越，与佛祖平静端坐于树下的形象形成鲜明对照。佛祖右侧是魔王的三个女儿，她们意图用美色动摇佛祖的意志力，左侧则是这三个妖女被佛法降服后变成了丑陋的老妪，在同一画面中表现了时间的前后变化。降魔变的这种构图布局是遵照同一个绘画传统来完成的，敦煌莫高窟早在北魏时期的洞窟就有相同的布局（图3-2-24）。但古格遗址红殿的这幅降魔变画面中又有着极不协调的"写实"之处，那便是佛祖右侧三个年轻妖女，都画出了十分具体的女性生殖器，视觉刺激颇为强烈。在中国甘肃敦煌莫高窟、新疆克孜尔千佛洞和印度阿旃陀石窟等都有降魔变的题材，为了表现佛祖法力无边的境界，不为魔力干扰、不为凡心所动，采用如此大胆、赤裸、直接的形象，表现形式最为有力的当属古格红殿这一幅。

红殿的壁画对研究古格遗址绘画艺术具有极高的艺术价值。

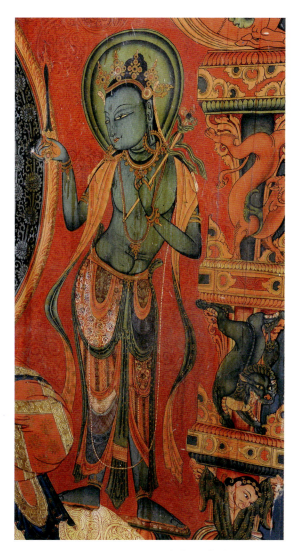

图3-2-21 红殿南壁侍立菩萨像

图3-2-22 红殿南壁太子与哺乳保姆像

图 3-2-23　红殿"降魔变"

图 3-2-24　敦煌莫高窟第 254 窟"降魔变"

6. 白殿

（1）历史价值

白殿北壁绘有完整的释迦牟尼祖上王统、吐蕃王统以及古格王统的系列画像。其中释迦牟尼祖上诸王画像 62 尊，释迦族王统在《青史》《汉藏史集》《西藏王统记》中均有记载，但各不相同，白殿壁画中的释迦族王统也与以上记载不同。

壁画中吐蕃王统画像共计 42 尊，上迄西藏吐蕃第一王——聂赤赞普，下至吐蕃最后一王——朗达玛的完整王系，均有题名。古格王统画像 25 尊（图 3-2-25），但题名不全，可辨识的有朗达玛之子维松、其子贝考赞、其子扎西吉德尼玛衮、其子扎西衮、其子维德等王室成员。

白殿壁画中的释迦王统、吐蕃王统、古格王统对研究佛教典籍、吐蕃历史、古格王国历史具有较高的历史价值。

（2）科学价值

白殿西壁绘有一幅星宿天宫图，画中并无星象、星座的图像，而是用象征的手法把西藏天文星占术中的二十七宿十二宫表现为具体的人物或动物形象，大多有题记（图 3-2-26）。西藏天文有二十七星宿，有别于汉地二十八星宿（无女宿），分别为角、亢、氐、房、心、尾、箕、斗、牛、虚、危、室、壁、奎、娄、胃、昴、毕、觜、参、井、鬼、柳、星、张、翼、轸，其意义与汉地天文相同。西藏天文历算采用时轮制的纪年法，把天体分为十二宫，即为白羊、双鱼、金牛、摩羯、双子、狮子、巨蟹、宝瓶、人马、室女、天蝎、天秤。白殿壁画这一题材的内容对研究西藏天文历法、星象具有较高的科学价值。

图 3-2-25　白殿南壁古格王统第六世王巴雷、
王子西德像

图 3-2-26　白殿西壁"星宿天宫图"

图 3-2-27　白殿南壁小像

图 3-2-28　白殿东壁一佛二菩萨像

白殿壁画中还有大量的高僧大德、译师画像，大多均有题名，结合这些人物的身份、教派以及所处年代，对研究印度佛教、藏传佛教的各个教派与古格王国宗教文化相关的交流活动、内容、时间等方面都具有极高的科学价值。

（3）艺术价值

白殿殿内以塑像为主尊，壁画则主要是佛、菩萨、金刚、度母、高僧、国王等小像（图3-2-27），均以每尊塑像及背光为核心形成一组。壁画作为以塑像为主尊的背景，按格排方式布列于塑像后的壁面（图3-2-28），每组均与塑像紧密结合，绘画、塑像两者共同构成了一个艺术整体。

壁画中菩萨、度母的形象居多，弧线眉、长眼、细腰、四肢较长、手足较小，在人物扭动的姿态和飘舞的饰带上表现出富于韵律的曲线造型，使画面极富动感，形成了独具特色的古格艺术特征。白殿壁画有极高的艺术研究价值。

第四章

现状调查

第一节 环境调查

分析壁画赋存环境的空气温度、相对湿度、水气运移状况对了解壁画病害成因及壁画病害发展趋势有很大的帮助，对保护工作中保护修复材料的筛选也有帮助作用。

一、方法与内容

1. 监测方法

监测设备使用 HOBO U23（HOBO Pro v2）系列传感器，对古格遗址中各殿（洞）内环境进行监测，采用多点法布设监测点，测量时间不少于一年，数据时间间隔不大于 30 分钟。

2. 监测内容

分别在红殿、白殿、大威德殿、坛城殿、度母殿、依怙洞内以及红殿外部署 9 个监测点（表 4-1-1），主要监测空气温度、相对湿度。采集数据间隔设置为 30 分钟，监测时间从 2011 年 9 月开始，至 2013 年 5 月结束，均为无损监测。

表 4-1-1　环境监测设备部署位置

设备编号	建筑名称	放置位置
XG1001	红殿	外部
XG1002	红殿	前佛坛上
XG1003	红殿	后佛坛上
XG1005	白殿	佛坛前沿
XG1006	白殿	南壁东侧
XG1007	坛城殿	西北角
XG1008	大威德殿	第二排横梁上
XG1010	度母殿	第一排东侧第一根立柱上
XG1011	依怙洞	东壁佛龛内

二、区域环境

结合所收集的古格遗址环境信息与此次采集的环境监测数据，提取 2012 年一个自然年的数据对古格遗址周边环境进行分析阐述。

环境监测结果显示（图 4-1-1），2012 年遗址周边环境温度变化稳定，具有规律性，但昼夜温差剧烈。年最高温度值为 29.3℃，最低为 -14.7℃，平均温度 8.5℃。

相对湿度在一年中变化幅度较大，年平均相对湿度为 20%，最高值出现在雨季集中的 8 月份，为 69%，最低值出现在少雨的 5 月份，仅有 1%。

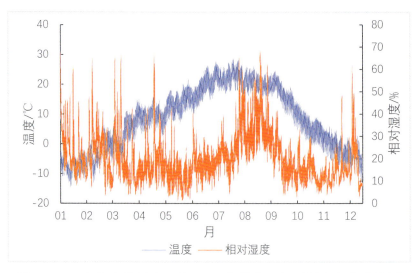

图 4-1-1　古格遗址周边环境 2012 年温度、相对湿度变化曲线图

三、殿（洞）内环境

1. 度母殿

度母殿位于古格遗址东南角斜坡的小平台上。该殿由方形殿堂和门廊组成，殿内面积33.64平方米。温度、相对湿度传感器设置在殿内第一排东侧第一根立柱上，设备编号XG1010（图4-1-2）。

因设备原因，只采集到2012年6月26日至9月9日的数据（图4-1-3）。此时段，是一年中温度、相对湿度最高时节，雨量较为集中。该时段环境监测数据显示，度母殿内最高温度27.9℃，最低温度20.39℃，平均温度23.65℃；相对湿度最高为42.6%，最低为16%，平均相对湿度30.6%。温度和相对湿度在一年最热的夏季里，均未出现明显上升。

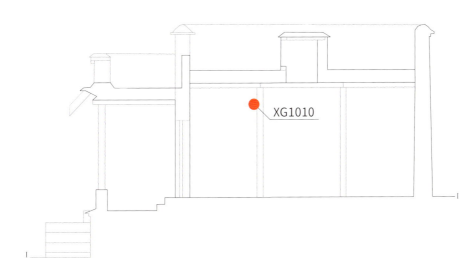

图 4-1-2 度母殿环境监测位置

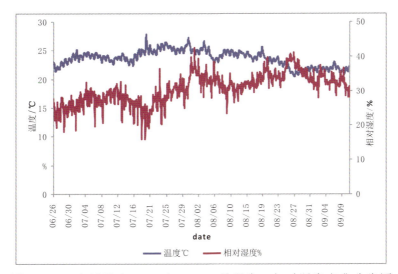

图 4-1-3 度母殿内 2012 年 6～9 月温度、相对湿度变化曲线图

2. 坛城殿

坛城殿位于土山上部偏北的西侧土台上，西、北两侧邻崖。殿堂平面呈正方形，殿内面积 27.04 平方米。温度、相对湿度传感器设置在殿堂内西北角，设备编号 XG1007（图 4-1-4）。

2012 年 7 月至 2013 年 5 月的环境监测结果显示（图 4-1-5），坛城殿内最高温度 27℃，最低温度 - 9.2℃，平均温度 7.6℃；殿内相对湿度最高 56%，最低 22%，平均相对湿度 31%。坛城殿内的相对湿度水平表现较为平稳，保持在 30% ～ 40% 之间的水平，7、8 月间波动较大，上升了 10% 左右，温度也随之加大了波动，并略有升高。9 月之后，直至翌年 5 月，相对湿度随季节的变化而变化，但相对稳定、平缓。

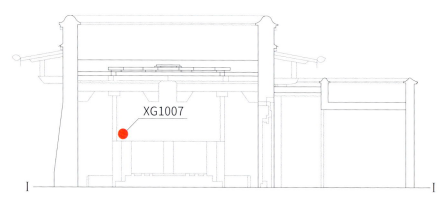

图 4-1-4　坛城殿环境监测位置

图 4-1-5　坛城殿内 2012 年 7 月～ 2013 年 5 月温度、相对湿度变化曲线图

3. 依怙洞

依怙洞位于遗址最高地中部南坡台上。洞窟内平面呈梯形，建筑面积22.7平方米。温度、相对湿度传感器设置在东壁佛龛内，设备编号 XG1011（图4-1-6）。

2012年1月至12月一自然年的环境监测结果显示（图4-1-7），依怙洞一年中温度最大值为18.2℃，最低温度为1℃，平均值为9.2℃，温度年际变化比较平缓。相对湿度的变化幅度较大，7、8月洞内的相对湿度升高，最高值为61%，最低值为5%，平均值为24%。洞内相对湿度9月快速下降，至12月达到最低。

相对湿度在7、8、9月份的日变化差异较大，比无降雨时提高了35%左右，最大日差值为23%，其他时段日差值非常小，平均日差值为5%左右。而温度的日变化差异较小，除7月份受降雨影响有小幅度变化外，整体趋势平缓稳定。

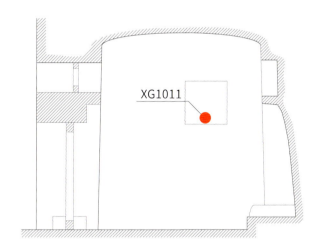

图 4-1-6　依怙洞环境监测位置

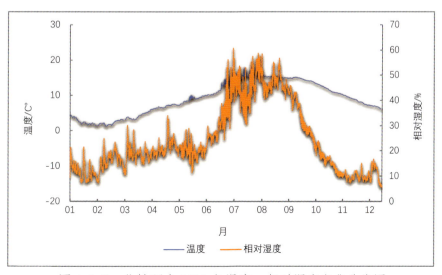

图 4-1-7　依怙洞内 2012 年温度、相对湿度变化曲线图

4. 大威德殿

大威德殿位于遗址东北部坡地上。正殿顶部开有2个天窗，建筑面积186.11平方米。温度、相对湿度传感器设置在第二排横梁上，设备编号XG1008（图4-1-8）。

2012年7月至2013年5月环境监测结果显示（图4-1-9），殿内的温度变化规律、平缓，波动相对较小，随季节变化而变化。年平均温度为7.9℃，最高温度为25.3℃，最低温度为-10.5℃。8月相对湿度上升而温度下降，相对湿度上升了15%左右。1、2月份相对湿度有两次突升，最高上升至64%，也是全年最高值，之后逐渐恢复。年平均相对湿度为28%，最低值为11%。

大威德殿内一天内的温度变化上下范围不超过5℃，非常稳定，最高日温差为5.4℃，平均日温差为0.9℃。

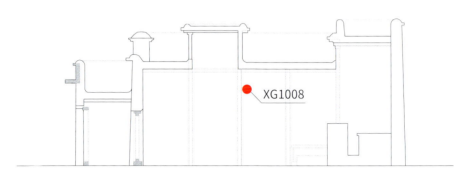

图 4-1-8   大威德殿环境监测位置

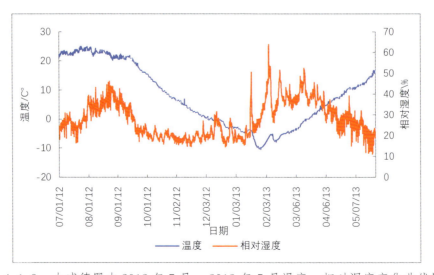

图 4-1-9   大威德殿内2012年7月～2013年5月温度、相对湿度变化曲线图

5. 红殿

红殿位于遗址北坡第三台地上。殿内平面呈长方形，殿顶开有 2 个天窗，殿内面积 430.68 平方米。温度、相对湿度传感器设置在殿内佛坛上，设备编号 XG1002、XG1003（图 4-1-10）。

2012 年 1 月至 12 月一自然年的环境监测结果显示（图 4-1-11），温度变化较为稳定，变化幅度小，温度最大值为 23.8℃，最小值为 -7.1℃，平均值为 9.2℃。相对湿度变化较大，4 月中旬相对湿度突然升高，上升水平达到 30% 以上。6、7 月份相对湿度再次升高，9 月之后快速恢复。相对湿度最大值为 56%，最小值为 14%，平均值为 29%。

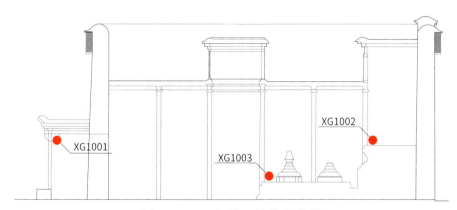

图 4-1-10　红殿环境监测位置

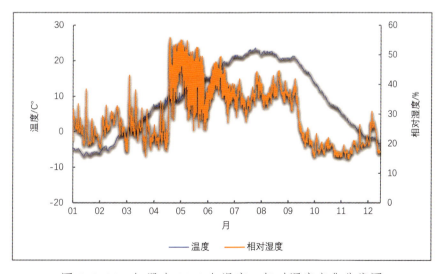

图 4-1-11　红殿内 2012 年温度、相对湿度变化曲线图

6. 白殿

白殿位于遗址东北部的坡地平台上。殿堂平面呈"凸"字形，顶部有 3 个天窗，殿内面积 377 平方米。温度、相对湿度传感器分别设置在佛坛前沿和南壁东侧，设备编号 XG1005、XG1006（图 4-1-12）。

2012 年 7 月至 2013 年 5 月的环境监测结果显示（图 4-1-13），白殿内最高温度 24.4℃，最低温度 –11℃，平均温度 7.2℃；殿内最高相对湿度 58%，最低相对湿度 12%，平均相对湿度 31%。

2、3 月殿内相对湿度从 20% 左右上升至 60%，温度却降至最低 –11℃。白殿一天内的温度差异较小，最大温差只有 3℃，平均温差为 0.6℃。相对湿度一天内的最大差值为 20%，平均差值为 3%。

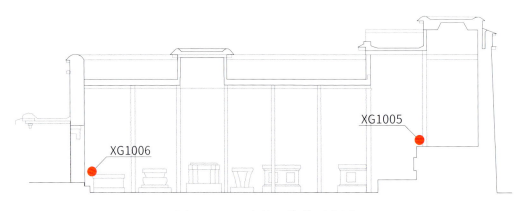

图 4-1-12　白殿环境监测位置

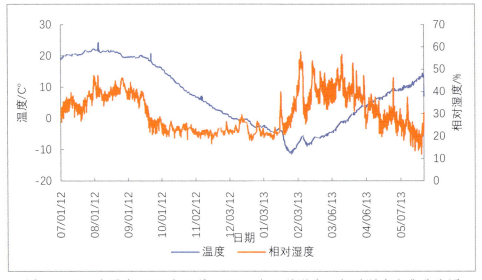

图 4-1-13　白殿内 2012 年 7 月～ 2013 年 5 月温度、相对湿度变化曲线图

第二节　建筑遗存现状

古格王国遗址东西宽约 600 米，南北长约 1200 米，总面积约为 72 万平方米，地势基本呈南高北低。遗址区内地形复杂，有土山、梁峁、沟壑、缓坡。大部分建筑集中在土山的东面，依山叠砌，层层而上，房屋洞窟星罗棋布，计有 400 余座殿堂建筑、近千孔洞窟、58 座碉楼、4 条暗道、28 座各类佛塔、11 座仓库和其他附属建筑。

据考证，古格王国都城创建于 10 世纪前后，自 17 世纪中叶王国被拉达克灭亡后，逐步废弃荒芜。目前遗址内的建筑大多受到不同程度的破坏，除白殿、红殿等 5 座建筑保存完整外，其他建筑房屋都已塌毁，屋顶皆无，仅存残墙断壁。

遗址建筑遗存就功能来分，有宗教建筑、居住遗迹、仓库、军事设施、道路和暗道等；就类别来分，有房屋、碉堡、洞窟、塔、防卫墙等。

遗址建筑除洞窟外均为土、石、木结构，房屋、碉堡、防卫墙、玛尼墙的墙体有石砌、土坯砌、土夯或几者兼用的砌筑方式，塔则全系土坯砌筑。

古格遗址现存壁画面积总计 1200 平方米左右，所有殿（洞）的壁画都受到不同程度的破坏，只有 5 座殿堂、1 个洞窟的壁画保存相对较好，分别为度母殿、坛城殿、依怙洞、大威德殿、红殿、白殿（图 4-2-2）。以下介绍上述殿（洞）除壁画以外的建筑遗存现状，叙述顺序按照项目实施顺序。

一、度母殿

度母殿位于古格遗址东南角斜坡的小平台上，西距白殿约 20 米。

该殿由方形殿堂和门廊组成。方形殿堂为土木结构平顶藏式建筑，门向北偏东 50°，殿内面积 33.64 平方米（5.8 米 × 5.8 米），净高 2.8 米。墙体为土坯砌筑，外壁通涂土红色颜料，墙厚 0.4 米（图 4-2-3、4-2-4）。

殿内对称排列 4 柱，柱截面为方形，柱头呈斗状，柱头上置外轮廓略呈梯形的替木，柱身高 2.04、柱截面边长 0.14、柱头斗高 0.19 米，替木高 0.34、宽 1.22 米。屋顶正中开一个方形天窗，天窗边长 0.8 米，高 0.5 米。殿内后壁原有塑像及座，现均不存（图 4-2-1）。

图 4-2-1　度母殿内景

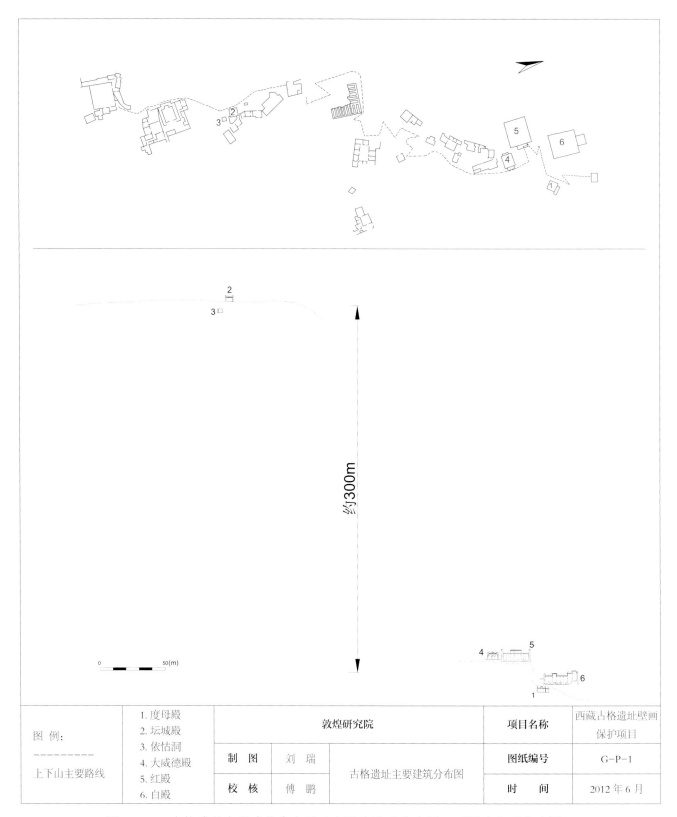

图 例： — — — — — — — — — 上下山主要路线	1. 度母殿 2. 坛城殿 3. 依怙洞 4. 大威德殿 5. 红殿 6. 白殿	敦煌研究院		项目名称	西藏古格遗址壁画 保护项目
		制 图	刘 瑞	图纸编号	G-P-1
		古格遗址主要建筑分布图			
		校 核	傅 鹏	时 间	2012 年 6 月

图 4-2-2 古格遗址主要建筑分布图（上图为平面分布图，下图为立面分布图）

（图中标有数字的殿堂和洞窟均保存有壁画，也是此次保护项目的保护对象。古格遗址最高点到遗址入口处落差大约 300 米、遗址山体体量庞大，又多为断崖，受条件限制，在绘制立面分布图时，无法获得精确的测绘数据，所以没有绘出山体外形，但图中主要殿堂、洞窟的相对位置及大小比例是准确的）

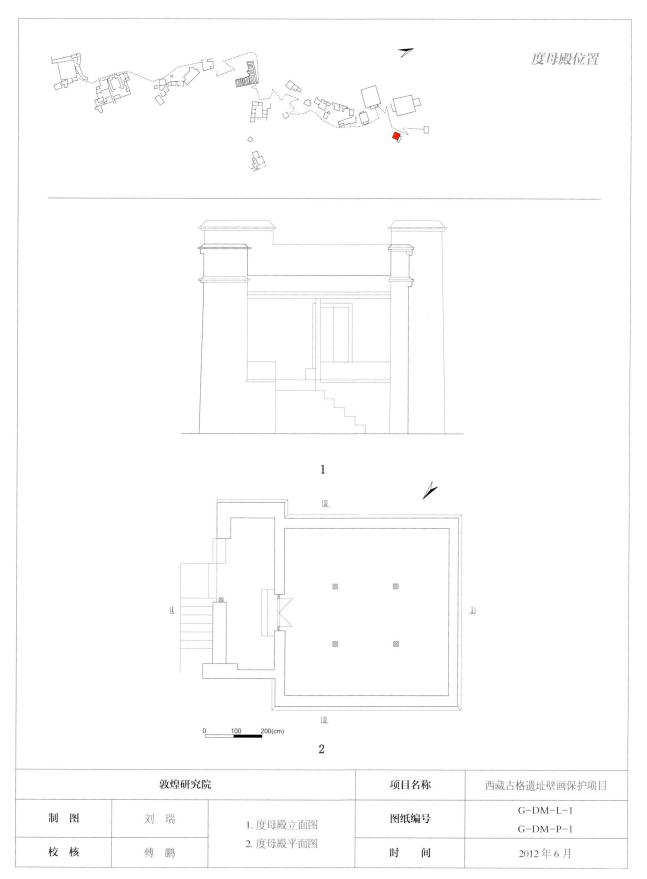

度母殿位置

1

0   100   200(cm)

2

敦煌研究院		项目名称	西藏古格遗址壁画保护项目
制　图	刘　瑞	1. 度母殿立面图 2. 度母殿平面图	图纸编号	G-DM-L-1 G-DM-P-1
校　核	傅　鹏		时　间	2012 年 6 月

图 4-2-3 度母殿立面、平面实测图

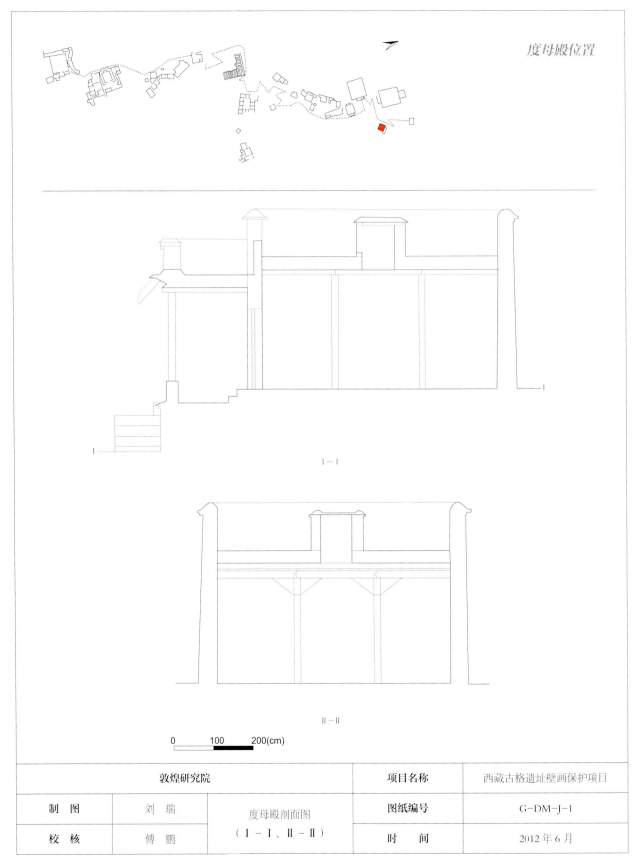

度母殿位置

I — I

II — II

0　　100　　200(cm)

敦煌研究院		项目名称	西藏古格遗址壁画保护项目
制 图	刘 瑞	度母殿剖面图 （I－I、II－II）	图纸编号	G-DM-J-1
校 核	傅 鹏		时 间	2012 年 6 月

图 4-2-4　度母殿剖面实测图

二、坛城殿

坛城殿位于土山上部偏北部西侧的土台上，西、北两侧邻崖。

该殿由前厅和殿堂组成，属单层平顶土木结构藏式建筑。前厅为后加，受地形限制，东、北两面墙体沿土崖边起砌，厅平面呈不规则的三角形，门向南偏西15°。殿堂平面呈正方形，殿内面积27.04平方米（5.2米×5.2米），殿内净高3.3米，门向东偏南15°（图4-2-7）。

殿堂内顶为斗四藻井形式，由8根方梁组成2个方框，错向相叠构成三个水平面，层层上升内收（图4-2-5）。望板均施彩绘，共计29组（幅）。

殿堂内主要供奉"坛城"，梵语谓"曼荼罗"，意为坛、道场。曼荼罗有"四种曼荼罗""金刚界曼荼罗""法华曼荼罗""胎藏界曼荼罗""支分生曼荼罗"等之分。依壁画内容分析，该殿内所供坛城应为金刚界。坛城占据殿堂大部分空间，整体轮廓外圆内方，以小土坯砌成，外涂泥并施彩绘（图4-2-6）。

图 4-2-5　坛城殿内顶部

图 4-2-6　坛城殿坛城局部

坛城外围环形矮圈，外径4.8、高0.3、厚0.1米。圈内为两阶方台，通高0.3米，底台面积9.61平方米（3.1米×3.1米）。二层台上砌一周方形矮墙，矮墙四面正中各有一"凹"形窄门通外，矮墙高1.4、厚0.1米。矮墙内的二层台上砌塑浮雕效果的二重八辐法轮，法轮外径2.25米。

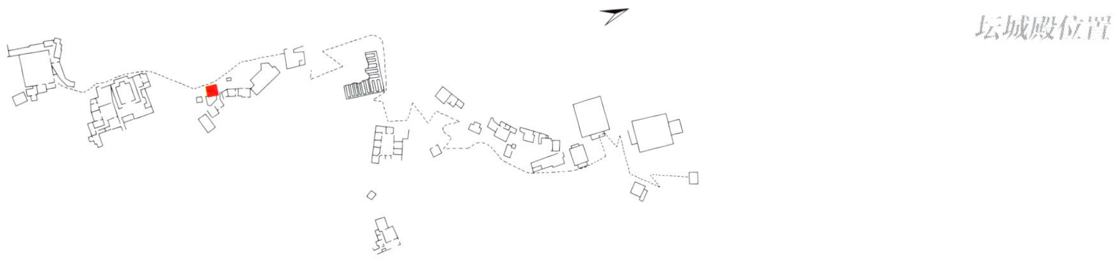

坛城殿位置

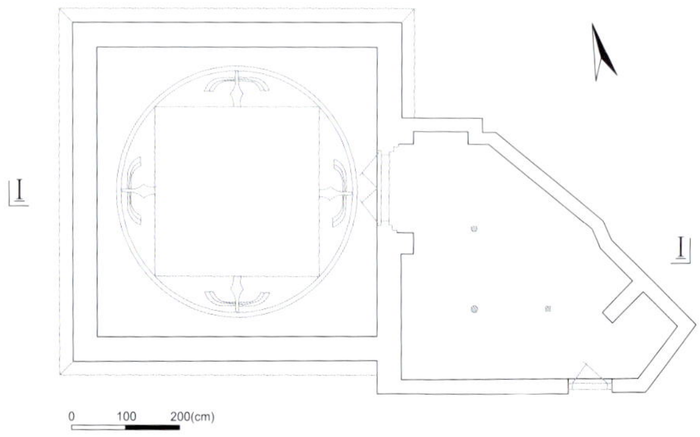

1

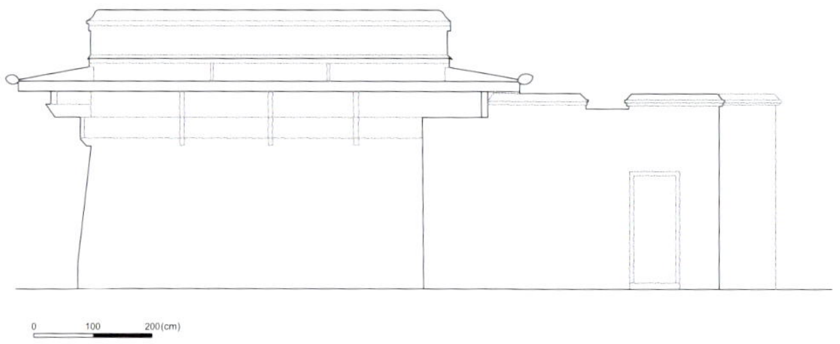

2

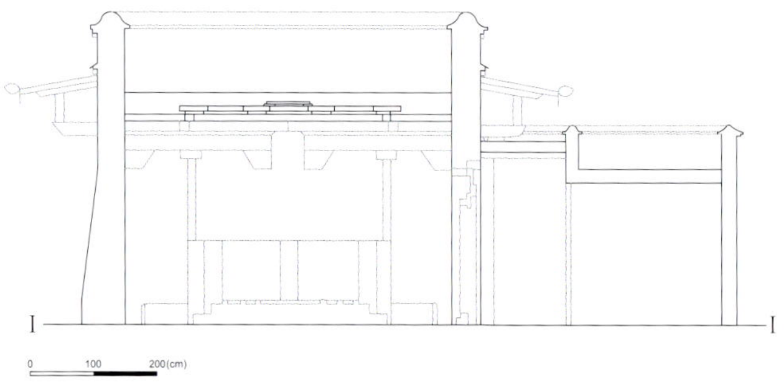

3

敦煌研究院			项目名称	西藏古格遗址壁画保护项目
制　图	刘　瑞	1. 坛城殿平面图 2. 坛城殿立面图 3. 坛城殿剖面图 （Ⅰ-Ⅰ）	图纸编号	G-TC-P-1 G-TC-L-1 G-TC-J-1
校　核	傅　鹏		时　间	2012 年 6 月

图 4-2-7　坛城殿平面、立面、剖面实测图

三、依怙洞

依怙洞俗称护法神洞，位于古格故城遗址最高地的中部南坡台地上，洞窟的上方即为坛城殿。

依怙洞是直接在山体上掏凿建成，洞外原有房屋建筑，东西面阔 4.2、南北进深 3.1 米，高 2.9 米。洞门南偏东 24°，门较小，通高 1.75、宽 0.75 米（图 4-2-8、4-2-9）。

洞窟内平面呈梯形，南壁长 2.60、北壁长 2.88、东壁长 3.05、西壁长 2.75 米，中央高 3.17 米。洞顶部呈纵横拱形。

窟内北壁开一大佛龛，龛距地表 0.14 米，面阔 1.66、高 1.85 米，下部进深 0.40、上部进深 0.25 米。大龛之上还开有一方形小龛，下沿距大龛上沿 0.12 米，方龛纵高 0.62、宽 0.60、进深 0.25 米。龛内壁为火焰背光。大龛下作一长方形台，东西长 1.66、南北宽 0.80 米，台面距原地表 0.40 米。台上作椭圆形双层覆莲座，莲座上作一椭圆形板，板上即供本殿的主供佛——坐在一人身上的四臂依怙神的泥塑像。塑像腹部以上已被毁。

在东壁和西壁的中上部，各开一方形龛。东壁龛距洞内地面 1.68 米，高 0.68、宽 0.67、深 0.34 米。西壁龛距洞内地面 1.73 米，高 0.68、宽 0.68、深 0.37 米。龛内原有塑像现均不存。

图 4-2-8　依怙洞洞门

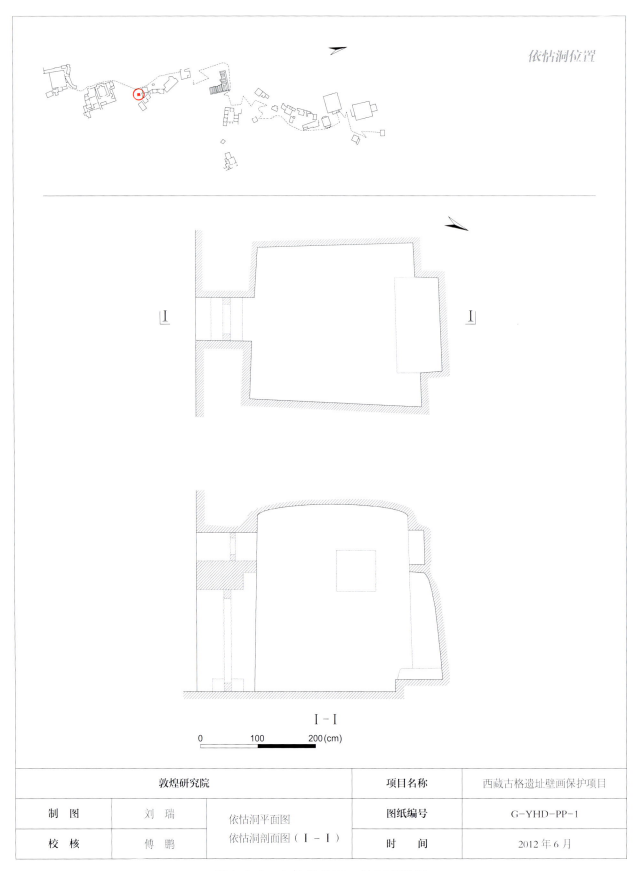

图 4-2-9 依怙洞平面、剖面实测图

四、大威德殿

大威德殿位于遗址东北部的坡地上，西北距红殿约 15 米，正西为高 10 余米的土崖（图 4-2-10）。

整个殿堂为土木结构的单层平顶藏式建筑，由正殿和前厅组成，门向正东（图 4-2-12、4-2-13）。前厅平面呈矩形，无柱，面阔 6.65、进深 1.95 米，净高 2.74 米，地面及屋顶均较正殿稍低。正殿殿内西壁开龛，所以正殿平面呈"凸"字形，面阔 7.6、通深 10.2 米，室内净高（不含天窗）3.95 米。墙体为土坯砌筑，外壁通涂土红色颜料，墙厚 0.45 米。

正殿内共有 8 柱，分前后 4 排，每排 2 柱。前 6 柱为明柱，后 2 柱夹于后凸部位两侧拐角墙壁中。柱身横截面为方形，无收分。柱头呈束腰方柱体，上宽 1.5 米，替木正、反两面均加雕琢。方柱截面边长 0.18、柱身高 3.15、柱头高 0.2 米，替木通高 0.38 米。

正殿顶部开有 2 个天窗，一个位于中部第一排与第二排柱之间，与 1985 年考古成果《古格故城》（文物出版社 1991 年出版）及 2002 年维修报告《西藏阿里地区文物抢救保护工程报告》进行比对，此天窗应为 1985 年之后、2002 年之前所加；另一个天窗位于西壁佛龛上部，天窗抬升高 0.6 米。正殿望板均施彩绘，共有彩绘图案 61 组（幅）。

正殿内共有须弥座 5 座，佛龛部分为主供大座，西北角、西南角各 1 座，大座前又有 2 座，坐上原有塑像现已不存。根据意大利著名藏学家古瑟普·杜齐拍摄的照片可知，1940 年之前，殿内还保存有塑像多身（图 4-2-11）。

正殿与前厅地面均为阿嘎土地面，平整结实。

图 4-2-10 大威德殿外景

图 4-2-11 大威德殿内景

（这是意大利藏学家古瑟普·杜齐在 1940 年之前拍摄的照片。图片显示 1940 年之前殿内还保存有多身塑像，现均已不存）

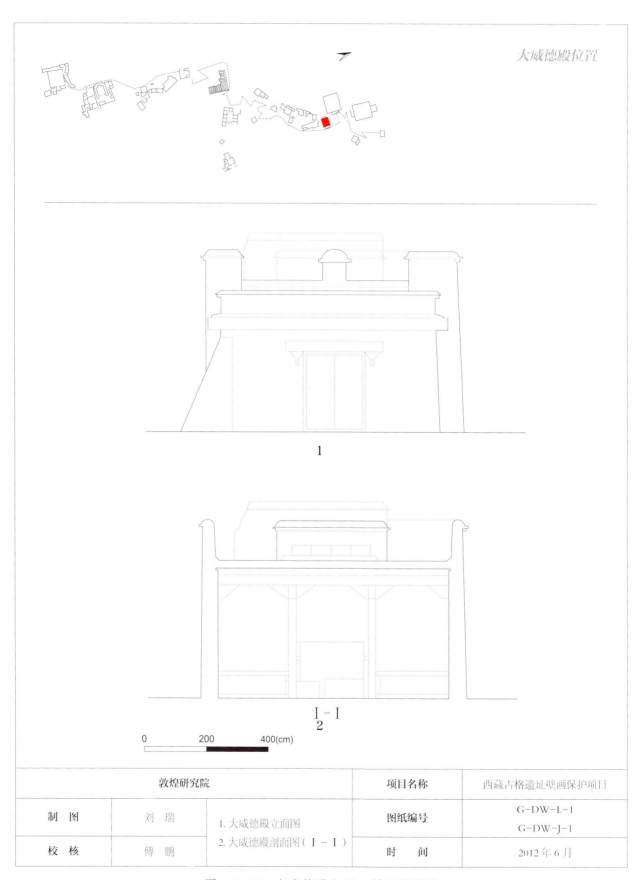

大威德殿位置

1

I - I
2

0　　　200　　　400(cm)

敦煌研究院			项目名称	西藏古格遗址壁画保护项目
制　图	刘　瑞	1.大威德殿立面图	图纸编号	G-DW-L-1
				G-DW-J-1
校　核	傅　鹏	2.大威德殿剖面图（I - I）	时　间	2012 年 6 月

图 4-2-12　大威德殿立面、剖面实测图

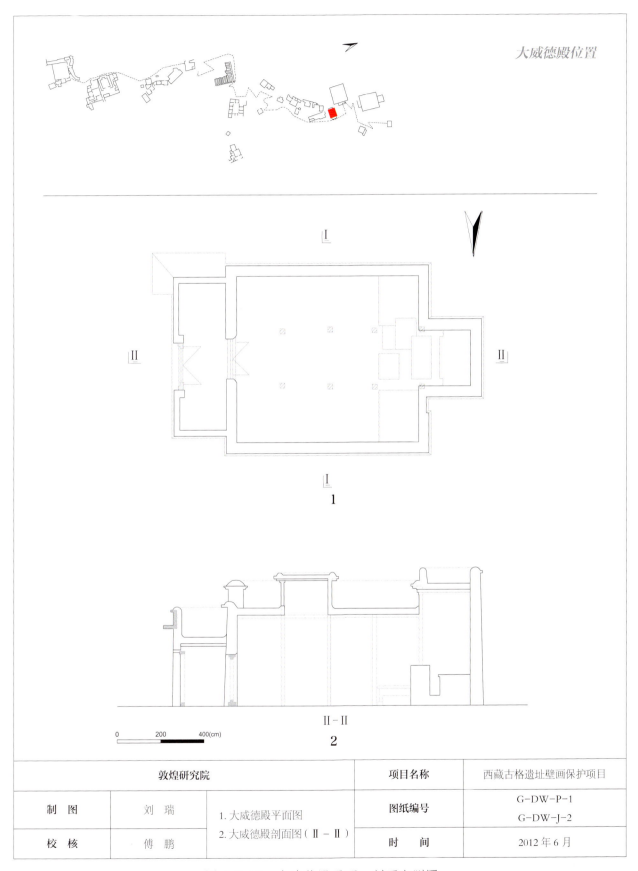

大威德殿位置

I

II   II

I

1

II－II

2

0   200   400(cm)

敦煌研究院			项目名称	西藏古格遗址壁画保护项目
制　图	刘　瑞	1. 大威德殿平面图 2. 大威德殿剖面图（II－II）	图纸编号	G-DW-P-1 G-DW-J-2
校　核	傅　鹏		时　间	2012 年 6 月

图 4-2-13　大威德殿平面、剖面实测图

五、红殿

红殿位于遗址北坡第三台地上，坐西向东，门向东偏南8°，为单层平顶藏式殿堂建筑（图4-2-16、4-2-17）。殿内平面呈长方形，南北面阔22.2、东西进深19.4米，通高9.8米，殿内面积430.68平方米。墙体以石块砌基，土坯砌墙体，墙体下端厚约1米，有收分，墙外砂泥包裹层厚约4.8厘米。

殿堂内共立柱30根，横5列，纵6行，柱子横间距2.75～3.0、纵间距2.8～3.0米。立柱高4.86米，断面呈正方形，上小下大，上部边长0.19～0.21、下部边长0.25～0.26米，通身涂红色。柱上坐斗，斗高0.12、宽0.25米；斗上所压替木和垫木合为一体，上部长1.90、下部长0.85米，厚均0.25米，总高0.50米，正、背两面均有雕刻、彩绘。

殿内顶部开有2个天窗，一个位于中部第二排与第三排柱之间，与1985年考古成果《古格故城》及2002年维修报告《西藏阿里地区文物抢救保护工程报告》进行比对，此天窗应为1985年之后、2002年之前所加；另一个天窗为建筑原始天窗，位于西壁上部，天窗抬升3.1米。殿内望板均施彩绘，约200组（幅），总面积共计313平方米。

大殿正中有2个前后紧贴的大须弥座，须弥座用土坯砌成。后须弥座紧贴西壁，原供有前后两身释迦牟尼的高大泥塑像，现均已不存（图4-2-14）。在须弥座的北侧，用土坯砌筑2座塔。据考证，前塔（东侧）应为尊胜塔（南杰曲丹），塔顶已毁；后塔（西侧）应为菩提塔（强趣曲丹），损毁严重，仅存塔座、塔层阶。

与意大利著名藏学家古瑟普·杜齐拍摄的照片进行比对，1940年之前，殿内多数塑像、佛塔还保存完好（图4-2-15）。

图4-2-14　红殿内景

图4-2-15　红殿内景早期照片

（这是意大利藏学家古瑟普·杜齐在1940年之前拍摄的红殿内景。图片中可以看到当时前部佛坛上的释迦牟尼塑像、西壁前的塑像以及远处的尊胜塔还保存完好）

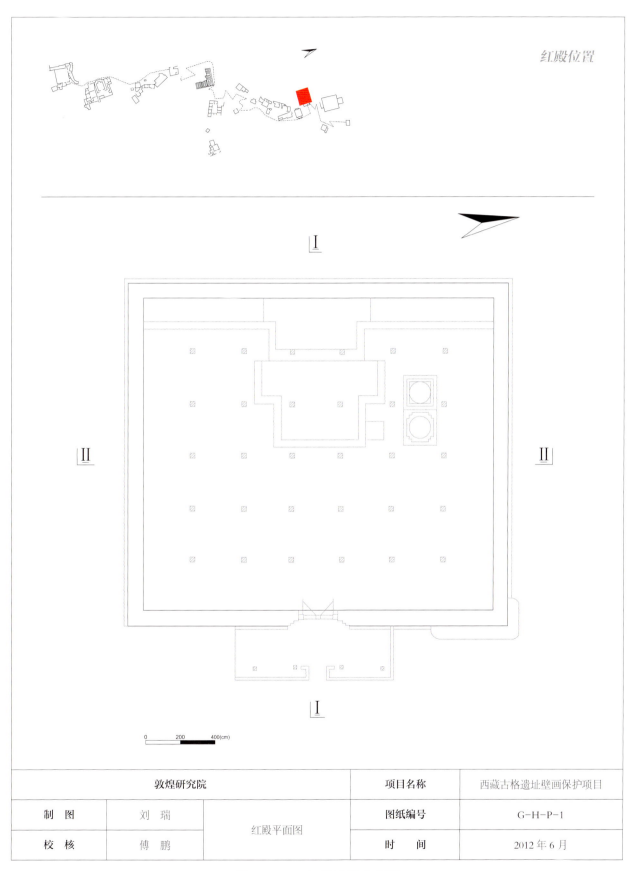

红殿位置

I

I

II II

I

I

0 200 400(cm)

敦煌研究院		项目名称	西藏古格遗址壁画保护项目
制　图	刘　瑞	图纸编号	G-H-P-1
校　核	傅　鹏	时　间	2012 年 6 月

红殿平面图

图 4-2-16　红殿平面实测图

红殿位置

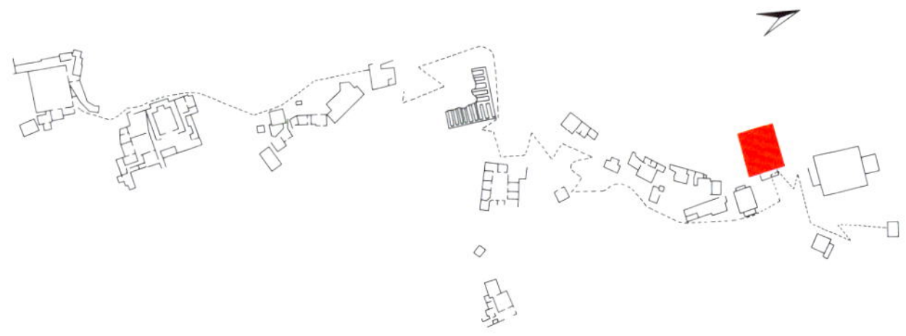

I-I

0   200   400(cm)

II-II

0   200   400(cm)

敦煌研究院		项目名称	西藏古格遗址壁画保护项目
制　图	刘　瑞	图纸编号	G-H-J-1、G-H-J-2
校　核	傅　鹏	红殿剖面图 （I-I、II-II）	时　间	2012 年 6 月

图 4-2-17　红殿剖面实测图

六、白殿

白殿，因殿外壁遍涂白色而得名，位于遗址东北部的坡地平台上。

白殿为土木结构的单层平顶藏式建筑，门向南偏东20°，墙体为土坯砌筑，厚0.75米（图4-2-19、4-2-20）。北壁有一大型佛龛，所以殿堂平面呈"凸"字形，东西面阔19.05、南北进深23.9米，殿内净高（不含天窗）5.9米，殿内面积377平方米。

殿内有东西6列、南北7行共计36根柱（图4-2-18），在殿内呈网格状分布。柱间横距（东西）2.6～2.8、纵距（南北）2.7～2.9米。佛龛部分的6根柱分前后2排，前排4柱，柱间横距1.9～2.0米，两边的木柱紧贴墙壁，后排2柱立于大须弥座上，用以支撑天窗顶。柱横截面均为方形，边长0.2～0.23米，柱身通高5.1米，由三或四段方木卯接而成。柱头雕成束腰台状，束腰部位为联珠纹条带，束腰以上为重莲瓣，以下为忍冬纹。柱头上为一大体轮廓略呈梯形的替

图4-2-18　白殿内景

木，正、反两面均加雕刻，替木高0.38、通宽1.58米。替木上承东西向横梁，横梁架于墙柱间或柱柱间，每根通梁由7截梁接成，东、西两端架于墙上，接头均在每柱替木上的正中，每一截梁长等于柱间距，梁宽0.23、高0.28米。梁上横架南北向方椽，椽长3、宽0.09、厚0.16米，椽间距0.43米，外涂土红色。椽上横铺天花板，板长等于椽间距，板宽不等，多在0.15～0.20米之间，板厚2厘米。板上铺一层树枝或草枝，然后夯打阿嘎土顶。

白殿顶部有3个天窗，1个在中部偏南，2个在后凸部分。中部天窗在由南向北第二、三排柱间的中间升起，东西南北均为一个柱间距，天窗升起部分的东、北、西三面在屋顶砌土坯墙，南面敞开采光，天窗升起1.9米，墙高2.2、厚0.4米。后凸部分的2个天窗为前低后高的阶梯状，一级天窗在后凸部分的前沿升起1.6米，面阔2.5米，进深一个柱间距；二级天窗在一级天窗后又升起1.9米，面阔2.5、进深3.5米。二级天窗内顶为木构斗四藻井，内收升起四层，全施彩绘。

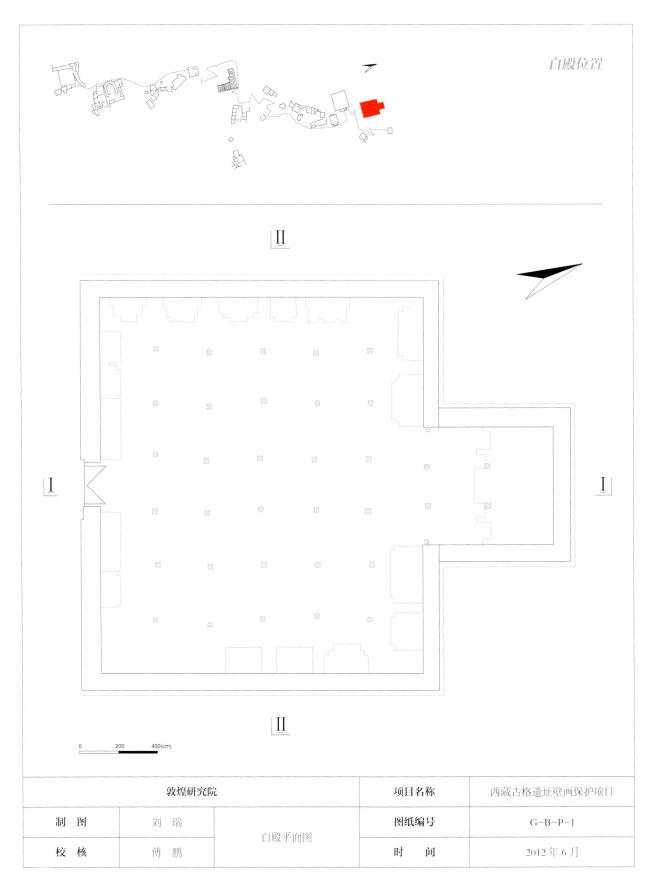

图 4-2-19 白殿平面实测图

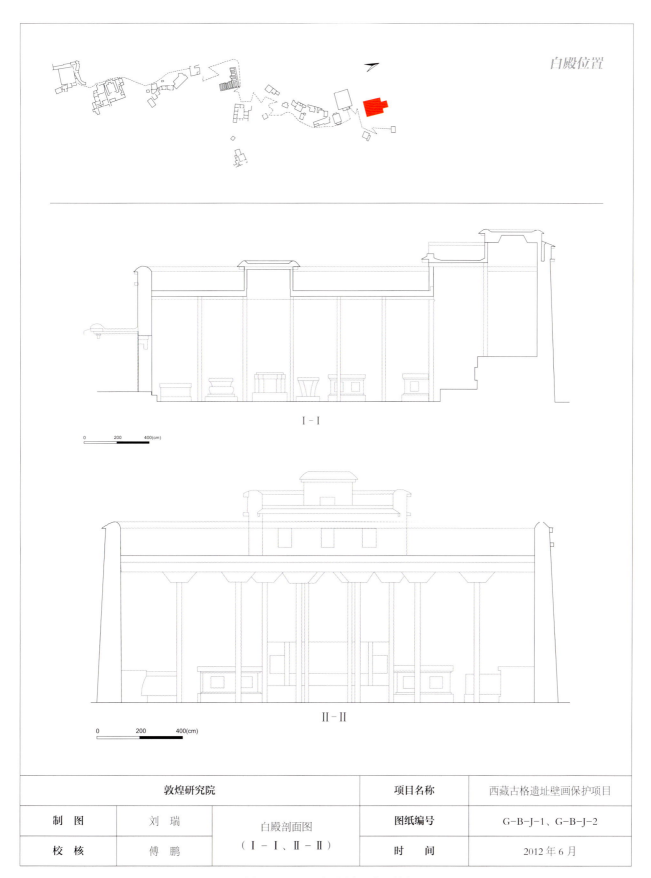

白殿位置

I－I

0　200　400(cm)

II－II

0　200　400(cm)

敦煌研究院		项目名称	西藏古格遗址壁画保护项目
制　图	刘　瑞	图纸编号	G-B-J-1、G-B-J-2
校　核	傅　鹏	时　间	2012 年 6 月

白殿剖面图
（I－I、II－II）

图 4-2-20　白殿剖面实测图

　　殿内采光分为四级，第一级为大门，门扇敞开可照亮殿前部；第二级为中部天窗，可照亮殿内中后部；第三级为后凸部分的一级天窗，可照亮大须弥座及座上的造像；第四级为后凸部分的二级天窗，可照亮造像头部及头上影塑装饰。

　　殿内望板均施彩绘，共计有望板彩绘314组，藻井彩绘图案一铺13组。原有塑像23身，或毁或残，无一完整，现存残像11身，像座19座。

　　根据意大利著名藏学家古瑟普·杜齐拍摄的照片可知，1940年之前，殿内多数塑像还保存完好（图4-2-21、4-2-22）。

图 4-2-21　白殿南壁西侧红色忿怒金刚塑像
（此图是意大利藏学家古瑟普·杜齐在1940年之前拍摄）

图 4-2-22　白殿南壁西侧四臂观音塑像
（此图是意大利藏学家古瑟普·杜齐在1940年之前拍摄）

第三节 壁画保存现状

古格遗址所有殿（洞）的壁画都受到不同程度的破坏，现存壁画面积总计约 1200 平方米，保存面积较多的有 6 座殿（洞），其中白殿 449.34 平方米，红殿 469.46 平方米，坛城殿 58.30 平方米，大威德殿 115.26 平方米，度母殿 63.78 平方米，依怙洞 32.60 平方米。

一、度母殿（卓玛拉康）

四壁遍绘壁画，壁画总面积为 63.78 平方米，自上面下可分为 4 层：第一层紧靠殿内顶，绘二方连续垂幕纹，绕殿一周；第二层为壁画主体部分，绘形体高大的佛、金刚、高僧等像；第三层绘连环画长卷式的佛传故事画和众僧像；第四层为壁画最下层，绘一整二破菱形海螺二方连续条带纹，绕殿一周；第四层以下壁面均涂土红色颜料。

第二层壁画主体部分共绘有 20 尊大像，其中东壁 6 尊、南壁 5 尊、西壁 5 尊、北壁 4 尊。

东壁第二层绘有 6 尊大像，由北向南依次为密集不动金刚、大译师仁钦桑布、杰尊西饶维色、三佛。密集不动金刚头生三面，十臂，两主臂持金刚杵、金刚铃交于胸前，其余八臂向两侧分张，手中所持法器各异；仁钦桑布、杰尊西饶维色两高僧像与南壁宗喀巴、阿底峡像基本相似，但两侧无弟子坐像；三佛亦大体与南壁佛像相似，佛像两侧均有侍立菩萨（图 4-3-1）。

南壁第二层绘有 5 尊大像和众多小像，自东向西依次为一佛二菩萨、宗喀巴携两弟子、释迦牟尼、阿底峡携两弟子、一佛二菩萨。

西壁第二层所绘 5 尊大像均为佛，发式、服饰、坐式大致相同，均为高肉髻，外披袒右袈裟，内着长裙，结跏趺坐。手印和须弥座样式各异，手印分别为触地、说法、转法轮、禅定等；须弥座有双狮、双象、壶门等形式；每佛两侧均侍立菩萨，周围点缀有山水、楼台、人物等，因烟炱厚重不可辨识。

北壁第二层绘有 4 尊金刚大像，门西侧近门的一尊为阎摩，近墙角者难以辨别；门东侧近门者为马头明王，近墙角者不可辨别。

第三层壁画各壁不一。南壁中央释迦牟尼大像下绘佛传中的"十二事业"，两侧的 4 尊大像下均绘高僧小像，其中可辨有米拉惹巴、尼玛扎巴译师、宁译师、热译师、大译师等 5 尊。北壁门两侧的第三层壁画均绘护法金刚、力士、吉祥天女等小像。东、西两壁的第三层绘分幅长卷佛传故事画，稍有剥落，大部分较清楚，其中东壁绘有白象入胎、蓝毗尼园降生、天龙浴太子、哺乳、修习、出四门、婚配赛艺、夜半逾城（图 4-3-2）、削发剃度、苦修等情节；西壁绘有成道、初转法轮、涅槃、荼毗、分舍利、建八塔等情节，这些情节或独立成幅，或二三贯通，左右连成横幅长卷。

图 4-3-1　度母殿东壁侍立菩萨像

图 4-3-2　度母殿东壁佛传故事"夜半逾城"

二、坛城殿

殿内四壁绘满壁画，壁画总面积约为58.30平方米，自上而下可分为6层，均呈条带状环绕殿堂一周。

最上层绘一周二方连续的兽面铃铛垂帐图案。

第二层绘一周高僧、大德、译师、金刚小像，各像均有莲座、背光、头光。各像的莲座下书写有藏文题名，标明像的身份，共计92尊，其中题名清楚、身份明确的有83尊。各像大多为各种坐式，个别的为站立或单腿站立姿势。

第三层绘一周共计16尊主体大像，东壁门两侧除大像外还各绘有6尊小像，像下均书写藏文题名。东壁门北侧的大像为四臂智慧依怙（图4-3-3），门南侧的大像为圣智六臂依怙；南壁从东向西依次为誓言空行、身空行、心空行、语空行、大安空行；西壁从南向北依次为仁钦迥乃如来、遍智如来佛、地藏佛、无量光佛；北壁从西往东依次为宝空行、佛空行、金刚空行、莲空行、杂空行。

第四层壁画除东壁门北侧一幅"礼佛图"、南侧一幅"说法图"外，其余各壁均为各类佛、菩萨、佛母、度母、神母、天女、金刚、大德的小像，均有藏文题名，共计74尊（图4-3-4至图4-3-6）。

第五层为"众合地狱图"长卷，图中各色罪人身首异处，肢体分离，尸骨横飞；豺狼虎豹、鹰鹫蛇蟒撕扯吞食人肉；尖利的木桩从罪人体内洞穿而过，熊熊烈焰炙烤着罪人。图中还间绘山水草木、佛塔以及正在修炼的瑜伽行者（图4-3-7）、龙女等。

第六层绘一周一整二破的菱形海螺纹条带，条带以下的墙体遍涂红色颜料。

 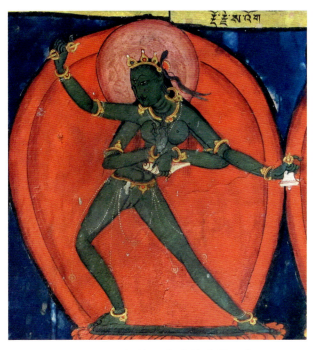

图 4-3-3　坛城殿东壁四臂智慧依怙像　　　　　图 4-3-4　坛城殿东壁供水神母像

图 4-3-5　坛城殿西壁胜乐金刚像　　　　　　图 4-3-6　坛城殿北壁击腰鼓天女像

图 4-3-7　坛城殿东壁瑜伽行者像

三、依怙洞

依怙洞顶部、四壁、龛内均绘有壁画，但拱形顶部脱落严重，壁画已基本不存，且因烟熏严重，残存画面已不可辨。现存壁画面积 32.60 平方米。南壁壁画自上而下分为 3 层，东壁、西壁、北壁龛外壁画均分为 4 层。

四壁最上层均为一周狮口衔垂幕的图案纹饰。

第二层是该洞壁画的主体部分，主要是各类护法神、金刚及有关化身变像等，也有极个别的菩萨、高僧小像。洞窟内没有大的画像，最高不超过 60 厘米，均成行排列。

图 4-3-8　依怙洞下方壁画图案

东、西、北三壁自上而下第三层各绘制一条很窄的壁画，幅面宽约 12 厘米，有供养天女、各种动物、七政宝、八吉祥、法器、供品祭品等。这一部分壁画底色为白色，形体很小，与上部壁画区别很大（图 4-3-8），南壁无此层。

最下层壁画绕殿一周以及门框一周，绘一整二破菱形螺纹带作为下边框装饰图案。条带以下的墙体遍涂土红色颜料。

北壁佛龛内东、西两壁绘有"众合地狱图"，龛内北壁绘有红色火焰纹背光，上部两侧各绘一高僧二弟子。

四、大威德殿

前厅与正殿周壁均绘壁画，壁画总面积约为 115.26 平方米。前厅壁画保存极差，壁画表面被白灰涂刷，又有曾被清理的痕迹，上部烟熏严重，依稀可辨门南侧三面墙壁绘圆形"八吉祥"图案；门北侧三面墙壁绘一组长卷式建筑群落图，大小不等、层数不一的白墙黑檐藏式平顶建筑重重叠叠、鳞次栉比，一些装饰性的树木花草点缀其间，门前、窗口及屋顶或有人坐立。房屋门窗均饰黑色外框，檐上饰黑红色"边玛草"，不少房屋的墙壁上辟有三角形箭孔，个别房屋还有院墙、院门（见图 3-2-17）。因颜料层脱落较重，大部分壁画已不可详辨。

正殿四壁及龛内均有壁画，自上而下可分为 3 层。最上层紧靠屋顶，绘兽面衔垂帐二方连续图案，绕殿一周；中层为壁画的主体部分，绘有佛、菩萨、金刚、法王、高僧等像（图 4-3-9、4-3-10）；最下层壁画距地表 0.5 米，绕殿一周，绘二方连续卷草纹条带；条带以下的墙体遍涂红色颜料。

作为壁画主体部分的中层壁画画像均规划成组，排列有序，繁而不乱，整体对称和谐，每组多以一尊大像居中，众多小像上下左右环绕其四周。壁画可大致分为 18 组（幅），南、北两壁各有 5 组（幅），东壁门两侧及门上各有 1 组（幅），西壁龛两侧各 1 组（幅），佛龛内东壁、北壁、西壁各有 1 组。画像下多有藏文题名，标明画像身份，大部分至今仍可辨识。

图 4-3-9　大威德殿东壁天王像（左）、大阎罗像（右）

图 4-3-10　大威德殿北壁药师佛像（左）、白度母像（右）

五、红殿

红殿壁画总面积为 469.46 平方米，从上至下共分 4 层。

最上层在南、北两壁所出挑的方椽垫替木之间和之下，以及东、西两壁所出挑的方梁垫替木之侧和方椽之下，绘一周兽面衔垂帐流苏纹条带，这层装饰条带壁画高 0.71 米。

第二层壁画高 3.84 米，是红殿壁画的主体部分，主要绘制于东壁、南壁、北壁三个壁面。每组以中央大像为主尊，

图 4-3-11 红殿北壁松赞干布像

上部绘小像。其中北壁和南壁主尊大像的上部绘 1 行小像，在相邻的主尊大像背光左右两侧的上部空间绘 1 ~ 4 尊小像；东壁主尊大像的上部绘 2 行小像，同时在相邻主尊大像的左右两侧上部空间绘 1 ~ 4 尊小像。主尊大像下均有须弥座，后有大背光；每个小像或坐或立，下均有莲花座，后有背光（图 4-3-11、4-3-12）。

第二层壁画共有 20 尊大像。其中东壁 8 尊，从北至南依次为四臂观音、喀萨帕尼观音、三面八臂圣白伞盖佛母、金刚手、马头明王、三面八臂顶髻尊胜佛母、白度母（图 4-3-13）、文殊菩萨。南、北两壁各 6 尊，均为释迦牟尼坐像，2 尊侍立菩萨分立两侧（图 4-3-14、4-3-15）。小像的人物题材极其丰富，包括各类佛、菩萨、佛母、天母、度母、空行母、神母、金刚杵母、天王、明王、金刚、护法、高僧、译师、吐蕃王室成员等。

第三层壁画主要绘制在东、南、北三壁的下部，这层壁画自成体系，高 0.75 米。其中东壁门北侧绘的是如来八塔、七政宝、八吉祥图案；东壁门南侧绘有"礼佛图"（图 4-3-16、4-3-17）和"庆典乐舞图"；南壁和北壁的下部壁画绘制的是"释迦牟尼传记"（或称"佛传故事"）。

第四层壁画位于墙体下方，用黄色兰扎体梵文组成一周（西壁除外）边沿装饰，梵文条带高 0.1 ~ 0.11 米。条带以下的墙体遍涂红色颜料。

红殿西壁正中残存已毁塑像的背光和局部影塑，以及一些承挑影塑的木棍，壁面遗留多处插过木棍的孔洞（图 4-3-18）。西壁南、北两侧砌筑长台，总长 7.4、宽 1.1、高 1.35 米，台上有 8 个高度 0.26 米的椭圆形双层覆仰莲花座。西壁南、北两侧中上部有 44 个贴于墙壁的小型半椭圆形双层覆莲花座，厚度 15 厘米，伸出壁面 21 厘米，个别已脱落。座上原应供有释迦牟尼泥塑小像，大部已不存，即便现存的也多有残缺（图 4-3-19）。无论是下部大的莲花座还是中上部的小型莲花座，上方均有焰轮背光浮雕，土红色颜料打底，火焰纹施以金色。西壁仅有最上层绘有兽面衔垂帐流苏纹条带，其余部位除塑像背光皆通涂蓝色颜料。

图 4-3-12　红殿南壁壁画

图 4-3-13　红殿东壁白度母坐像　　　　　图 4-3-14　红殿北壁释迦牟尼坐像

图 4-3-15　红殿南壁侍立菩萨像

图 4-3-16　红殿东壁南侧下部"礼佛图"局部
（古格王和王子）

图 4-3-17　红殿东壁南侧下部"礼佛图"局部
（供礼者）

图 4-3-18　红殿西壁正中残存背光和局部影塑

图 4-3-19　红殿西壁北侧残存背光及莲座
（上图是张建林 1985 年拍摄，下图是前期研究团
队 2007 年拍摄。上图红框内 3 尊塑像在 2007 年
前已缺失）

六、白殿

殿内各壁均绘有壁画，自上而下大致可分为3层。最上层紧靠屋顶，绘一周兽面衔忍冬垂帐图案；最下层距地表1.15米，绘一周宽0.2米的一整二破二方连续菱形海螺纹条带；中层为壁画的主要部分，除北壁佛龛以外，均以每尊塑像及背光为核心形成一组，在其上部和两侧绘众多小像，还夹杂有山石树木、建筑、动物、植物及装饰图案，每组与塑像均紧密结合，浑然一体。全殿除

图 4-3-20　白殿南壁塑像与壁画

佛龛部分的主供像外，原有22尊塑像（图4-3-20），壁画亦随之为22组，加上门上部壁画和佛龛部分的三面壁画，全殿壁画面积共449.34平方米。

白殿壁画中人物众多，大多有藏文题名，较之红殿人物类型更加丰富，除和红殿一样绘有各类佛、菩萨、佛母、天母、度母、空行母、神母、金刚杵母、天王、明王、金刚、护法、高僧、译师以外（图4-3-21至图4-3-28），还有完整的释迦牟尼祖上王统、吐蕃王统、古格王统的系列画像，古格贵族供养人（图4-3-29），以及春夏秋冬四季神、二十七星宿天宫图。

北壁佛龛内东、西两壁整体布局基本相同。两壁上半部原均有28尊影塑小像，现东壁仅存4尊，西壁仅存5尊，均残，壁面遗留多处孔洞（原穿插支撑塑像的木棍）。每像下塑有莲座，像后壁贴塑火焰背光，莲座多数脱落，背光保存稍好。影塑小像的背光周围遍绘缠枝花纹，间以60多行菩萨、罗汉小像，约近万尊。两壁南侧均绘有佛传故事，东壁绘有削发、还衣、白马返家、苦修、禅定、受糜乳、降魔、龙王遮雨、开示比丘、毗沙门天供钵、转法轮、化缘、罗侯罗皈依、服醉象、狝猴献蜜、涅槃、荼毗、火中复生、分舍利、建塔等情节；西壁可辨有释迦降生、步步生莲、天人浴太子、婚配赛艺、观耕、观众妃睡相、夜半逾城等情节。东壁佛传故事下绘寺院宗教仪式和庆典场面，可辨有跳神、喇嘛辩经、狮子舞、跑驴、鼓乐、马技、骑射、杂技及运送木料的场景。西壁最下部绘古格臣民运输、庆典和礼佛场面。

佛龛内北壁仅有最上层绘有兽面衔忍冬垂帐图案，其余部位除塑像背光外皆通涂蓝色颜料。北壁残存已毁塑像的背光和局部影塑，以及一些承挑影塑的木棍，壁面遗留多处用来穿插木棍的孔洞。

图 4-3-21　白殿东壁菩萨像

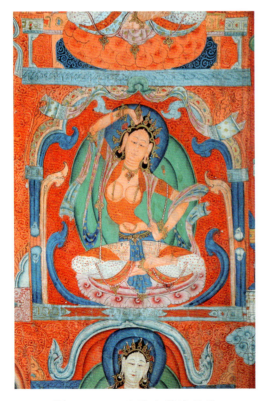

图 4-3-22　白殿东壁度母像　　　　　　　图 4-3-23　白殿东壁菩萨像

图 4-3-25 白殿南壁白度母像

图 4-3-24 白殿南壁千手千眼观音像

图 4-3-26 白殿西壁莲花阿弥陀佛像

图 4-3-27　白殿南壁大佛及小像

图 4-3-28　白殿南壁释迦牟尼及弟子坐像

图 4-3-29　白殿南壁供养人像

第四节 壁画病害类型与分布

一、壁画病害类型

根据现状调查，可以确定古格遗址壁画存在的病害类型主要有：颜料层起甲、地仗空鼓、壁画错位、地仗脱落、壁画开裂（裂缝）、壁面污染、酥碱、历史加固或曾经修复造成的病害等，且普遍有同一处壁画多种病害并存的现象。

1. 颜料层起甲

颜料层起甲，是指壁画颜料层局部脱离地仗层并发生起翘或卷曲的现象，严重时发生脱落（图4-4-1）。

2. 地仗空鼓

地仗空鼓，是指地仗层和支撑体之间丧失黏结力。空鼓部位的地仗丧失了整体内聚力，并伴有裂缝甚至变形（图4-4-2）。

3. 壁画错位

壁画错位，是指壁画开裂后，地仗层发生了位移，开裂部位的相邻地仗层不处于同一平面，甚至发生叠加的现象。这种现象主要出现在严重空鼓或墙体发生位移的部位。

4. 地仗脱落

地仗脱落，是指壁画地仗部分脱落并露出支撑体（图4-4-3）。

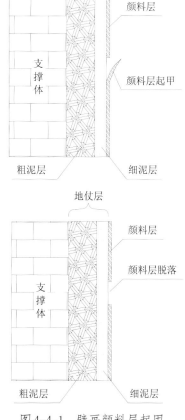

图4-4-1 壁画颜料层起甲、颜料层脱落示意图

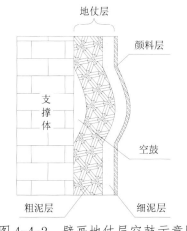

图4-4-2 壁画地仗层空鼓示意图

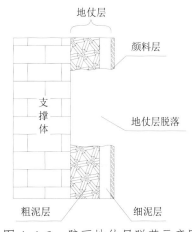

图4-4-3 壁画地仗层脱落示意图

5. 壁画开裂（裂缝）

裂缝，是指壁画开裂，穿过壁画结构中的任何一层或几层的裂缝，深度不同，表现为颜料层开裂、地仗层开裂。

6. 壁面污染

本书中的壁面污染，是指来自自然界的雨水冲刷对壁画表面造成的泥渍覆盖以及动物排泄物对壁面造成的污染，不包括烟熏对壁画造成的污染覆盖和人为涂抹的现代材料覆盖。

7. 酥碱

酥碱，是指壁画任何一个或多个结构层内部的内聚力丧失，具体表现为地仗层或颜料层发生粉化并脱落。

8. 历史加固或曾经修复造成的病害

历史加固或曾经修复使用的材料强度或密度过大，以及因工艺粗糙，导致壁画发生的病害。

二、壁画病害分布

1. 度母殿

度母殿壁画总面积约为 63.78 平方米。根据详细的现状调查，可以确定度母殿壁画主要存在的病害类型有颜料层起甲、颜料层脱落、壁画错位、地仗空鼓、地仗脱落、裂缝、壁面污染、历史加固造成的病害等。

（1）东壁（图 4-4-6）

整壁大面积空鼓，中部空鼓严重。壁面有裂缝多条，北侧梁头下部有纵向裂缝 1 条，北侧拐角处中上部有裂缝，曾经用水泥加固；南侧梁头壁画有纵向裂缝 1 条，从顶部贯通到底部，裂缝宽约 1 厘米（图 4-4-4、4-4-5）；中部有不规则裂缝多条，并错位，周边空鼓严重。东壁北起第一身大像头部及下部起甲严重（墙裙以上 80 厘米高处），其他为零星起甲。北起第一身、第五身、第六身颜料层脱落严重。第二身和第四身局部脱落，第三身颜料层相对比较完好，第六身主要为头部颜料层脱落严重。中部横椽处顶部漏雨有冲刷壁画的泥痕。壁面上部有烟熏痕迹（新中国成立初期，殿内曾有人居住）。

图 4-4-4　度母殿东壁裂缝、颜料层脱落、
历史修复痕迹

图 4-4-5　度母殿东壁裂缝、历史修复痕迹

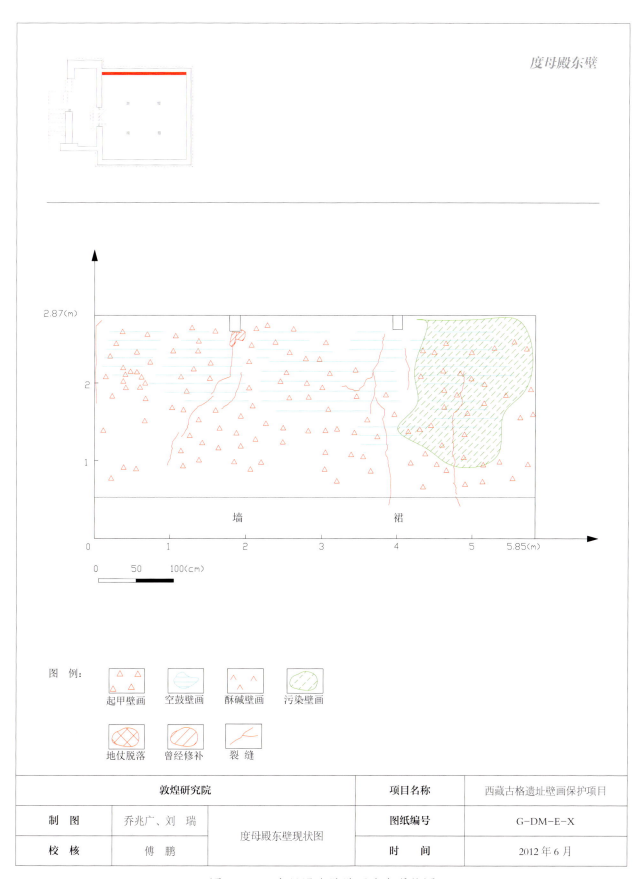

度母殿东壁

2.87(m)

墙　　　　　　　裙

5.85(m)

0　　50　　100(cm)

图　例：

起甲壁画　　空鼓壁画　　酥碱壁画　　污染壁画

地仗脱落　　曾经修补　　裂　缝

敦煌研究院		项目名称	西藏古格遗址壁画保护项目
制　图	乔兆广、刘　瑞	图纸编号	G-DM-E-X
校　核	傅　鹏	时　间	2012 年 6 月

度母殿东壁现状图

图 4-4-6　度母殿东壁壁画病害现状图

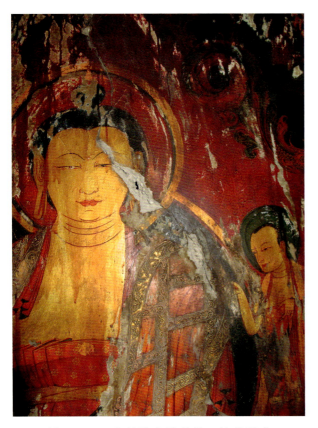

图 4-4-7　度母殿南壁裂缝、地仗脱落

图 4-4-8　度母殿西壁历史修复痕迹、
颜料层起甲

（2）南壁（图 4-4-9）

整壁壁画颜料层有脱落，尤其东侧较为严重，东起第四身阿底峡像脱落较少，壁面中部壁画较完整。

东起第一身佛脚部有 2 个钉孔，西侧上部有 1 颗钉子。东起第二身佛脚部处有 2 个钉孔，钉孔上方地仗破损。主尊西侧有纵向裂缝 1 条（图 4-4-7），裂缝两侧空鼓，空鼓面积约为 0.58 平方米，主尊画像面部有水泥历史加固，莲花座上有 1 个钉孔。东起第四身阿底峡腹部有 1 个钉孔，莲花座上有 2 个钉孔，一处地仗破损，西侧菩萨处有上下 2 个钉孔，菩萨西侧又有 2 个钉孔。东起第五身佛颈部有 1 个钉孔。整壁有曾经人为清理壁画留下的痕迹，中上部比较明显。

（3）西壁（图 4-4-10）

整壁空鼓，局部空鼓严重。整壁壁画烟熏污染。以蓝色、红色颜料为主起甲脱落严重，南起第三身佛像已损毁，仅可见局部背光和袈裟，损毁面积约 2 平方米，有历史水泥加固层，表面涂刷黄色，附近颜料层起甲（图 4-4-8）。顶部重绘垂帐，水泥加固面表面裂缝。南起第五身佛顶部梁头有水泥历史加固部位开裂，壁画错位，局部有泥污。

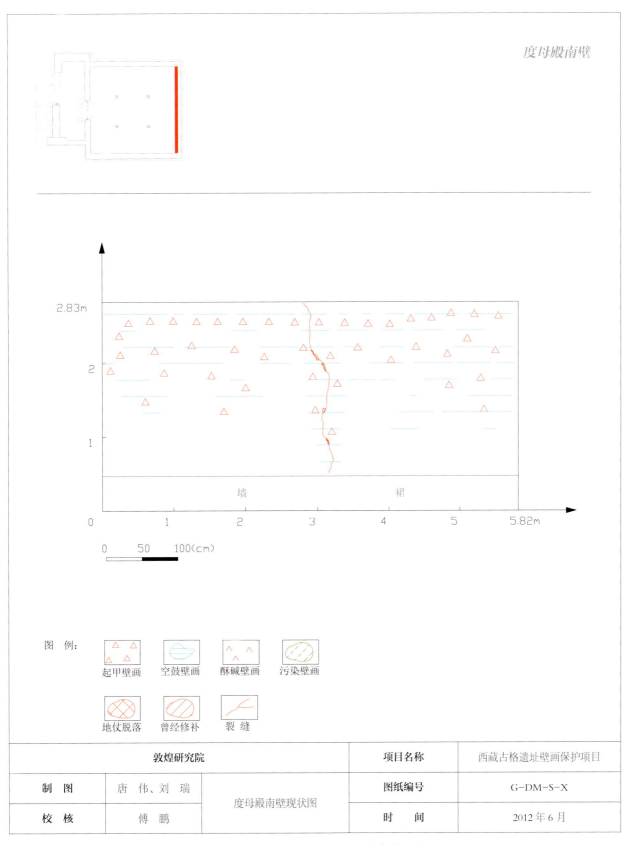

图 4-4-9 度母殿南壁壁画病害现状图

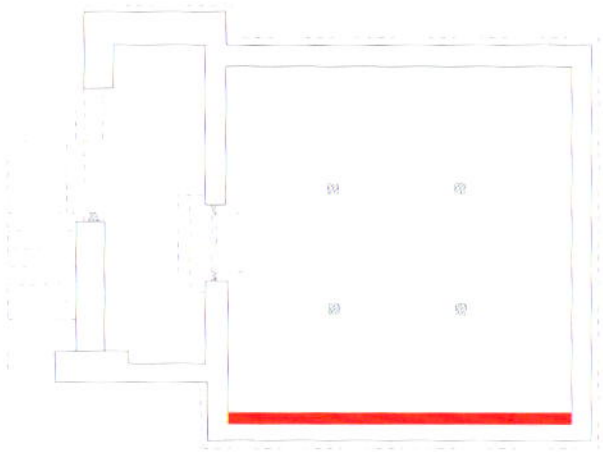

度母殿西壁

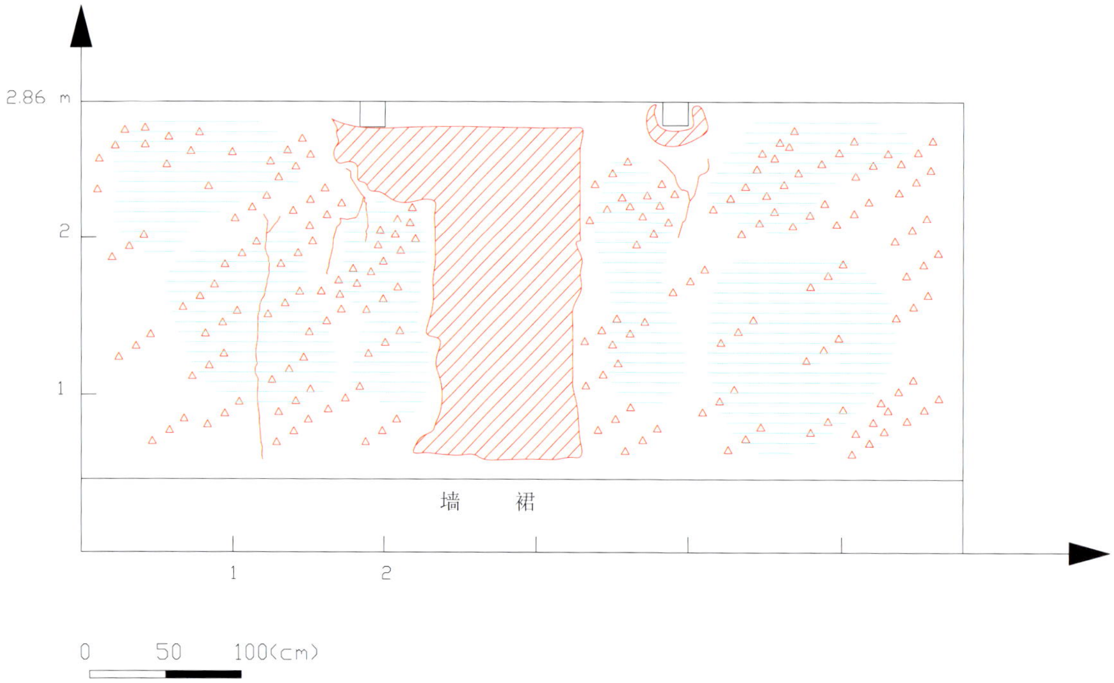
2.86 m
2
1
墙　裙
1
2
0　50　100(cm)

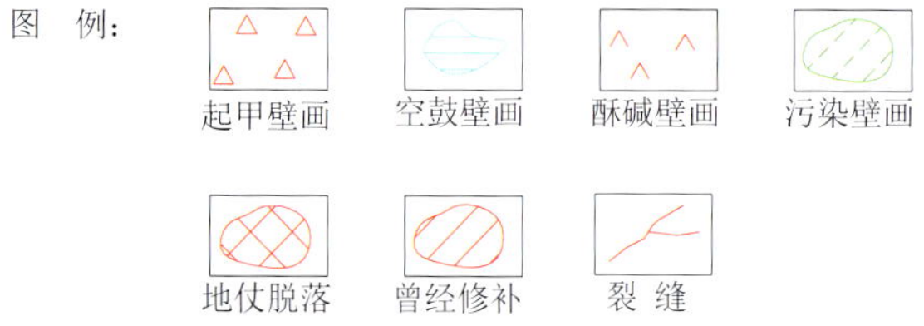
图　例:
起甲壁画
空鼓壁画
酥碱壁画
污染壁画
地仗脱落
曾经修补
裂　缝

敦煌研究院			项目名称	西藏古格遗址壁画保护项目
制　图	黄　伟、刘　瑞	度母殿西壁现状图	图纸编号	G-DM-W-X
校　核	傅　鹏		时　　间	2012 年 6 月

图 4-4-10　度母殿西壁壁画病害现状图

（4）北壁（图4-4-13）

整壁裂缝数条，距西壁1米处有纵向裂缝1条，从顶部贯通至底部，并错位严重，西侧壁面比东侧壁面高出将近2厘米，该处是墙体下沉引起的壁面错位（图4-4-11）。

整壁颜料层局部脱落，整壁零星起甲，局部起甲严重（图4-4-12）。整壁大面积空鼓，门上部空鼓严重，门西侧局部有地仗脱落，周边空鼓严重。梁头下部多处地仗脱落。

图4-4-11 度母殿北壁西侧裂缝、
壁面错位

图4-4-12 度母殿北壁壁画颜料层起甲、脱落

度母殿东、南、西、北壁壁画病害面积为45.70平方米，其中起甲壁画面积为14.39平方米，壁面裂缝及地仗脱落面积为4.20平方米，空鼓壁画面积为21.86平方米，污染壁画面积为2.30平方米，需要去除的历史加固或曾经修复面积为2.95平方米（表4-4-1）。

表 4-4-1   度母殿壁画病害类型及面积统计

方位	壁画面积/m²	病害面积/m²						
		起甲	裂缝及地仗脱落	空鼓	酥碱	污染	历史加固	小计
东壁	16.79	4.96	1.54	5.44	0	0.31	0.52	12.77
南壁	16.47	2.30	1.20	6.59	0	0.47	0	10.56
西壁	16.56	5.91	0.70	7.95	0	1.32	2.43	18.31
北壁	13.96	1.22	0.76	1.88	0	0.20	0	4.06
合计	63.78	14.39	4.20	21.86	0	2.30	2.95	45.70

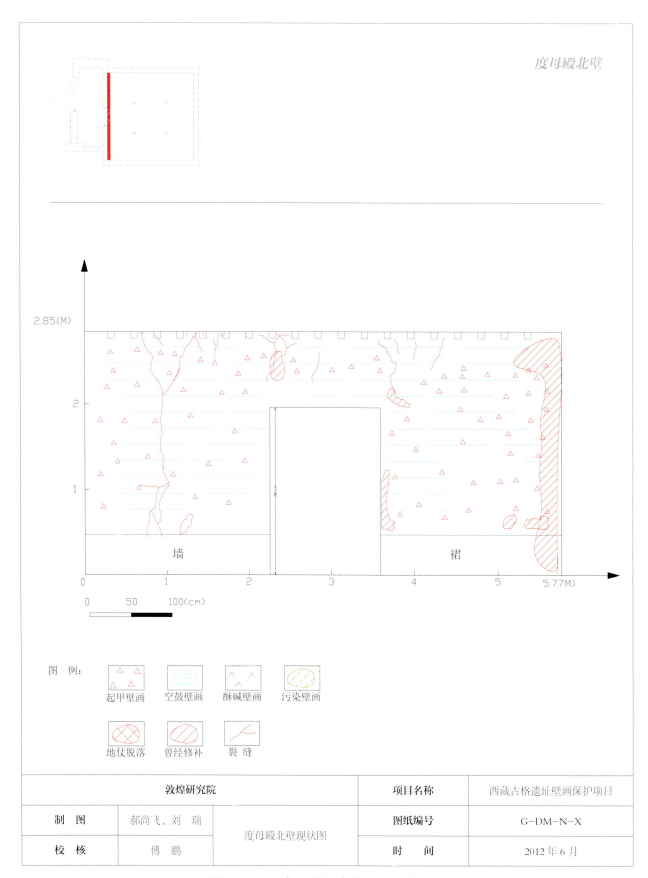

图 4-4-13 度母殿北壁壁画病害现状图

2. 坛城殿

坛城殿壁画总面积约为 58.30 平方米。根据详细的现状调查，可以确定坛城殿壁画主要存在的病害类型有颜料层起甲、颜料层脱落、地仗空鼓、壁画错位、地仗脱落、裂缝、壁面污染、历史加固造成的病害等（图 4-4-14）。

（1）东壁（图 4-4-18）

东壁有多处雨水冲刷痕迹，整壁有零星起甲，局部龟裂起甲严重。

东壁门北侧两梁头下部有雨水冲刷痕迹，壁面还有大面积泥渍污染。雨水冲刷的部分壁面伴有颜料层起甲。从北起第一根梁头下部 0.60 米处有纵向裂缝 1 条。有一处壁画地仗空鼓，曾经用水泥加固（图 4-4-15）。

东壁和北壁的拐角处有雨水冲刷留下的泥痕，并有裂缝（图 4-4-16）。整壁四根梁头下部均有不同程度的裂缝、壁画错位。门上侧地仗空鼓，和梁头接触部位裂开。南侧第一根梁头有纵向裂缝 1 条，有历史加固痕迹（图 4-4-17）。

东壁和南壁拐角处顶部有漏雨冲刷痕迹，壁面泥渍污染，局部伴有颜料层起甲。

图 4-4-14　坛城殿壁画错位、壁画开裂、壁面污染、地仗空鼓、曾经修复

图 4-4-15　坛城殿东壁地仗空鼓、颜料层脱落、裂缝、壁面污染、历史加固

图 4-4-16　坛城殿东壁北侧壁面泥渍污染

图 4-4-17　坛城殿东壁南侧裂缝

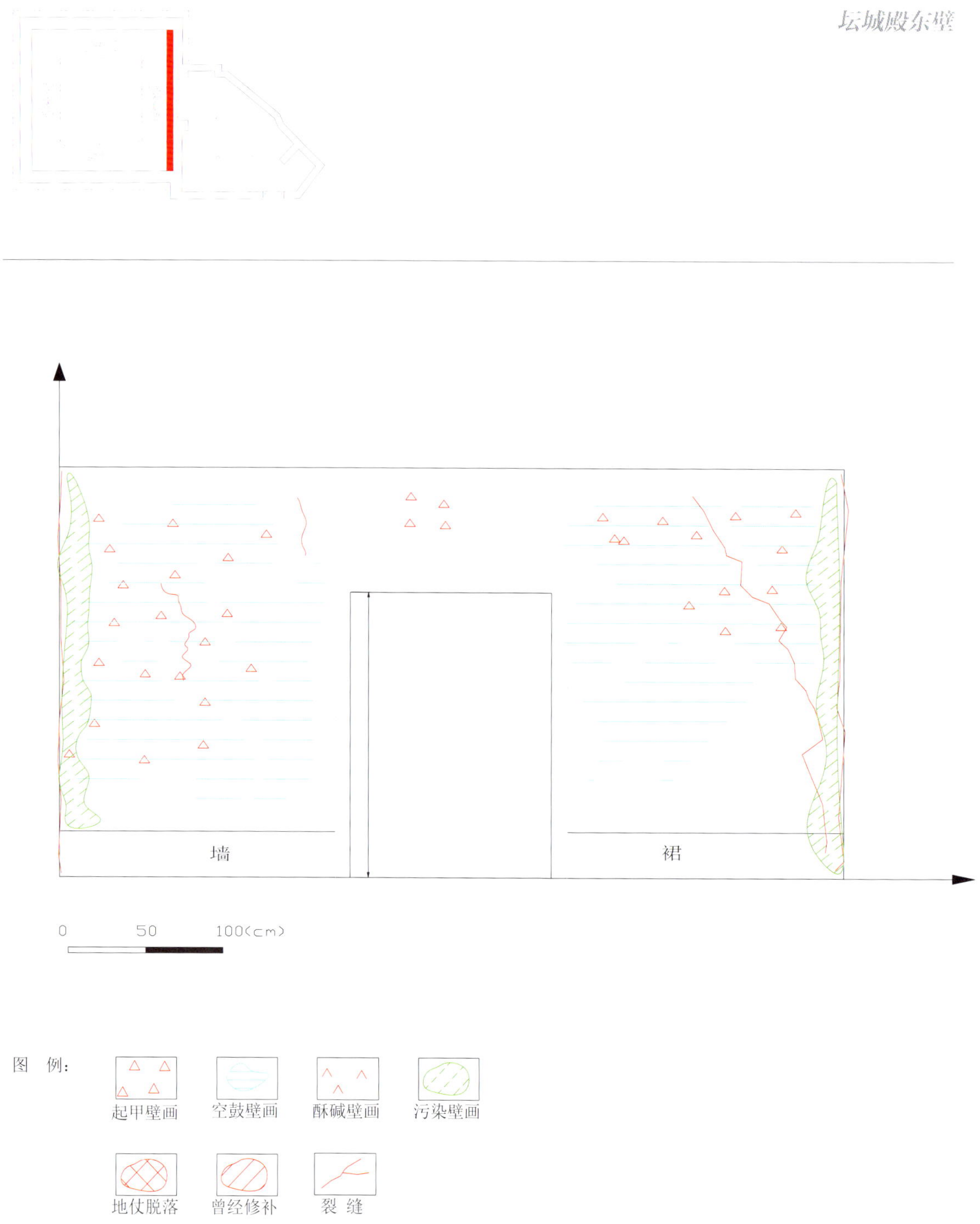

坛城殿东壁

墙 裙

0   50   100(cm)

图 例：

起甲壁画   空鼓壁画   酥碱壁画   污染壁画

地仗脱落   曾经修补   裂 缝

敦煌研究院		项目名称	西藏古格遗址壁画保护项目
制 图	乔兆广、刘 瑞	坛城殿东壁现状图	图纸编号	G-TC-E-X
校 核	傅 鹏		时 间	2012 年 6 月

图 4-4-18　坛城殿东壁壁画病害现状图

（2）南壁（图 4-4-23）

整壁起甲，局部起甲严重，大部分为雨水冲刷后造成的大面积龟裂起甲（图 4-4-19）。南壁从东到西第二根梁头下部有纵向裂缝 1 条，从上到下有多处地仗错位，有历史加固痕迹，壁画错位 2 厘米左右。

从东到西第三根、第四根梁头中间及下部 60 厘米处有历史加固（图 4-4-20），面积约 0.61 平方米。东南拐角处壁面泥渍污染严重，并且有裂缝（图 4-4-21）。第四根梁头下部有纵向裂缝 1 条，并壁画错位，有历史加固痕迹（水泥加固）。从东到西第五根梁头下部因梁头下沉，壁画严重空鼓并变形，地仗酥松翘起。西侧第一根梁头的东侧有地仗脱落。西南拐角处有纵向裂缝 1 条，有历史加固痕迹（图 4-4-22）。

图 4-4-19　坛城殿南壁壁画颜料层起甲

图 4-4-20　坛城殿南壁历史加固

图 4-4-21　坛城殿南壁东侧壁面泥渍污染

图 4-4-22　坛城殿南壁西侧裂缝、历史加固

图 4-4-23 坛城殿南壁壁画病害现状图

（3）西壁（图4-4-27）

整壁起甲，尤其中部起甲严重（图4-4-24），主要是梁头漏雨冲刷过的部位，并且伴有裂缝、空鼓（图4-4-25）。从南到北第三根梁头、第四根梁头中间下部有纵向裂缝1条并错位。从北到南第一根梁头下部地仗脱落，有1条不规则裂缝，并且错位。距地面1.5米高处有裂缝并空鼓，表面细泥层鼓起。梁头下部有地仗脱落。

第三根和第四根梁头下部因雨水冲刷导致壁面大面积泥渍污染，颜料层局部脱落。西北拐角处壁面有纵向裂缝1条，有历史加固痕迹。西南拐角处壁面有泥渍污染，并有裂缝。壁面中下部污染严重（图4-4-26）。

图4-4-24　坛城殿西壁中部壁画颜料层起甲

图4-4-25　坛城殿西壁梁头地仗空鼓、地仗脱落、裂缝

图4-4-26　坛城殿西壁中下部壁面污染

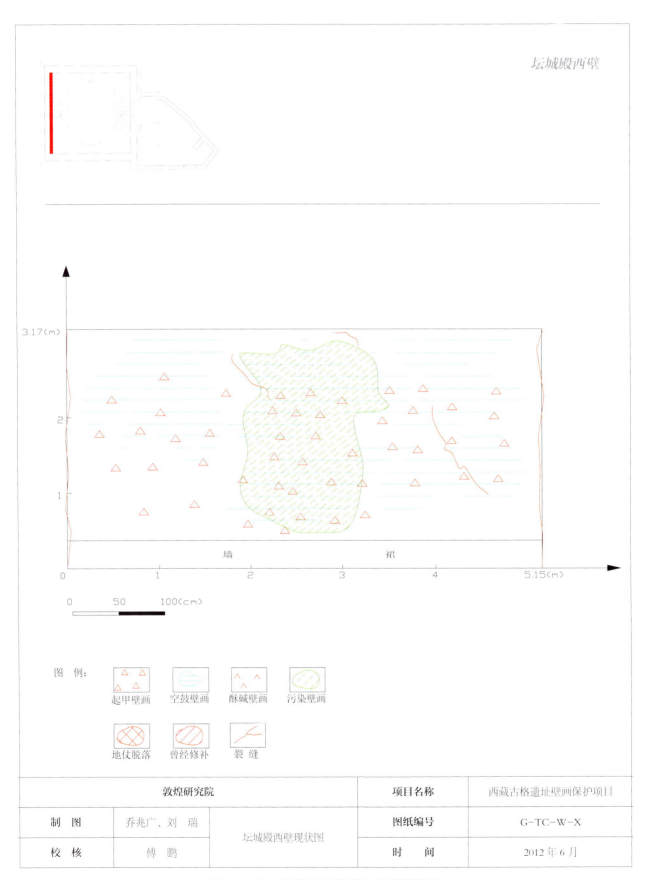

坛城殿西壁

墙　　　裙

图　例：　起甲壁画　空鼓壁画　酥碱壁画　污染壁画

地仗脱落　曾经修补　裂　缝

敦煌研究院		项目名称	西藏古格遗址壁画保护项目
制　图	乔兆广、刘瑞	图纸编号	G-TC-W-X
校　核	傅　鹏	时　间	2012 年 6 月

坛城殿西壁现状图

图 4-4-27　坛城殿西壁壁画病害现状图

（4）北壁（图4-4-31）

整壁有零星起甲，局部起甲严重。北壁西侧拐角处有雨水冲刷导致的壁面泥渍污染，并有裂缝。距西壁1米处有雨水冲刷痕迹，并伴有壁面泥渍污染。多处梁头有泥渍污染，均是雨水冲刷过的部位（图4-4-28）。

整壁有多处不规则裂缝，其中距西壁2米处上部有纵向裂缝2条，距西壁3米处顶部有纵向裂缝3条，有历史加固痕迹（图4-4-29），中上部一条纵向裂缝延伸至底部，空鼓并错位（图4-4-30）。下部有纵向裂缝1条，梁头裂缝，周边地仗空鼓严重。中部第二身画像有人为刻画痕迹，脚部有历史加固痕迹，局部颜料层起甲、脱落。

图4-4-28 坛城殿北壁地仗空鼓、裂缝、壁面污染

图4-4-29 坛城殿北壁裂缝、壁面污染、历史加固

图4-4-30 坛城殿北壁中部裂缝、空鼓、错位

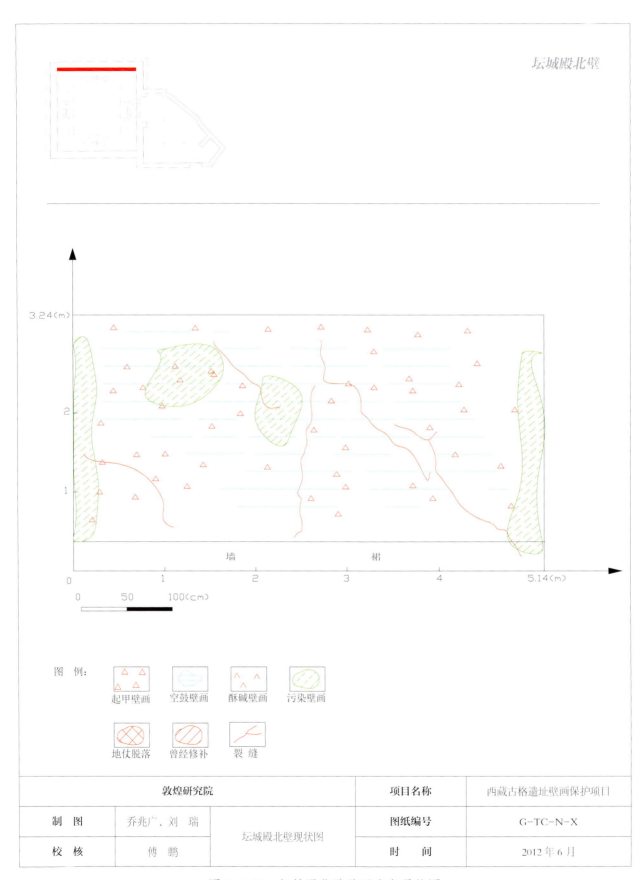

图 4-4-31 坛城殿北壁壁画病害现状图

坛城殿东、南、西、北壁壁画病害面积为 69.64 平方米。其中起甲壁画面积为 18.82 平方米，壁面裂缝及地仗脱落面积为 13.90 平方米，空鼓壁画面积为 26.27 平方米，污染壁画面积为 9.80 平方米，需要去除的历史加固面积为 0.85 平方米（表 4-4-2）。

表 4-4-2　坛城殿壁画病害类型及面积统计

方位	壁画面积 /m²	病害面积 /m²						
		起甲	裂缝及地仗脱落	空鼓	酥碱	污染	历史加固	小计
东壁	8.76	4.08	3.02	5.56	0	1.20	0.25	14.11
南壁	16.54	2.82	3.78	5.02	0	2.40	0.60	14.62
西壁	16.35	8.48	2.85	7.22	0	5.60	0	24.15
北壁	16.65	3.44	4.25	8.47	0	0.60	0	16.76
合计	58.30	18.82	13.90	26.27	0	9.80	0.85	69.64

3. 依怙洞

依怙洞壁画总面积约为 32.60 平方米。根据详细的现状调查，可以确定依怙洞壁画主要存在的病害类型有颜料层起甲、颜料层脱落、地仗空鼓、壁画错位、地仗脱落、裂缝、壁面污染、地仗酥碱等。

整窟壁画烟熏严重，壁画以红色、蓝色颜料层起甲较为严重。

（1）东壁（图 4-4-33）

洞窟下部距离地面 30 厘米处有 1 条横向水纹印痕，应为洞窟内曾经进水被浸泡后产生的一条水纹线。东壁墙体底部为 25 厘米高的地仗酥碱带，墙裙红色颜料层起甲、脱落严重；东北角墙裙处壁面泥渍污染严重。

东壁北侧中上部龛内及龛下部壁画被鸟类排泄物、泥渍、酥油污染严重（图 4-4-32）。龛左下角纵向、横向裂缝各 1 条，裂缝处壁画颜料层起甲、地仗空鼓。南侧上部斜向裂缝 1 条，裂缝处壁画起甲、空鼓。

顶部壁画脱落严重，仅靠近四壁有少量残存，地仗破损开裂并伴有空鼓。

图 4-4-32　依怙洞东壁龛内昆虫排泄物、泥渍污染

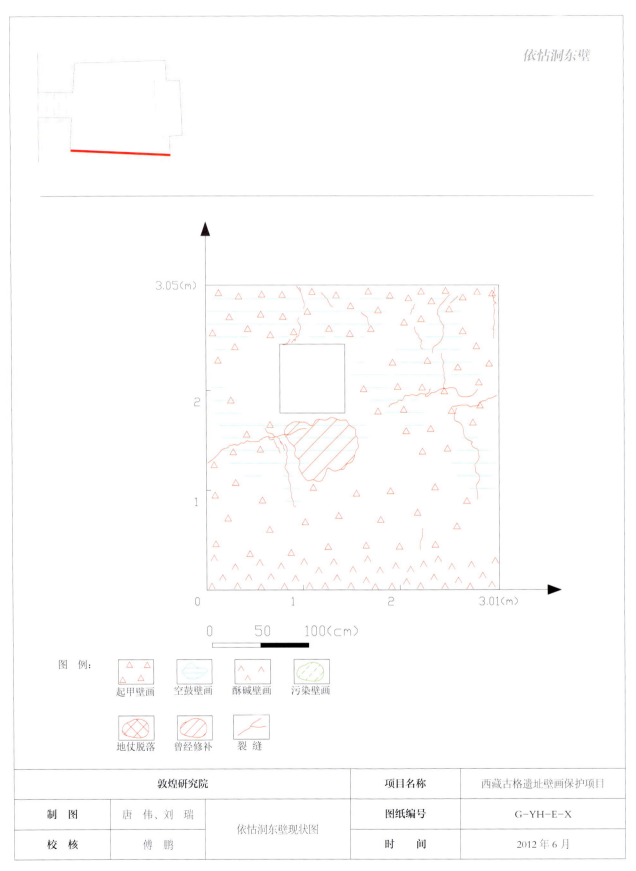

图 4-4-33　依怙洞东壁壁画病害现状图

（2）南壁（图4-4-38）

距离地面30厘米处有1条横向水纹印痕，壁面底部有25厘米高的地仗酥碱带（图4-4-34），墙裙红色颜料层大面积起甲，并有局部脱落。

门东侧墙裙上有壁面泥渍污染，地仗零星破损；墙裙东侧有斜向裂缝1条，墙裙中部有纵向裂缝1条，两条裂缝相连，裂缝周边壁画颜料层起甲、地仗空鼓。门东侧壁画有零星划痕，地仗破损；上部有细小裂缝，裂缝附近壁画地仗空鼓。

门正上方窗下壁面泥渍污染、鸟类排泄物污染。

门西侧有纵向裂缝1条，裂缝附近壁画颜料层起甲、地仗空鼓；壁面纵向泥渍污染；墙裙处壁画红色颜料层起甲，墙裙壁面泥渍、酥油污染；整壁壁画地仗零星破损（图4-4-35）。

南壁上部壁画地仗破损、开裂、空鼓。

门槛破损（图4-4-36）。门内东壁有斜向裂缝1条，仅上部有一图案，其余为红色颜料，表面被泥渍覆盖。门内顶部为红色颜料，颜料层起甲，地仗脱落（图4-4-37），壁面蛛网污染，正中靠北侧壁画脱落，可见内部木梁。门内西壁颜料层大面积起甲，并有零星脱落；中、上部壁面泥渍污染，下部壁面被泥渍覆盖；下部有裂缝1条。

图4-4-36　依怙洞南壁门槛破损

图4-4-37　依怙洞南壁门上方壁画颜料层起甲、地仗脱落

图4-4-34　依怙洞南壁地仗酥碱

图4-4-35　依怙洞南壁裂缝、颜料层起甲、颜料层脱落、壁面泥渍污染

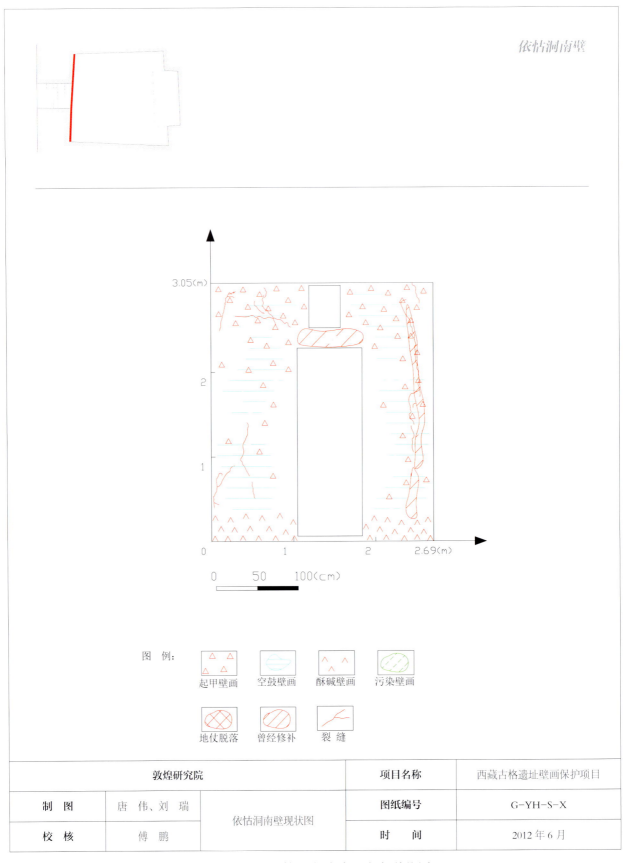

图 4-4-38　依怙洞南壁壁画病害现状图

（3）西壁（图4-4-43）

墙体底部为25厘米高的地仗酥碱带，红色颜料大面积脱落；墙裙红色颜料层起甲严重，墙裙处壁面泥渍污染。

中上部佛龛内左上角有蛛网污染，龛下方有鸟类排泄物、泥渍、酥油污染。

龛右下角有纵向裂缝1条，西壁南侧上部、北侧上部各有斜向裂缝1条，裂缝附近壁画颜料层起甲、地仗空鼓（图4-4-39、4-4-40）。

整壁壁画地仗零星破损、烟熏严重，上部壁画地仗破损开裂、空鼓严重。

（4）北壁（图4-4-44）

北壁佛龛内壁画起甲严重，颜料呈颗粒状脱落。

北壁佛龛内的东、西两壁各有纵向裂缝1条，裂缝附近壁画颜料层起甲、地仗空鼓。佛龛中上部开一小龛，龛内有鸟类排泄物、泥渍、酥油污染。

北壁下部为25厘米高的地仗酥碱带，墙裙红色颜料起甲脱落严重；佛像莲座局部酥碱开裂。

北壁东北角壁画颜料层起甲和脱落，壁面泥渍污染严重（图4-4-41）。

整壁壁画烟熏严重，壁画以红色、蓝色颜料起甲较严重。顶部壁画地仗破损开裂、空鼓严重（图4-4-42）。

图4-4-39　依怙洞西壁裂缝、颜料层起甲

图4-4-40　依怙洞西壁下部壁画颜料层起甲

图4-4-41　依怙洞北壁东北角壁面污染、颜料层起甲、颜料层脱落

图4-4-42　依怙洞北壁顶部地仗破损及空鼓

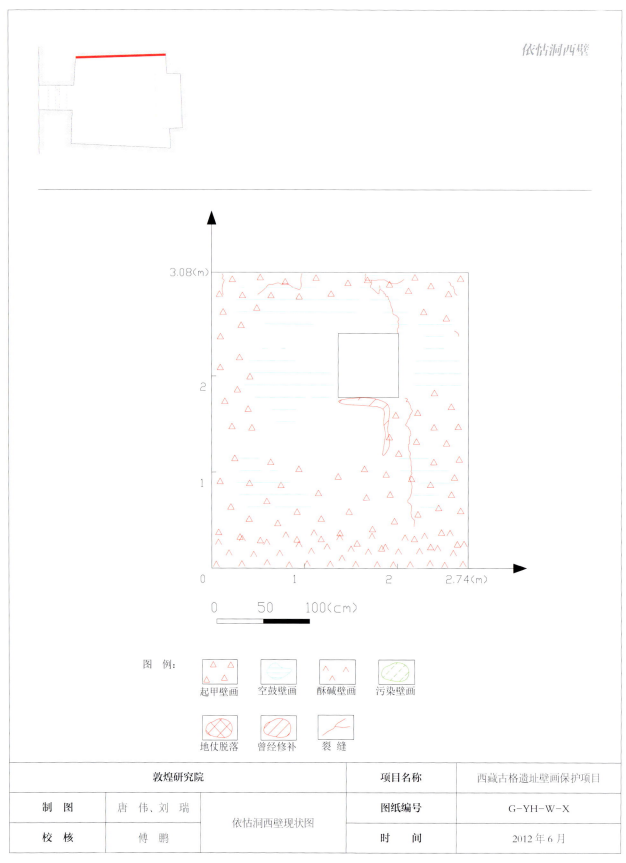

图 4-4-43 依怙洞西壁壁画病害现状图

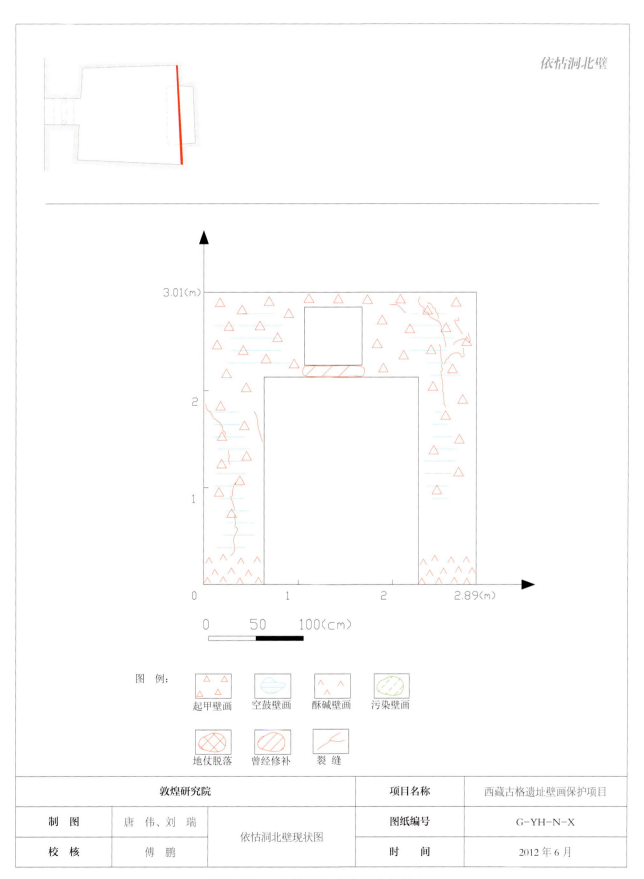

图 4-4-44 依怙洞北壁壁画病害现状图

依怙洞东、南、西、北壁壁画病害面积为 32.43 平方米。其中起甲壁画面积为 11.88 平方米，壁面裂缝及地仗脱落面积为 6.55 平方米，空鼓壁画面积为 5.61 平方米，酥碱壁画面积为 5.80 平方米，污染壁画面积为 2.59 平方米（表 4-4-3）。

表 4-4-3　依怙洞壁画病害类型及面积统计

方位	壁画面积 /m²	病害面积 /m²						
		起甲	裂缝及地仗脱落	空鼓	酥碱	污染	历史加固	小计
东壁	9.18	3.89	1.75	1.90	2.28	1.31	0	11.13
南壁	6.27	2.19	1.55	0.71	1.12	0.18	0	5.75
西壁	8.44	3.49	1.60	2.37	1.82	1.03	0	10.31
北壁	8.71	2.31	1.65	0.63	0.58	0.07	0	5.24
合计	32.60	11.88	6.55	5.61	5.80	2.59	0	32.43

4. 大威德殿

大威德殿壁画总面积约为 115.26 平方米。根据详细的现状调查，可以确定大威德殿壁画主要存在的病害类型有颜料层起甲、颜料层脱落、地仗空鼓、壁面错位、地仗脱落、裂缝、壁面污染、历史修复造成的病害等。

大威德殿壁画病害总体较为严重。南、北两壁墙面因殿堂前部地基下沉造成墙体开裂，致使壁画开裂并发生错位，壁面有多处裂缝，地仗大面积空鼓，壁画局部有脱落。各壁裂缝较多，裂缝宽度在 0.5 ~ 1.5 厘米的有：东壁自上而下有 3 条较大纵向裂缝，长度分别为 2.14、1.67、1.27 米；南壁自上而下有 1 条较大纵向裂缝，长度 3.84 米；北壁自上而下有 3 条较大纵向裂缝，长度分别为 3.44、3.67、3.27 米；西壁自上而下有 2 条较大纵向裂缝，长度分别为 1.50、3.00 米。裂缝周边空鼓，局部小块已脱落。

（1）东壁（图4-4-48）

东壁中间开一门，为大威德殿正门。门上方壁画污染严重，东壁除3条较大裂缝外，还有5条或纵或横的细小裂缝，门楣上部也有多处裂缝，门边壁画地仗脱落，局部空鼓，空鼓面积约为3平方米。

整壁被灰尘覆盖，有蛛网污染，整壁椽头下部均有裂缝，部分壁画脱落，壁画多处变形，空鼓严重（图4-4-45）。

东壁南侧颜料层严重起甲，大面积脱落（图4-4-46、4-4-47），面积约为1.23×3.40平方米。南侧距门边0.81米处有横向裂缝1条，壁画有错位，周边地仗有空鼓，面积约为1平方米。

地仗空鼓主要集中在东壁中上部，下部有多处颜料层脱落及历史加固，壁画表面有被清洗过的痕迹。

图4-4-45 大威德殿东壁椽头下部裂缝、
地仗空鼓、地仗脱落

图4-4-46 大威德殿东壁壁画颜料层起甲、脱落

图4-4-47 大威德殿东壁南侧壁画颜料层
大面积脱落

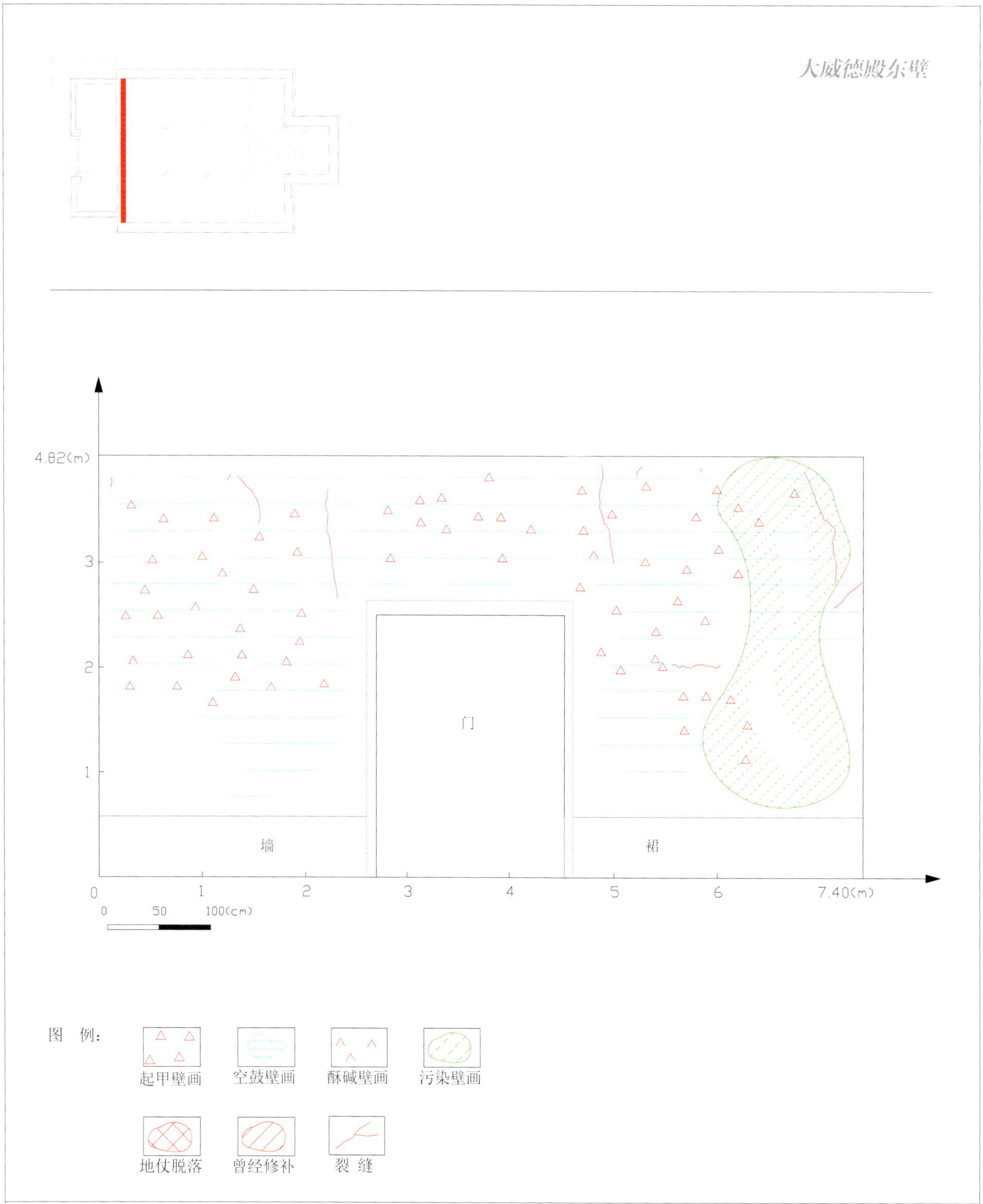

大威德殿东壁

4.82(m)

3

2

1

墙　　　　　门　　　　　裙

0　　1　　2　　3　　4　　5　　6　　7.40(m)

0　50　100(cm)

图　例：

起甲壁画　　空鼓壁画　　酥碱壁画　　污染壁画

地仗脱落　　曾经修补　　裂　缝

敦煌研究院		项目名称	西藏古格遗址壁画保护项目
制　图	乔兆广、刘　瑞	图纸编号	G-DW-E-X
校　核	傅　鹏	时　间	2012 年 6 月

大威德殿东壁现状图

图 4-4-48　大威德殿东壁壁画病害现状图

（2）南壁（图 4-4-51）

整壁裂缝多条，都曾经用水泥加固。由东向西 3.8 米处有自上而下贯通的裂缝 1 条，裂缝深度达 1.5 厘米，宽 1.5 厘米，裂缝中部有不规则裂缝多条，附近壁画空鼓严重，局部错位。

壁画颜料层局部脱落，零星起甲，局部污染严重（图 4-4-49）。

南壁梁头两侧的壁画均存在颜料层起甲、地仗空鼓、地仗脱落。南壁东侧 1.5 米宽处范围内因屋顶漏雨，造成此处壁画完全损坏，由顶至底为水泥历史加固。水泥加固表面涂刷黄色（图 4-4-50），历史加固周边的壁画颜料层起甲严重。

图 4-4-49　大威德殿南壁颜料层起甲、壁面污染

图 4-4-50　大威德殿南壁历史加固

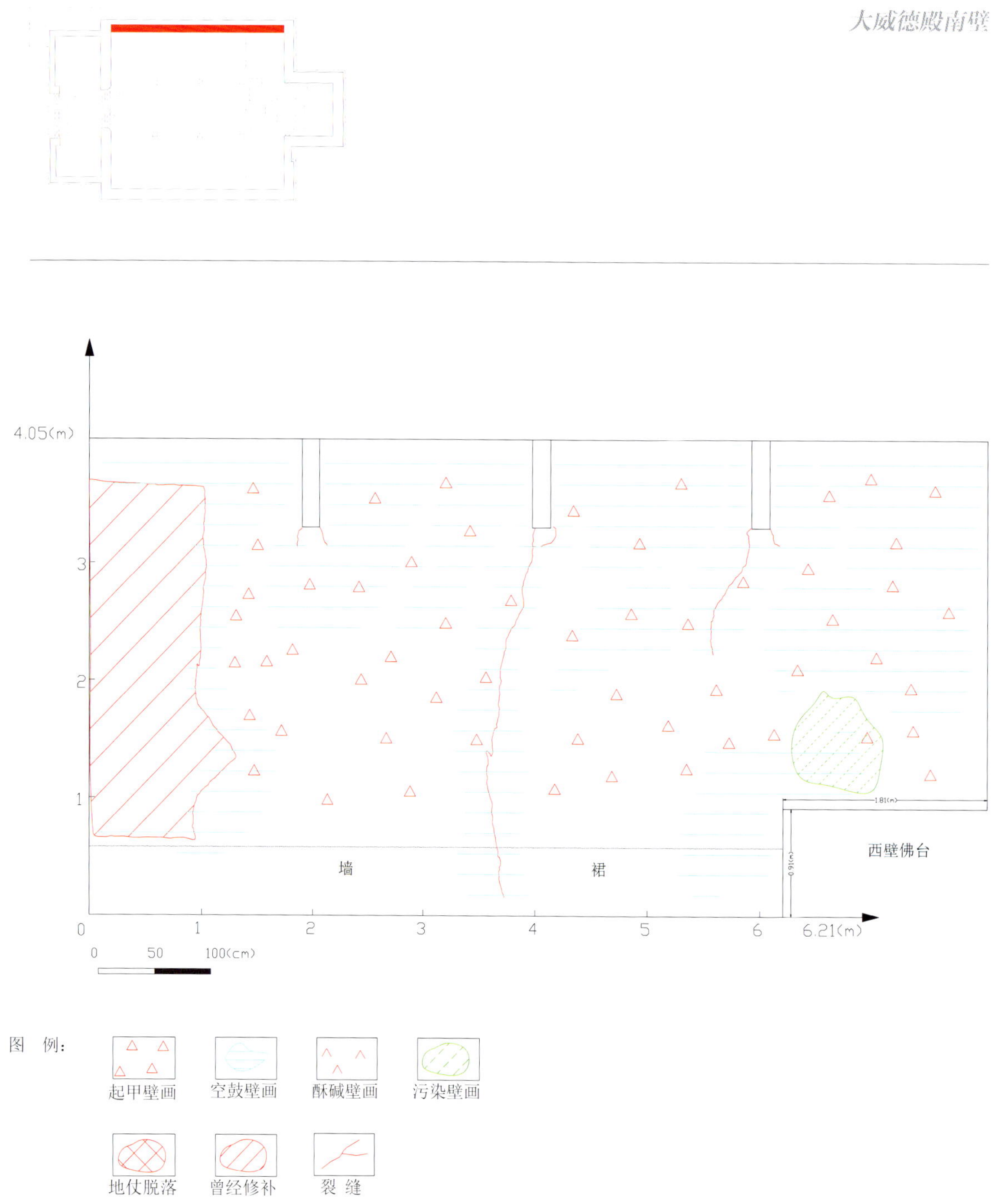

大威德殿南壁

敦煌研究院			项目名称	西藏古格遗址壁画保护项目
制　图	郝尚飞、刘　瑞	大威德殿南壁现状图	图纸编号	G-DW-S-X
校　核	傅　鹏		时　间	2012 年 6 月

图 4-4-51　大威德殿南壁壁画病害现状图

（3）西壁（图4-4-56）

西壁南侧壁画被灰尘覆盖，画面模糊，椽头下部壁画因屋顶承重受挤压均开裂，小块壁画脱落。南起第四、第五椽子间壁画严重错位1.5厘米，错位处向下裂缝长1.5米（图4-4-52）。裂缝周边地仗空鼓较严重。主尊大像头光局部颜料层粉化脱落。

西壁北侧壁画画面比较清晰，椽头下部壁面因承重受挤压均开裂，小块壁画脱落。北起第四根椽头下部壁画裂缝长3米，裂缝周边地仗空鼓较严重。

西壁龛内东、南、北三壁污染严重，尤其南、北两壁，由于屋顶曾经漏雨，大面积壁画被雨水冲刷并发生脱落，残存壁画上可以看到多处流水的痕迹，部分壁面被泥浆覆盖，致使这些区域的壁画受到严重污染，画面模糊不清，颜料层和地仗层出现多种不同类型的病害（图4-4-53至图4-4-55）。颜料层的不少区域被水冲刷后，出现色彩淡化甚至完全脱落的现象，只剩下地仗层。

图4-4-52 大威德殿西壁裂缝、壁画错位

图4-4-53 大威德殿西壁龛内壁画颜料层起甲、地仗脱落、壁面污染等

图4-4-54 大威德殿西壁龛内壁面污染

图4-4-55 大威德殿西壁龛内壁画颜料层起甲、壁面污染

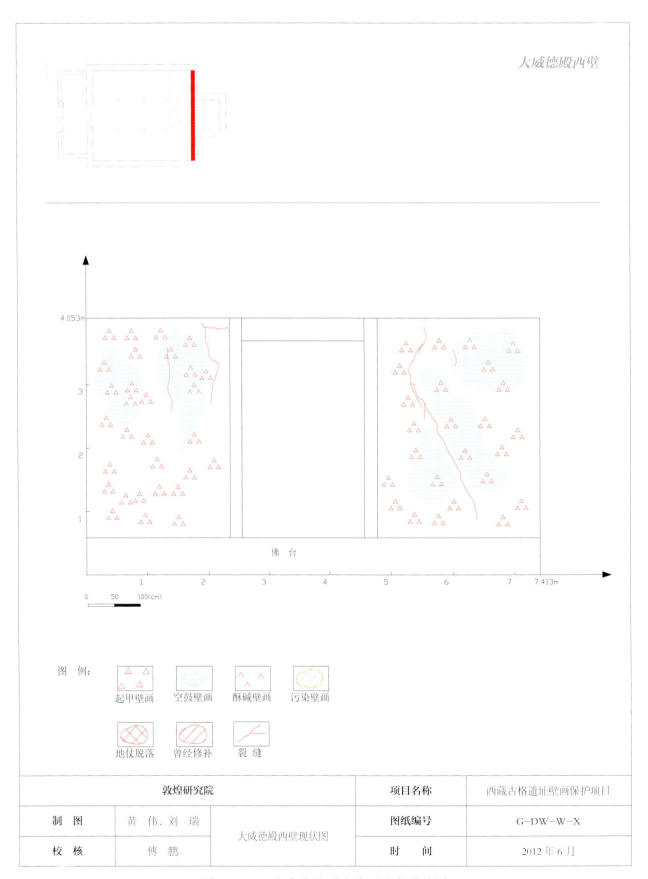

图 4-4-56　大威德殿西壁壁画病害现状图

（4）北壁（图 4-4-59）

整壁壁画保存稍好，局部颜料层脱落；中部上方颜料层起甲严重（图 4-4-57）；墙壁的两端与墙壁交界处开裂；三个梁头处均有破损。

西侧梁头下方的壁画被挤后凸出鼓起并伴有严重空鼓，最高处凸出壁面 1.7 厘米。有纵向裂缝 3 条，裂缝均有历史加固的水泥，被回贴修复过，从修复效果看，加固较为仓促，下方的裂缝延伸至红色墙裙（图 4-4-58）。

中部梁头下方有纵向裂缝 3 条，裂缝处有水泥，被修复过。裂缝处有雨水的流痕，雨水流经部分壁画颜料层起甲。

东侧梁头下方有纵向细小裂缝 1 条。西侧有纵向细小裂缝 2 条，西侧中部的裂缝延伸至红色墙裙，有曾经修复时的水泥。

所有的裂缝里西侧梁头下方的裂缝最宽，最宽处约 3 厘米。

大威德殿东、南、西、北壁及龛内壁画病害面积为 163.80 平方米。其中起甲壁画面积为 64.52 平方米，壁面裂缝及地仗脱落面积为 25.99 平方米，空鼓壁画面积为 45.93 平方米，污染壁画面积为 22.88 平方米，需要去除的历史加固面积为 4.48 平方米（表 4-4-4）。

图 4-4-57　大威德殿北壁壁画颜料层起甲、脱落

图 4-4-58　大威德殿北壁裂缝、壁画错位

表 4-4-4　大威德殿壁画病害类型及面积统计

方位	壁画面积 /m²	病害面积 /m²						
		起甲	裂缝及地仗脱落	空鼓	酥碱	污染	历史加固	小计
东壁	23.75	22.86	7.50	8.43	0	0	0.43	39.22
南壁	32.00	12.20	5.20	10.08	0	0.50	4.05	32.03
西壁	28.87	19.76	10.95	18.65	0	19.08	0	68.44
北壁	30.64	9.70	2.34	8.77	0	3.30	0	24.11
合计	115.26	64.52	25.99	45.93	0	22.88	4.48	163.80

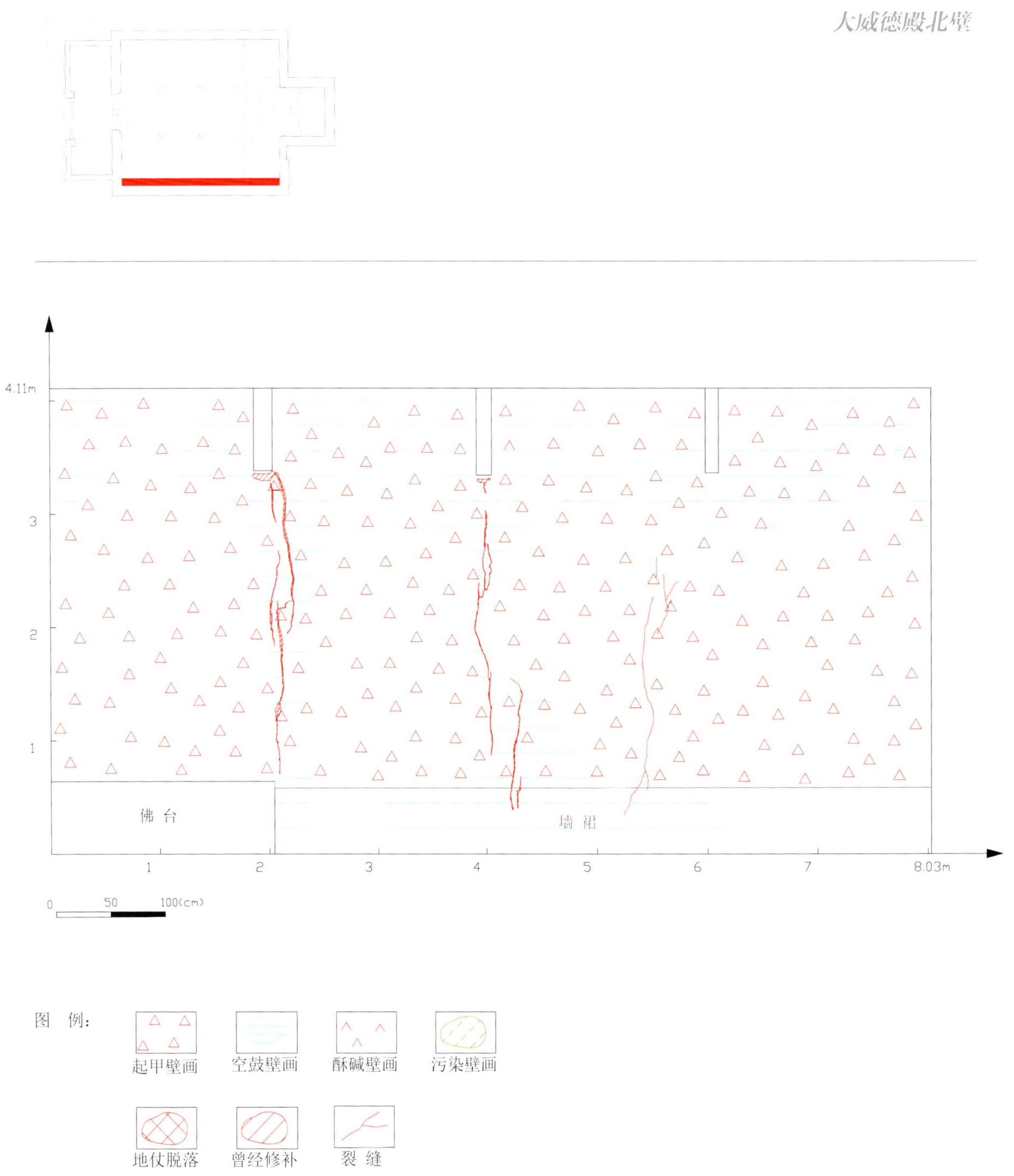

大威德殿北壁

4.11m

佛台　　　　　墙裙

1　　2　　3　　4　　5　　6　　7　　8.03m

0　50　100(cm)

图　例：

起甲壁画　空鼓壁画　酥碱壁画　污染壁画

地仗脱落　曾经修补　裂　缝

敦煌研究院		项目名称	西藏古格遗址壁画保护项目
制　图	黄　伟、刘　瑞	图纸编号	G-DW-N-X
校　核	傅　鹏	时　间	2012 年 6 月

大威德殿北壁现状图

图 4-4-59　大威德殿北壁壁画病害现状图

5. 红殿

红殿壁画总面积约为 469.46 平方米。根据详细的现状调查，可以确定红殿壁画主要存在的病害类型有颜料层起甲、颜料层脱落、地仗空鼓、壁画错位、地仗脱落、裂缝、壁面污染、酥碱以及历史加固造成的病害等。

（1）东壁（图 4-4-64）

整壁壁画地面 2 米以上被灰尘覆盖。上部椽头部位因屋顶承重壁画均有裂缝，裂缝处的壁画大面积空鼓（图 4-4-60）。整壁壁画颜料层零星起甲，局部起甲严重（图 4-4-61）。

东壁东壁下部为红色墙裙，存在较多网状裂缝，地仗大面积空鼓、酥碱；南侧酥碱尤其严重。

东壁北侧下部有游人题字刻画。北侧中部下侧有 1 处历史加固，历史加固的部位已空鼓；历史加固部位及四周存在网状裂缝。北侧中部因壁画自重而变形凸起，严重空鼓；另可见一部分壁画是后人在重新制作的地仗上又施以彩绘而成。南侧后做地仗和原地仗交界处开裂，裂缝南侧壁画因雨水冲刷，被泥渍污染。北侧中部裂缝数条，壁面泥渍污染（图 4-4-62）。

门北侧有纵向裂缝 1 条。裂缝上方有 1 处历史加固，历史加固部位及四周存在网状裂缝；裂缝处壁画因雨水冲刷，被泥渍污染；裂缝及历史加固处附近壁画空鼓严重。

门南侧上方壁画凸起变形，空鼓严重；壁画被上部壁画挤压而碎裂成数块；另可见一部分壁画是后期制作的地仗并施以彩绘而成（图 4-4-63）。门南侧有纵向裂缝 1 条，裂缝两侧空鼓。

东壁南侧中部壁面泥渍污染。靠南壁一侧有雨水冲刷痕迹。南侧下部有多处凿痕。

图 4-4-60　红殿东壁壁面裂缝、地仗空鼓

图 4-4-61　红殿东壁壁画颜料层起甲、裂缝

图 4-4-62　红殿东壁北侧裂缝、壁面污染、曾经修复

图 4-4-63　红殿东壁门南侧上方裂缝、地仗空鼓、壁画错位

图 4-4-64 红殿东壁壁画病害现状图

（2）南壁（图4-4-72）

南壁从东向西1～5米的范围内，上部梁头附近及墙体下部均有大面积历史加固，历史加固附近的壁画地仗大面积空鼓、酥碱。有纵向裂缝1条，从上至下贯通整壁，有数条横向及纵向细小裂缝，地仗大面积空鼓（图4-4-65、4-4-66）。

南壁从东向西5～8米的范围内，上部及下部墙裙上有大面积历史加固，原始壁画和历史加固交接部位有酥碱，局部颜料层起甲，上部地仗大面积空鼓严重（图4-4-67），局部壁面污染，有横向和纵向裂缝数条（图4-4-68）。

南壁从东向西8～11米的范围内，有纵向裂缝1条和数条细小的横或纵向裂缝。上部地仗大面积空鼓，局部历史加固及酥碱。壁面中部大面积颜料层起甲，地仗空鼓严重，下部有大面积历史加固，和壁画交接处地仗大面积空鼓严重并伴有酥碱（图4-4-69）。

南壁从东向西14～17米的范围内，有不规则细小裂缝数条。上部局部颜料层起甲严重，梁头处及下部有历史加固，局部地仗空鼓及酥碱，局部壁面污染，中部颜料层大面积起甲（图4-4-70、4-4-71）。

图 4-4-65 红殿南壁下层历史加固、壁面污染

图 4-4-66 红殿南壁下方曾经修复、颜料层起甲、酥碱

图 4-4-67 红殿南壁壁画颜料层起甲、地仗空鼓

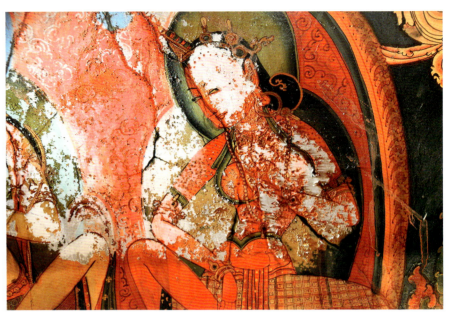

图 4-4-68　红殿南壁中部裂缝、
　　　　　　壁画错位

图 4-4-69　红殿南壁中上部壁画颜料层起甲、脱落

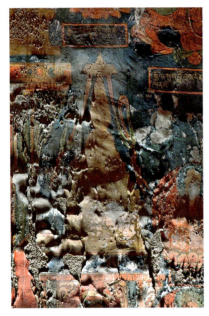

图 4-4-70　红殿南壁壁画颜料层
　　　　　　起甲、壁面污染、酥碱

图 4-4-71　红殿南壁中上部壁画颜料层起甲、脱落

图 4-4-72　红殿南壁壁画病害现状图

图 4-4-73　红殿西壁梁头处裂缝及壁画错位、空鼓、脱落

图 4-4-74　红殿西壁梁头下侧壁面泥渍污染

图 4-4-75　红殿西壁北侧梁头处壁画错位、空鼓、脱落

（3）西壁（图 4-4-76）

西壁从南向北 1～4 米的范围内，有纵向裂缝 1 条。壁面上部颜料层局部起甲、梁头周边有裂缝、壁画错位及大面积空鼓、脱落（图 4-4-73），壁面大面积污染，南壁与西壁拐角处局部酥碱，下部塑像柱孔及上部塑像莲花座及背光柱孔破损，局部有裂缝。

西壁从南向北 4～9 米的范围内，有纵向裂缝 1 条。上部颜料层局部起甲，壁面大面积泥渍污染严重（图 4-4-74），局部历史加固，地仗大面积空鼓严重。

西壁从南向北 9～13 米的范围内，上部颜料层局部起甲，地仗大面积空鼓严重，局部酥碱及壁面污染。中部壁面大面积污染，有纵向裂缝 1 条和数条细小的横或纵向裂缝。下部地仗局部酥碱，局部地仗空鼓严重。

西壁从南向北 13～16 米范围内，上部梁头处壁画错位及空鼓、脱落（图 4-4-75），局部大面积空鼓，局部壁面污染。中部有大面积污染严重。下部地仗空鼓及壁面污染，有细小不规则裂缝数条。

西壁从南向北 16～19 米范围内，有数条横或纵向裂缝，主要分布于佛像莲花座及佛像背光处。壁面尘土污染，局部空鼓，上部空鼓严重，下部塑像的柱孔破损。

图 4-4-76 红殿西壁壁画病害现状图

（4）北壁（图 4-4-82）

整壁地表 2 米以上壁画均被灰尘覆盖。整壁壁画颜料层、白粉层零星脱落，中部靠东一侧、中下部东侧颜料层脱落严重。整壁壁画颜料层零星起甲，局部起甲严重（图 4-4-77）。西起第一、第四身大像身上的袈裟金箔起甲严重（图 4-4-78），第五身大像西侧从上到下被雨水冲刷过的部位壁画颜料层起甲严重。

壁面下部为红色墙裙，墙裙中部、东侧壁画酥碱、地仗空鼓。

西起第一个梁头东侧有 1 条纵向裂缝贯通整壁，裂缝两侧地仗空鼓，裂缝有历史加固痕迹（水泥加固）。梁头下方、东侧有历史加固。第二个梁头西侧有 1 条纵向裂缝贯通整壁，裂缝两侧地仗空鼓，裂缝有历史加固痕迹；东侧有 1 条纵向裂缝贯通整壁，裂缝两侧地仗空鼓；梁头两侧有历史加固；梁头下方东侧壁画地仗空鼓。第四个梁头下方东侧有 1 处历史加固，历史加固两侧的壁画有曾经修复痕迹。第五个梁头两侧有历史加固，梁头下方有纵向裂缝 1 条（图 4-4-79）。

西起第二尊、第五尊大像西侧从上到下被雨水冲刷，壁面泥渍污染。第三尊大像处被雨水冲刷，壁面泥渍污染（图 4-4-80）。

西起第一尊大像西侧、东侧各有斜向裂缝 2 条。第六尊大像胸部有裂缝 1 条。下部西侧与西壁佛台交界处有裂缝 1 条。

北壁东侧下部有 1 处较大面积的历史加固。历史加固的上部半周有裂缝数条，裂缝处壁画空鼓严重，历史加固西侧壁画空鼓严重（图 4-4-81）。

图 4-4-77 红殿北壁壁画颜料层起甲

图 4-4-78 红殿北壁主佛袈裟金箔起甲

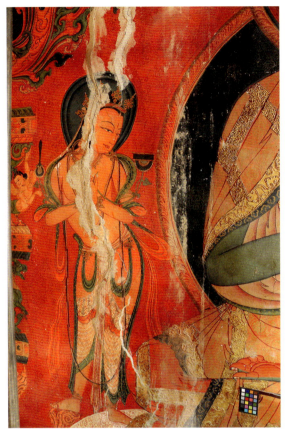

图 4-4-80 红殿北壁下部壁面泥渍污染

图 4-4-79 红殿北壁梁头下方裂缝、
历史加固、壁面污染

图 4-4-81 红殿北壁南侧历史加固

红殿东、南、西、北壁壁画病害面积为 521.62 平方米。其中起甲壁画面积为 180.73 平方米，壁面裂缝及地仗脱落面积为 38.43 平方米，空鼓壁画面积为 176.81 平方米，酥碱壁画面积为 28.01 平方米，污染壁画面积为 74.74 平方米，需要去除的历史加固或曾经修复面积为 22.90 平方米（表 4-4-5）。

表 4-4-5 红殿壁画病害类型及面积统计

方位	壁画面积 /m²	病害面积 /m²						
		起甲	裂缝及地仗脱落	空鼓	酥碱	污染	历史加固	小计
东壁	115.79	61.66	11.75	63.97	12.73	23.98	2.09	176.18
南壁	108.33	64.28	16.77	42.44	9.70	2.33	15.53	151.05
西壁	137.00	8.48	5.76	59.77	0	47.06	4.26	125.33
北壁	108.33	46.31	4.15	10.63	5.58	1.37	1.02	69.06
合计	469.45	180.73	38.43	176.81	28.01	74.74	22.90	521.62

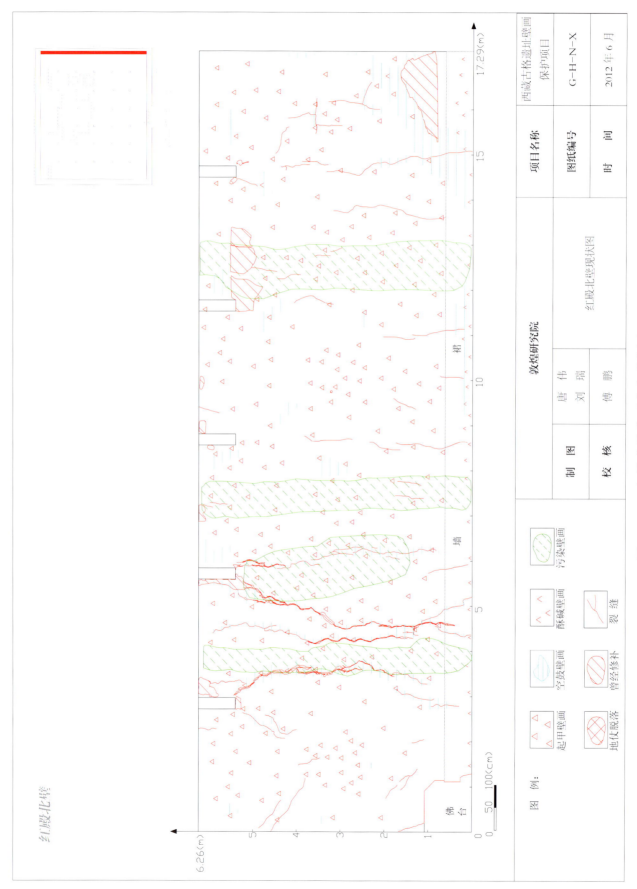

图 4-4-82 红殿北壁壁画病害现状图

6. 白殿

白殿壁画总面积约为449.34平方米。根据详细的现状调查，可以确定白殿壁画主要存在的病害类型有颜料层起甲、颜料层脱落、地仗空鼓、壁画错位、地仗脱落、裂缝、壁面污染、历史修复造成的病害等。

（1）东壁（图4-4-88）

东壁共6尊塑像，其中4尊已不存，余下2尊残缺。东壁整壁上部2米均被灰尘覆盖，壁面颜料层零星起甲、裂缝、地仗空鼓、壁画错位、壁面污染（图4-4-83）及地仗脱落和大面积历史加固。东壁现状调查由北向南叙述。

北起第一尊塑像上方壁画第一个梁头附近有1条纵向裂缝，该裂缝有历史加固（图4-4-84）。中部壁面泥渍污染，塑像右侧壁画颜料层有零星起甲，头光内有3条纵向裂缝。

第二尊塑像头光上方有历史加固，右侧有1条纵向裂缝，裂缝有历史加固，周围地仗有空鼓，小块壁画脱落。塑像头部右侧壁画有小面积空鼓和错位。塑像左侧有3条纵向裂缝，裂缝周围颜料层零星起甲。塑像左侧有历史加固。塑像右下侧颜料层零星起甲，局部壁面有泥渍污染。

图4-4-83　白殿东壁壁画颜料层起甲、壁面污染

图4-4-84　白殿东壁壁画颜料层起甲、壁面污染、曾经修复

图 4-4-85　白殿东壁裂缝、历史加固

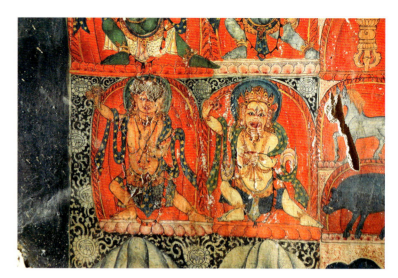

图 4-4-86　白殿东壁壁画颜料层起甲

第三尊塑像右上侧壁面和左侧壁画各有 1 条纵向裂缝，裂缝周围壁画大面积空鼓、错位，裂缝有历史加固痕迹（图 4-4-85）。左侧有人为划痕、泥渍污染，壁画局部空鼓及颜料层脱落，整组壁画颜料层零星起甲。

第四尊塑像右上侧壁画有 1 条纵向裂缝，裂缝周围有空鼓、错位及尘土覆盖，裂缝有历史加固痕迹。塑像背光有大面积颜料层起甲（图 4-4-86）、泥渍污染、颜料层脱落。整组壁画画面均遭雨水冲刷而模糊不清，塑像上部壁画曾被清洗过，塑像背光、头光则未做清洗。

第五尊塑像残存壁画表面因雨水冲刷而画面模糊不清，左上方颜料层脱落、地仗脱落。除上方的兽面垂幔重新补绘外，其余都为历史加固。

第六尊塑像残存壁画表面因雨水冲刷而泥渍污染严重（图 4-4-87），颜料层脱落、地仗脱落。顶部兽面垂幔为重新补绘，顶部局部有空鼓、裂缝、人为划痕，其余都为历史加固。

整壁下部为墙裙和佛台，墙裙局部有起甲、泥渍污染、地仗脱落和历史加固。佛台上有网状裂缝和地仗脱落。

图 4-4-87　白殿东壁壁面污染

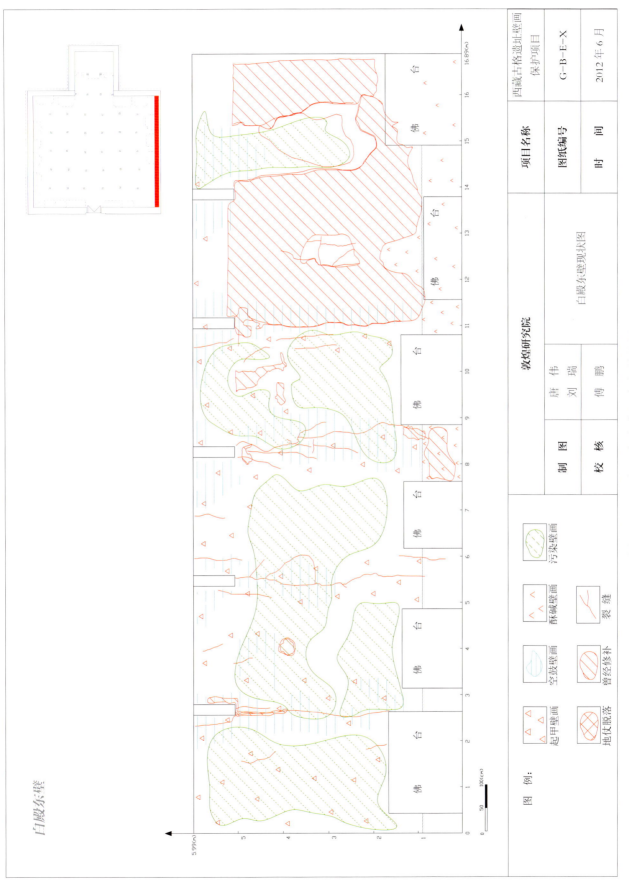

图 4-4-88 白殿东壁壁画病害现状图

（2）南壁（图 4-4-96）

从东向西 0～3 米的范围内，上部壁面大面积历史加固、泥渍污染及地仗空鼓，局部颜料层起甲及酥碱。中部壁画大面积泥渍污染，有历史加固痕迹，历史加固边缘覆盖了一部分壁画，局部有地仗脱落、颜料层起甲。下部壁画有大面积历史加固痕迹及泥渍污染（图 4-4-89），局部地仗脱落及酥碱。

从东向西 3～6 米的范围内，上部壁面泥渍污染及地仗空鼓，局部被雨水冲刷及颜料层起甲。中部及下部壁面被泥渍污染和雨水冲刷，局部颜料层零星起甲。

从东向西 6～9 米的范围内，上部壁面被泥渍污染，局部地仗脱落。中部及下部壁面局部被雨水冲刷，颜料层零星起甲，下部地仗酥碱、局部脱落（图 4-4-90）。门东侧处壁画空鼓错位严重（图 4-4-91）。上方有横向裂缝 2 条和纵向裂缝 4 条。

从东向西 9～12 米的范围内，壁面上部大面积泥渍污染、地仗空鼓及颜料层起甲，局部历史加固及地仗脱落。中部壁画有

图 4-4-89　白殿南壁壁面污染、历史加固及覆盖

大面积历史加固痕迹、泥渍污染及地仗空鼓，局部颜料层起甲（图 4-4-92）。从东向西 10～11 米的范围内有横向裂缝 2 条和纵向裂缝 3 条（图 4-4-93）。

从东向西 12～15 米的范围内，有纵向裂缝 4 条和数条纵向及横向的细小裂缝。上部壁画曾被雨水冲刷，有大面积泥渍污染（图 4-4-94）、颜料层起甲、地仗空鼓，局部历史加固，局部地仗酥碱。中部壁画有大面积泥渍污染及空鼓，局部颜料层起甲及地仗酥碱、脱落，有历史加固痕迹。下部壁画大面积地仗空鼓、颜料层起甲、壁面泥渍污染，局部地仗脱落，有历史加固痕迹（图 4-4-95）。

图 4-4-90　白殿南壁下部地仗酥碱、脱落

图 4-4-91　白殿南壁地仗空鼓、裂缝、壁画错位

图 4-4-92 白殿南壁壁画颜料层起甲

图 4-4-93 白殿南壁纵向裂缝

图 4-4-94 白殿南壁壁面泥渍污染

图 4-4-95 白殿南壁纵向裂缝、历史加固

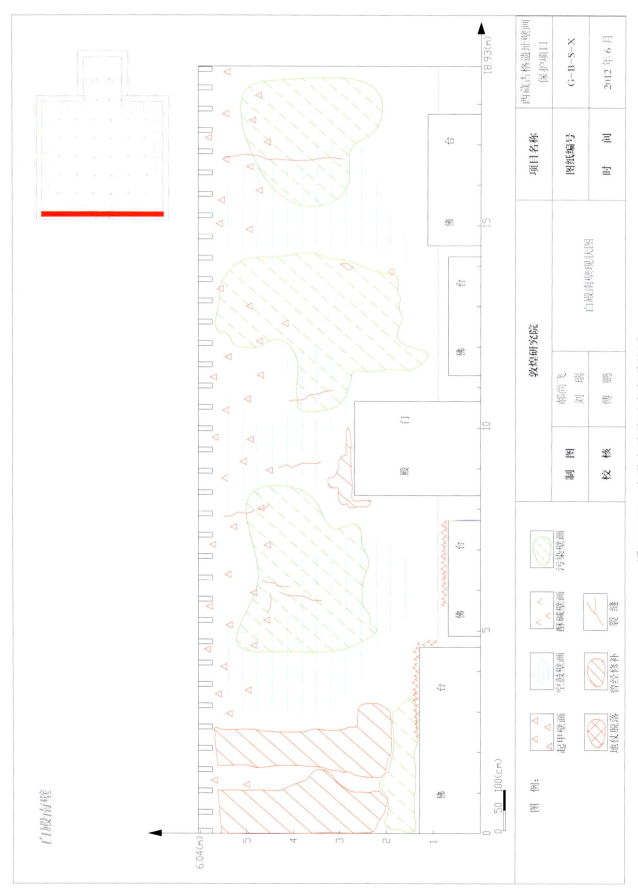

图 4-4-96　白殿南壁壁画病害现状图

（3）西壁（图 4-4-100）

整壁壁画颜料层零星起甲，局部壁画颜料层起甲严重，北侧壁画颜料层起甲尤为严重，存在多处地仗空鼓（图 4-4-97）。

墙体下部红色墙裙的中部、南侧地仗脱落严重。

南起第一尊塑像北侧壁画上部有雨水冲刷痕迹，并且被历史加固及覆盖，壁面有数条纵横相交的裂缝，地仗大面积空鼓。

南起第二尊塑像南侧壁画上部有历史

图 4-4-97 白殿西壁壁画颜料层起甲、地仗空鼓

加固痕迹（图 4-4-98），壁面有 5 条纵向裂缝和 1 条横向裂缝；塑像北侧壁面有 1 条纵向裂缝（图 4-4-99）。

南起第三尊塑像南侧壁画有 1 条纵向裂缝，壁面大面积泥渍污染；塑像北侧壁画有雨水冲刷痕迹，并有历史加固痕迹，加固材料覆盖了部分壁画，壁面有 2 条纵向裂缝。

南起第四尊塑像上部有 2 条雨水冲刷痕迹；塑像南侧壁画有历史加固痕迹及覆盖，有 5 条纵向裂缝；塑像北侧壁画有 4 条纵向裂缝和 2 条横向裂缝。

南起第五尊塑像南侧和头光上方各有 3 条纵向裂缝，塑像北侧壁画有历史加固及覆盖。

南起第六尊塑像南侧壁画有大面积历史加固及覆盖，壁面有 6 条纵向裂缝和 2 条横向裂缝；塑像北侧壁画因雨水冲刷已大面积不可辨，有历史加固痕迹。

图 4-4-98 白殿西壁历史加固

图 4-4-99 白殿西壁纵向裂缝

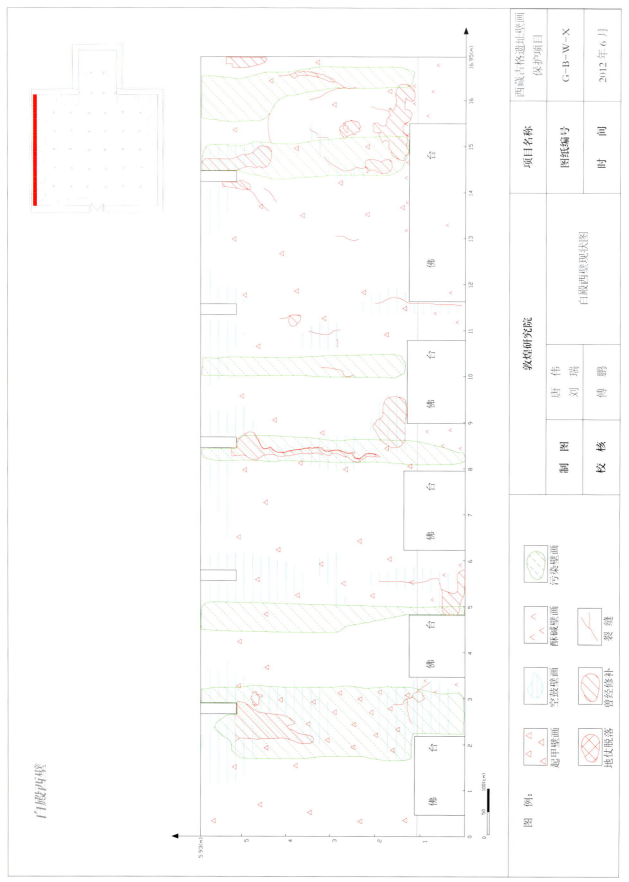

图 4-4-100 白殿西壁壁画病害现状图

（4）北壁（图4-4-103）

整壁壁面污染，龛门西侧壁面污染严重。壁面有大面积历史加固2处，历史加固边缘覆盖壁画的现象严重，覆盖壁画约宽15厘米（图4-4-101）。

整壁有数条纵横向裂缝，周边地仗空鼓。龛门西侧2尊塑像已不存，佛台残留塑像残块，背光柱孔边缘破损，其中有细小裂缝数条。整壁颜料层零星起甲，局部严重。

梁头下方垂帐图案为后来补绘，该处壁画凸起，地仗破损，严重空鼓（图4-4-102）。

图4-4-101　白殿北壁历史加固

图4-4-102　白殿北壁梁头下方地仗破损

图 4-4-103 白殿北壁壁画病害现状图

（5）佛龛东壁（图 4-4-107）

佛龛内东壁分为上、下两部分，上部开一窗户，四周有不规则裂缝数条，并地仗空鼓。其中一条纵向裂缝空鼓错位。

窗户下方壁面大面积泥渍污染，有 3 处雨水冲刷痕迹，遗留泥痕并造成颜料层脱落或色彩变浅（图 4-4-104）。

佛龛东壁上部有多处历史加固，边缘覆盖部分壁画。地仗大面积空鼓，局部空鼓严重导致壁画错位（脱离墙体 10 厘米左右），部分已脱落处为历史加固（水泥）。

佛龛东壁下部壁面塑像大部分已不存，只残留 3 尊。塑像莲花座大部分和墙体开裂，其中有 10 处莲花座已不存。整壁颜料层零星起甲，局部起甲严重，北侧下部蓝色颜料处为后人重新涂刷，并有纵向裂缝 2 条，其中一条裂缝错位严重（图 4-4-105）。

东壁中部梁头下部有纵向裂缝 1 条和不规则细小裂缝数条，壁面多处空鼓。

（6）佛龛南壁（图 4-4-108）

上部开窗，只天窗部位有壁画，下部墙面无壁画。窗户两侧壁面有纵向裂缝各 1 条，周边空鼓，局部颜料层起甲并壁面污染（图 4-4-106）。

图 4-4-104　白殿佛龛东壁
壁面污染

图 4-4-105　白殿佛龛东壁
纵向裂缝

图 4-4-106　白殿佛龛南壁天窗
纵向裂缝、壁面污染

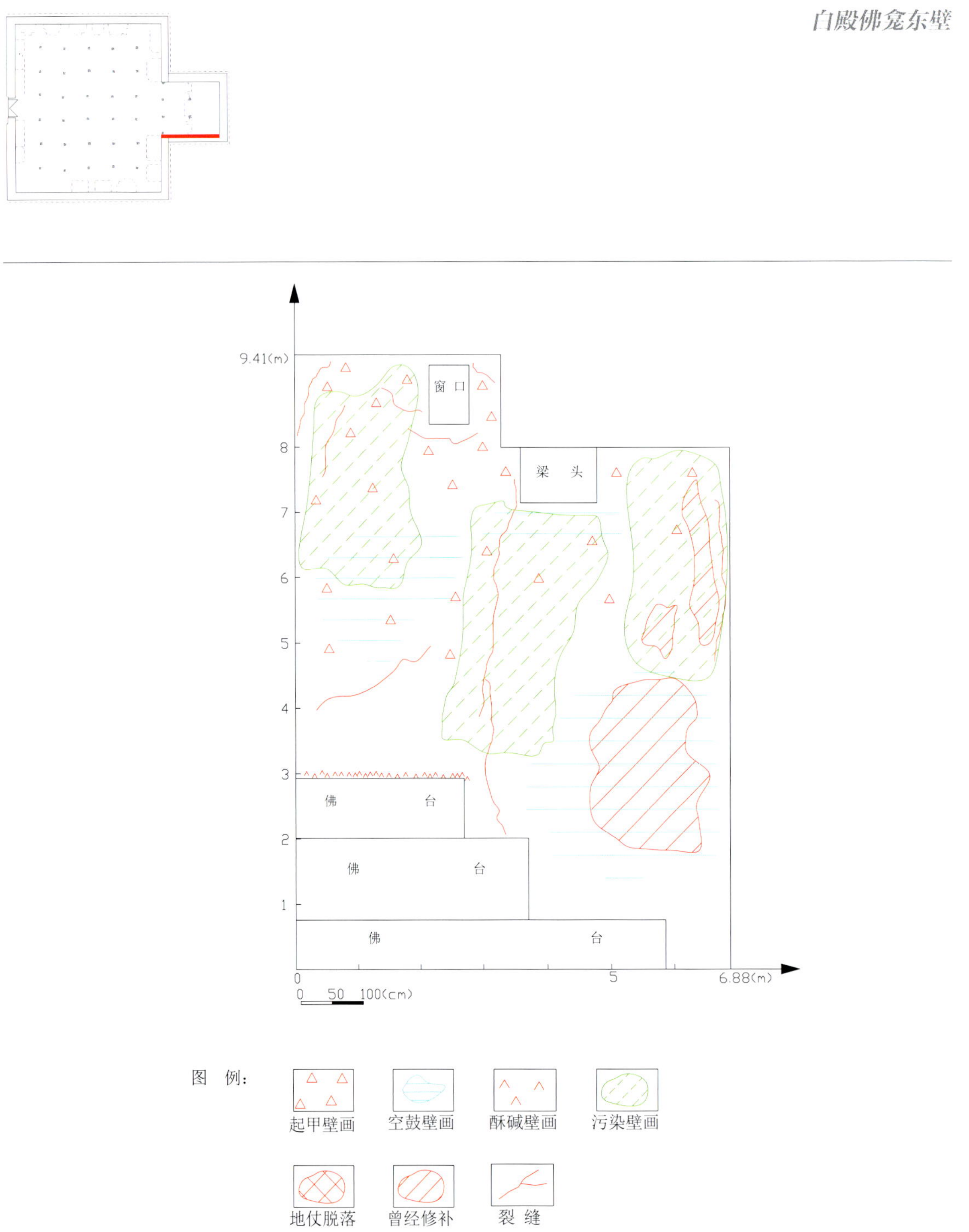

敦煌研究院			项目名称	西藏古格遗址壁画保护项目
制　图	郝尚飞、刘　瑞	白殿佛龛东壁现状图	图纸编号	G-B-KE-X
校　核	傅　鹏		时　　间	2013 年 7 月

图 4-4-107　白殿佛龛东壁壁画病害现状图

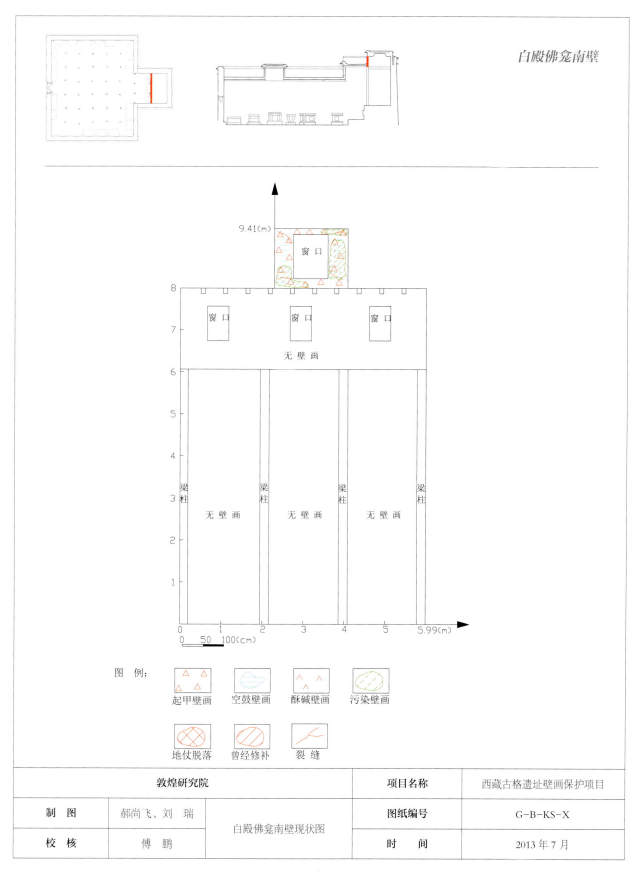

图 4-4-108 白殿佛龛南壁壁画病害现状图

图 4-4-109 白殿佛龛西壁
壁画颜料层起甲

图 4-4-110 白殿佛龛内西壁裂缝、颜料层起甲和脱落、壁面泥渍污染

图 4-4-111 白殿佛龛北壁
裂缝、污染

（7）佛龛西壁（图 4-4-112）

佛龛西壁分为上、下两部分。上部开一窗，窗户左下角和北侧各有裂缝 1 条，并空鼓错位，壁面另有细小裂缝数条。柱孔边缘处地仗空鼓并脱落。壁面泥渍污染严重，局部颜料层起甲，北侧处颜料层起甲严重（图 4-4-109）。

窗户下方壁面大面积泥渍污染，局部污染严重，大部分因曾被雨水冲刷后遗留泥痕。整壁颜料层零星起甲，局部起甲严重，局部地仗空鼓（图 4-4-110）。

佛龛西壁下部大部分莲花座和墙体已分离，仅存上部从南向北第三处有 1 尊塑像，其他已不存，莲花座大部分已不存。

整壁有历史加固痕迹 3 处，每处加固面积约为 2 平方米，历史加固边缘已开裂。壁面有细小裂缝数条，南侧及中下部有纵向裂缝各 1 条，并空鼓错位。北侧下方有后人涂刷的蓝色颜料。

（8）佛龛北壁（图 4-4-113）

佛龛内北壁主尊佛已不存。壁面为蓝色、红色两种颜色。整壁有多处柱孔，边缘已破损。壁面有多处泥渍污染（图 4-4-111），两侧为曾经漏雨遗留泥痕。北壁南侧处有纵向裂缝 3 条，并空鼓错位。佛右侧背光边缘处泥塑和墙体已开裂（约 3 厘米）。

佛龛内东壁和西壁均有后人粘贴榜题，现已多处起翘。

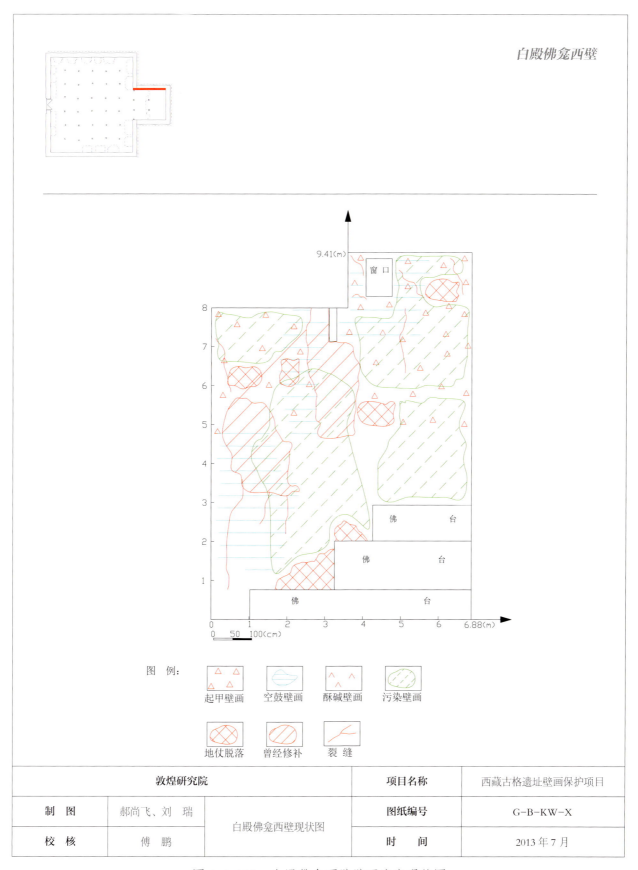

图 4-4-112　白殿佛龛西壁壁画病害现状图

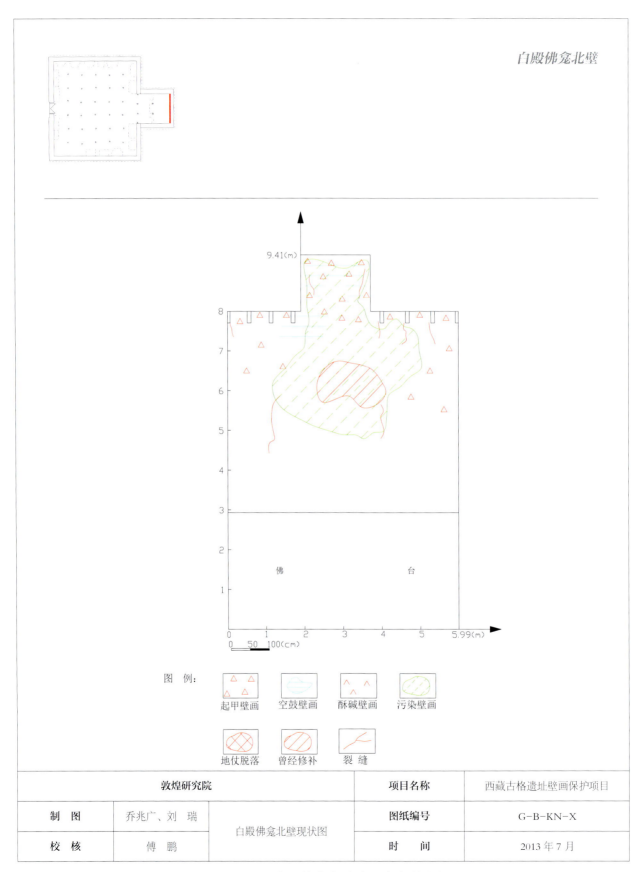

图 4-4-113 白殿佛龛北壁壁画病害现状图

白殿东、南、西、北、北壁及佛龛壁画病害面积为411.67平方米。其中起甲壁画面积为121.30平方米，壁面裂缝及地仗脱落面积为42.58平方米，空鼓壁画面积为93.91平方米，酥碱壁画面积为9.23平方米，污染壁画面积为117.10平方米，需要去除的历史加固或曾经修复面积为27.55平方米（表4-4-6）。

表 4-4-6 白殿壁画病害类型及面积统计

方位		壁画面积 /m²	病害面积 /m²						
			起甲	裂缝及地仗脱落	空鼓	酥碱	污染	历史加固	小计
主室	东壁	85.94	28.99	8.16	15.55	1.78	19.68	2.19	76.35
	南壁	94.62	18.21	5.63	20.16	1.83	18.65	5.32	69.80
	西壁	89.09	21.93	6.47	17.68	1.49	12.27	5.89	65.73
	北壁	50.09	32.75	5.77	13.91	2.87	15.61	9.05	79.96
	小计	319.74	101.88	26.03	67.3	7.97	66.21	22.45	291.84
佛龛	东壁	47.51	8.74	6.79	12.34	1.26	15.71	2.20	47.04
	南壁	1.66	0.50	0.25	0.33	0	0.68	0	1.76
	西壁	47.57	8.74	8.47	11.89	0	26.71	2.40	58.21
	北壁	32.86	1.44	1.04	2.05	0	7.79	0.50	12.82
	小计	129.60	19.42	16.55	26.61	1.26	50.89	5.10	119.83
合计		449.34	121.30	42.58	93.91	9.23	117.10	27.55	411.67

7. 小结

古格遗址壁画病害总面积为1244.86平方米。其中起甲壁画面积为411.64平方米，壁面裂缝及地仗脱落面积为131.65平方米，空鼓壁画面积为370.39平方米，酥碱壁画面积为43.04平方米，污染壁画面积为229.41平方米，需要去除的历史加固或曾经修复面积为58.73平方米（表4-4-7）。因同一处壁画普遍存在多种病害并存的状况，所以病害面积大于壁画面积是很正常的现象。

表 4-4-7　古格遗址壁画病害面积统计

序号	建筑名称	壁画面积/m²	病害面积/m²						
			起甲	裂缝及地仗脱落	空鼓	酥碱	污染	历史加固	小计
1	度母殿	63.78	14.39	4.20	21.86	0	2.30	2.95	45.70
2	坛城殿	58.30	18.82	13.90	26.27	0	9.80	0.85	69.64
3	依怙洞	32.60	11.88	6.55	5.61	5.80	2.59	0	32.43
4	大威德殿	115.26	64.52	25.99	45.93	0	22.88	4.48	163.80
5	红殿	469.45	180.73	38.43	176.81	28.01	74.74	22.90	521.62
6	白殿	449.34	121.30	42.58	93.91	9.23	117.10	27.55	411.67
合计		1188.73	411.64	131.65	370.39	43.04	229.41	58.73	1244.86

第五节　干预历史

在壁画保护过程中对壁画及赋存环境受到的干预历史进行调查，可使我们得以了解壁画之前的保存状况，并与现状进行比对，进而了解壁画病害的成因与发展规律；对历史干预中采用过的材料与工艺的调查，并对干预结果进行评估，有助于我们在下一步保护工作中制订适当的处理对策。通过调查，古格遗址主要经历了以下干预：

（1）1912 年，英国人麦克沃斯·杨对古格遗址和札达托林寺作了较详细的考察，曾撰《到西藏西部的托林和扎布兰的旅行》一文。

（2）1941 年以前，意大利著名藏学家 G·杜齐考察过古格古城。

（3）根据走访调查，新中国成立初期（具体年代不详），度母殿曾有人居住（人员身份不详），殿内曾有明火，顶部烟熏严重。

（4）1957 年，中央新闻电影制片厂摄影师专程到古格遗址拍摄了一部纪录片。

（5）1979 年 6 月至 9 月，西藏自治区文物管理委员会和新疆维吾尔自治区文物管理委员会共同组织了对古格遗址的考察。

（6）1981 年 9 月，西藏工业建筑勘测设计院组织专业人员对古格故城进行了测绘、考察。

（7）1985 年 6 月，西藏自治区文物管理委员会组织专业人员对古格王国遗址进行了考察。

（8）1987 年，由国家文物局拨款、西藏自治区文物管理委员会组织，对其进行过初步治理和维修工作。主要对 5 处保存相对完整的建筑进行了维修，整治了上山及山上的道路，并在道路上加设了部分排水口。此次维修对遗址的保护和开放起了很大作用。

（9）1997年4月至1999年5月，国家文物局拨款，由来自西藏自治区文物局、中国文物研究所、陕西省考古研究所、河北省古建研究所、故宫博物院等多家单位的专业技术人员，对古格遗址进行了保护加固、排水整治等工作（表4-5-1）。

在对古格遗址干预历史的相关资料进行整理时发现，红殿、大威德殿在1985年的考古调查时，殿内只有后部开有天窗，但在1997年维修工程的设计资料中，红殿和大威德殿除了殿堂后部的原有天窗，在殿堂中部又出现了一个天窗，根据走访调查，这两处天窗应该是在1987年的维修过程中所加。

表4-5-1　1997～1999年古格遗址保护干预内容

序号	名称	面积/m²	内容概要
1	遗址抢险加固（共16处）		建扶壁墙支顶开裂墙体；建支顶柱撑住开裂洞窟、山体；补做承重墙体等
2	遗址加顶保护（3处）	78	在清理后的遗址墙体上加设藏式密梁木屋顶保护室内壁画，加设木门装修
3	遗址排水整治	2540	通过填挖土石方调整局部泛水，设明沟、暗管排水，建汇水井，填整出水口等
4	白殿	80	更换糟朽望板，补绘彩画；壁画设栏杆防护、清洗加固保护
5	红殿	439	更换糟朽望板，补绘彩画；开裂墙体设木拉筋加固；檐口恢复边玛草做法；后墙基支顶墙加固；壁画设栏杆防护、清洗加固保护
6	度母殿	26	更换断裂椽子，补做前廊望板，墙体修补等；壁画设栏杆防护、清洗加固保护
7	大威德殿	114	更换断裂椽子，檐口恢复边玛草做法；壁画设栏杆防护、清洗加固保护
8	坛城殿	37	更换断裂抹角梁两根，檐口恢复边玛草做法；壁画设栏杆防护、清洗加固保护
9	古格保管用房	85	新建藏式平顶房屋4间，普通装修，大木构件油饰彩画

第五章

前期研究

第一节　原始制作材料与工艺分析

对壁画原始制作材料与工艺的分析研究，能够提供壁画的基本信息，包括壁画的结构、制作材料的物理与化学性质、稳定性等，有助于我们了解壁画发生病害的成因以及可能发生的变化，最重要的是在保护措施实施时指导使用适当的、兼容的材料。

一、壁画制作材料

1. 壁画层面结构

对古格遗址各个殿堂、洞窟的壁画进行现场调查，壁画层面结构由内向外依次为支撑体、地仗层、颜料层，地仗层分为粗泥层和细泥层，没有粉层或底色层，除白殿壁画以外，其他殿（洞）壁画表面均有一层桐油类涂层（图 5-1-1）。

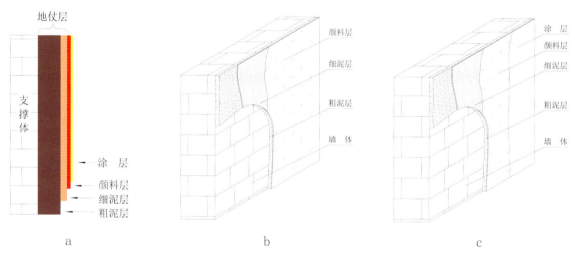

图 5-1-1　古格遗址壁画层面结构示意图

（a 是壁画最多层面结构的剖面示意图；b 是白殿壁画层面结构示意图，壁画表面没有涂层；c 是除白殿以外其他殿洞壁画层面结构示意图，壁画表面有涂层）

2. 支撑体

对壁画支撑体进行了调查（表 5-1-1），其中度母殿、坛城殿、大威德殿墙体均为土坯砌筑，所以这些殿堂壁画的支撑体均为土坯墙体。

红殿体量较大，为求稳固，墙体下部以不规则的石块和一些大的卵石砌筑为基，上部以石块和土坯砌筑。红殿墙体通高 9.8 米，有收分，墙体下部宽、上部窄，底部厚 1.2 米，顶部厚 0.7 米，墙体收分角度在 5° 左右。下方约 1 米以下的墙体内侧为土坯，外侧为石块，内侧土坯墙体厚 0.5 米，外侧石块墙体厚为 0.7 米；1 米以上的墙体均为土坯砌筑。据此可知红殿壁画的支撑体亦为土坯墙体（图 5-1-2）。

表 5-1-1 古格遗址壁画支撑体调查表

序号	殿堂（洞窟）名称	支撑体类别	材质
1	度母殿	墙体	土坯
2	坛城殿	墙体	土坯
3	依怙洞	山体	湖相沉积物（未成岩）
4	大威德殿	墙体	土坯
5	红殿	墙体	土坯
6	白殿	墙体	土坯、石块

图 5-1-2 红殿南壁去除历史加固后裸露的墙体

图 5-1-3 白殿西南角地仗脱落处裸露的墙体

白殿体量也较大，墙体下部以不规则的石块和一些大卵石砌筑为基，仅在殿堂西南角发现局部墙体有石块砌筑（图 5-1-3），其他区域均为土坯砌筑。土坯规格基本为长 47、宽 23、厚 8.5 ~ 11 厘米，均为泥质入模成型，边缘可见挤压出的泥棱，土坯中加入了少量麦秸或少量细小的植物枝节。对土坯样品进行了扫描电镜（SEM）分析，土坯墙体内部孔隙度较高，具有较好的持水性（图 5-1-4）。

依怙洞是直接在山体上掏凿建成的，故依怙洞壁画的支撑体为山体。古格遗址所处土山的土质为水平层状的第四纪湖相沉积物（未成岩），岩性主要为厚层状灰黄色黏土、亚黏土夹细沙层（图 5-1-5）。

3. 地仗层

古格遗址壁画地仗层均为泥质地仗，从形态来看，地仗层分为两层——粗泥层和细泥层。

对各个殿堂（洞窟）壁画地仗层厚度进行了调查（表 5-1-2），度母殿、坛城殿、大威德殿殿堂体量相近，地仗层厚度也较为相近，均在 1 厘米以内。依怙洞是在山体直接掏建，支撑体表面凹凸不平，所以地仗层局部较厚，达到了 4 厘米。红殿、白殿因体量较大，墙体高大且有收分，所以墙体下部地仗层较厚，达到 3 厘米（图 5-1-6）。

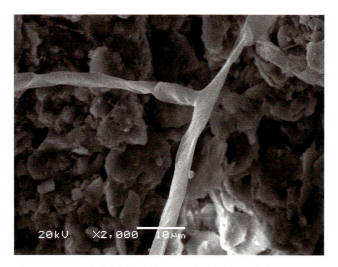

图 5-1-4　古格遗址土坯样品扫描电镜照片
（土坯内部孔隙度较好，加入了细小的植物枝节以增加强度）

图 5-1-5　依怙洞顶部壁画脱落后裸露的山体
[依怙洞顶部壁画几乎全部脱落，局部山体也发生了脱落。这张图片的上部就可以看到山体脱落后呈现的断面，并展现了古格遗址山体土质为水平层状的湖相沉积物（未成岩）]

表 5-1-2　古格遗址壁画地仗层厚度调查表

序号	殿堂（洞窟）名称	地仗层厚度 /cm
1	度母殿	0.7 ~ 0.9
2	坛城殿	0.5 ~ 0.8
3	依怙洞	2 ~ 4
4	大威德殿	0.7 ~ 1
5	红殿	0.7 ~ 3
6	白殿	0.7 ~ 3

图 5-1-6　红殿壁画地仗层厚度调查

　　从多处壁画颜料层脱落的部位观察，古格遗址壁画地仗层颜色发白。对壁画地仗层进行了扫描电镜及能谱分析，分析结果显示地仗层中钙元素的含量较高，红外分析结果表明地仗层含有大量的碳酸钙、少量的伊利石（表 5-1-3；图 5-1-7、5-1-8）。我们对古格遗址周边土壤进行了广泛的考察和调研，发现古格遗址所在地札达县扎布让村普遍存在的一种阿嘎土和札达盆地附近山区的一种白土与壁画地仗层使用的土在颜色、元素构成、性质等方面较为接近（表 5-1-4）。

表 5-1-3　壁画地仗层样品能谱分析结果

序号	名　称	相对重量百分比（%）									
		O	Na	Mg	Al	Si	K	Ca	Ti	Fe	总量
1	地仗层	/	/	/	9.84	39.73	10.60	21.41	1.97	15.64	100.01
2	地仗层	/	/	0.59	9.14	40.21	7.31	17.32	3.30	21.06	100.00

表 5-1-4　周边土壤样品能谱分析结果

序号	名　称	相对重量百分比（%）									
		O	Na	Mg	Al	Si	K	Ca	Ti	Fe	总量
1	白土	16.81	0.00	0.66	7.08	16.43	0.00	46.89	1.63	10.49	99.99
2	阿嘎土	15.55	0.00	1.23	12.31	38.94	2.71	16.91	0.00	12.35	100.00

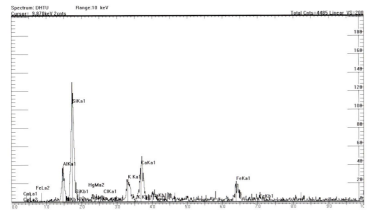

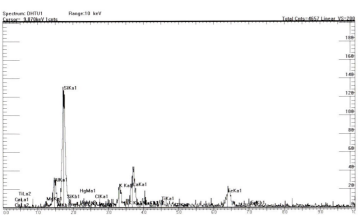

图 5-1-7　壁画地仗层样品能谱图

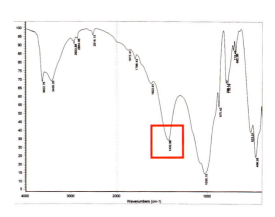

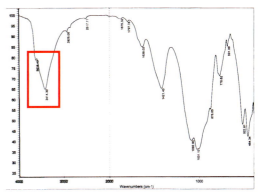

图 5-1-8　壁画地仗层样品红外分析谱图
（上谱图中红色框内是碳酸钙的特征峰，下谱图中红色框内是伊利石的特征峰）

对阿嘎土和白土两种土进行了多项综合分析，包括 X 射线荧光定量分析（表 5-1-5）、X 射线衍射（XRD）分析（表 5-1-6；图 5-1-9、5-1-10）以及扫描电镜分析。综合分析结果显示，当地阿嘎土含有较多的石英和少量碳酸钙以及黏土矿物伊利石、绿泥石；白土中含有较多的碳酸钙和少量石英以及黏土矿物伊利石、绿泥石。

表 5-1-5　周边土壤样品 X 射线荧光定量分析结果

序号	名称	分析项目												
1	阿嘎土	K_2O	Na_2O	CaO	MgO	SiO_2	Al_2O_3	Fe_2O_3	S	Ti	V	P	Cr	Mn
		1.91	1.16	2.98	1.01	64.61	13.82	5.32	0.006	0.393	102	444	63.4	616
		Ni	Cu	Zn	Rb	Sr	Y	Zr	Nb	Ba	La	Pb	Th	Ga
		37.1	53.1	79.5	135	198	26.4	249	18.9	656	52.5	28.0	18.8	22.1
2	白土	K_2O	Na_2O	CaO	MgO	SiO_2	Al_2O_3	Fe_2O_3	S	Ti	V	P	Cr	Mn
		0.29	0.16	46.72	0.66	9.20	1.81	1.17	0.059	0.074	0.0	74.8	8.7	271
		Ni	Cu	Zn	Rb	Sr	Y	Zr	Nb	Ba	La	Pb	Th	Ga
		8.5	8.9	22.2	21.4	568	6.8	39.3	5.5	20.5	13.2	6.5	0.0	9.1

注：K_2O、Na_2O、CaO、MgO、SiO_2、Al_2O_3、Fe_2O_3、S、Ti 结果为百分含量，其余项目结果为 μg/g。

表 5-1-6　周边土壤样品 X 射线衍射分析结果

序号	名称	分析结果
1	阿嘎土	石英，碳酸钙，伊利石，绿泥石
2	白土	碳酸钙，石英，伊利石，绿泥石

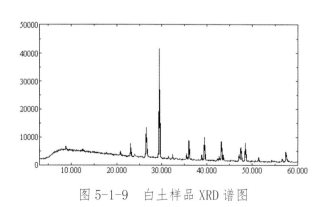

图 5-1-9　白土样品 XRD 谱图

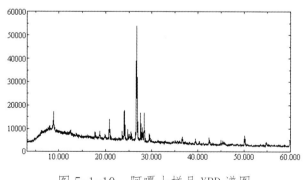

图 5-1-10　阿嘎土样品 XRD 谱图

白土样品在扫描电镜下碳酸钙（$CaCO_3$）的团粒状结构与阿嘎土样品中的片状结构有很大不同（图 5-1-11、5-1-12），在同等放大倍数下，白土内部颗粒较小，阿嘎土内部颗粒则较大。

我们对这两种土还进行了颗粒度分析。细颗分结果显示（表 5-1-7），当地阿嘎土中的粗颗粒较多，白

图 5-1-11　白土样品扫描电镜照片

图 5-1-12　阿嘎土样品扫描电镜照片

表 5-1-7　周边土壤样品细颗分结果

序号	名称	20 ≥ d>2	2 ≥ d >0.075	0.075 ≥ d >0.005	0.005 ≥ d	粗粒	细粒	不均匀系数 Cu	曲率系数 Cc
		重量百分比（%）							
1	阿嘎土	1.62	31.70	54.89	10.98	33.32	66.69	13.7	0.9
2	白土	2.58	8.07	66.47	22.88	10.65	89.35	4.6	0.8

注：d 为土壤颗粒粒径，单位为毫米。

土则较为细腻。颗粒大的阿嘎土为地仗制作提供了体积，减少了收缩，使地仗不易发生开裂；颗粒细腻的白土则改善了地仗的颜色，增加了内聚力，提高了地仗内部强度，尤其使得地仗层表面细腻平整。

古格遗址壁画地仗层在制作时加入了这种颗粒非常细腻的白土，不仅能让地仗的颜色发白，而且使得地仗表面比较细腻，不致过于粗糙。这种白土的使用，不得不让人佩服古格壁画制作团队的智慧，在物资匮乏的西藏阿里腹地，就地取材，充分利用现有材料的特性，既简化了壁画制作的工序，不用像其他地区的壁画单独去制作白粉层，又具备良好的可操作性，便于绘画的同时还能达到预期的艺术效果。

4. 颜料层

古格遗址现存壁画颜色鲜艳、色调纯正。在现场调查的基础上，在多个殿堂、洞窟针对不同色彩、不同色度的壁画颜料进行样品采集，利用多种分析手段，包括 X 射线荧光、扫描电镜 - 能谱、X 射线衍射、拉曼光谱等分析方法，对颜料样品进行了综合分析，表 5-1-8 为分析结果的归纳。分析结果表明，古格遗址壁画中的颜料都比较单一、纯正，蓝色、绿色颜料为石青、石绿（图 5-1-13），金色颜料为金粉或金箔，金层下衬有朱砂层（图 5-1-14），黑色颜料在分析的过程中没有得到结果，有可能是古代常用绘画材料墨。壁画中人物衣着、莲花座等比较亮丽的橙色、红色颜料均为朱砂（图 5-1-15、5-1-16；表 5-1-9），壁面下部较为暗淡的红色墙裙、下层装饰条带则使用了土红进行大面积通涂（图 5-1-17）。

162 古格遗址壁画保护项目竣工报告

表 5-1-8 古格遗址壁画颜料分析结果归纳

颜色	取样位置	分析结果
蓝色	白殿、红殿	石青 [2CuCO₃·Cu（OH）₂]
绿色	度母殿	石绿 [CuCO₃·Cu（OH）₂]
橙色	白殿、红殿	朱砂（HgS）
红色	红殿	朱砂（HgS）
红色	依怙洞、坛城殿墙裙	土红（Fe₂O₃）
金色	大威德殿	金（Au）
黑色	红殿、度母殿	/

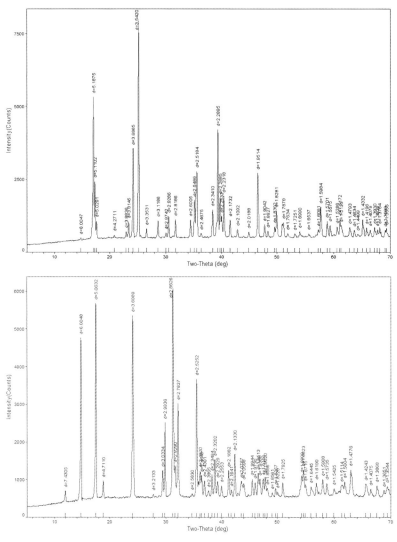

图 5-1-13 蓝色、绿色颜料样品 XRD 谱图
（上为蓝色颜料样品，下为绿色颜料样品）

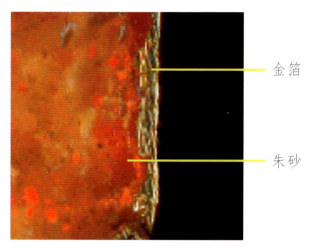

图 5-1-14　金色颜料样品剖面显微镜照片

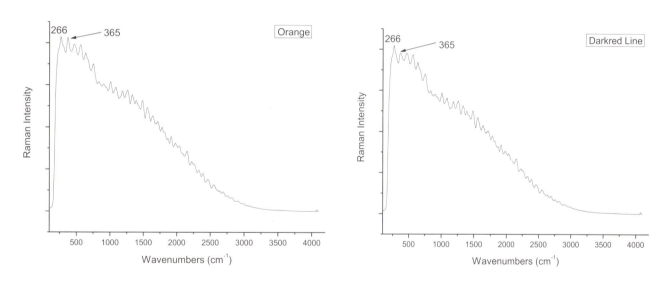

图 5-1-15　橙色、红色颜料样品拉曼光谱分析

（左侧为橙色颜料的拉曼光谱图，右侧为红色颜料的拉曼光谱图，均表现出朱砂的特征峰，即 266 cm⁻¹ 与 365 cm⁻¹）

表 5-1-9　红色颜料样品能谱分析结果

名　称	相对重量百分比（%）							
	Al	Si	S	K	Ca	Fe	Hg	总量
红色颜料	16.41	29.17	7.75	4.32	4.46	1.52	36.36	99.99

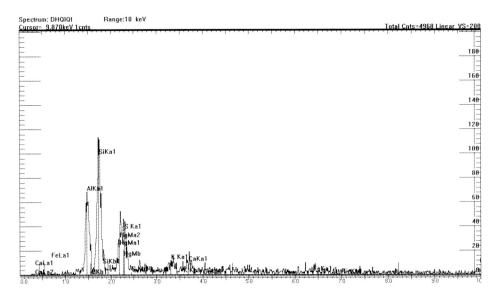

图 5-1-16　红色颜料样品能谱图

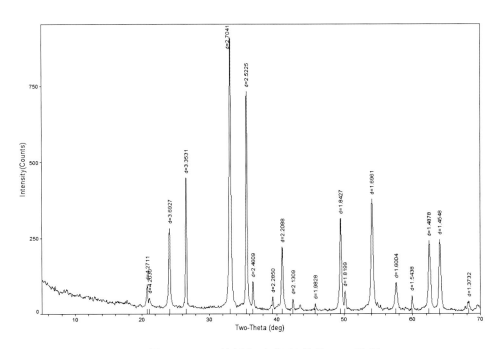

图 5-1-17　墙裙红色颜料样品 XRD 谱图

二、壁画制作工艺

古格遗址殿堂壁面均为先砌筑墙体，然后敷以泥质地仗。依怙洞则是掏山而建，为了让泥质地仗较好地附着在山体表面，洞窟内地仗脱落裸露出的山体表面能够非常清楚地观察到斜向方格网状刻痕，斜向刻痕呈±45°～65°的倾角，间隔约 4 厘米，刻痕深约 0.3～1 厘米（图 5-1-18）。

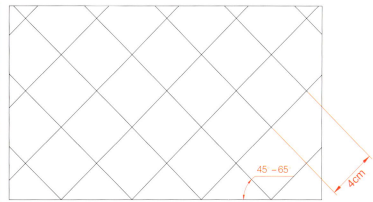

图 5-1-18　依怙洞山体表面刻痕

（右图为山体表面斜向网格刻痕示意图）

地仗粗泥层与细泥层之间并无明显界限，且细泥层非常薄，厚度均不超过 9 毫米。通过对西藏地区壁画地仗传统制作过程的调查，并结合对壁画破损处的光学调查，可以判定细泥层并不是单独敷抹，而是墙体表面敷以粗砂泥之后，在泥层含水的情况下利用工具对泥层表面不断抹平、打磨，内部水分带着细小的颗粒在泥层表面成膜，干燥后便形成现在的细泥层。地仗层在制作时使用了当地的一种白土，使其颜色发白，加之制作过程中对地仗表面进行了细致打磨，使得地仗层表面平整细腻，无须制作底色层或粉层，壁画均直接绘于细泥层表面。

根据对壁画颜料的分析结果和对藏族传统颜料的调查，古格壁画所用颜料大致有石青、石绿、土黄、土红、朱砂、黄金、木炭粉等矿物、植物颜料。按照传统工艺，先将这些原始颜料磨成粉末，然后加胶、水调和使用。

通过对壁画仔细观察、研读分析（图 5-1-19），壁画绘制过程可分为以下几步：

（1）用黑色炭笔绘制起稿线（图 5-1-19，c）；

（2）对人物之间面积较大的空档区域进行着色（图 5-1-19，b）；

（3）填色，以平涂为主，辅以晕染，人物皮肤最后着色，金色部位则是先以朱砂打底，然后敷以金沙或金箔（图 5-1-19，c）；

（4）用细色线、墨线勾定外部轮廓，金色部位一般用红色线勾定（图 5-1-19，d）；

（5）绘制细部花纹（图 5-1-19，d）；

（6）除白殿以外，多数壁画完成后还在表面涂一层桐油类的透明涂料，以加强底层颜色的饱和并产生有光泽的效果。

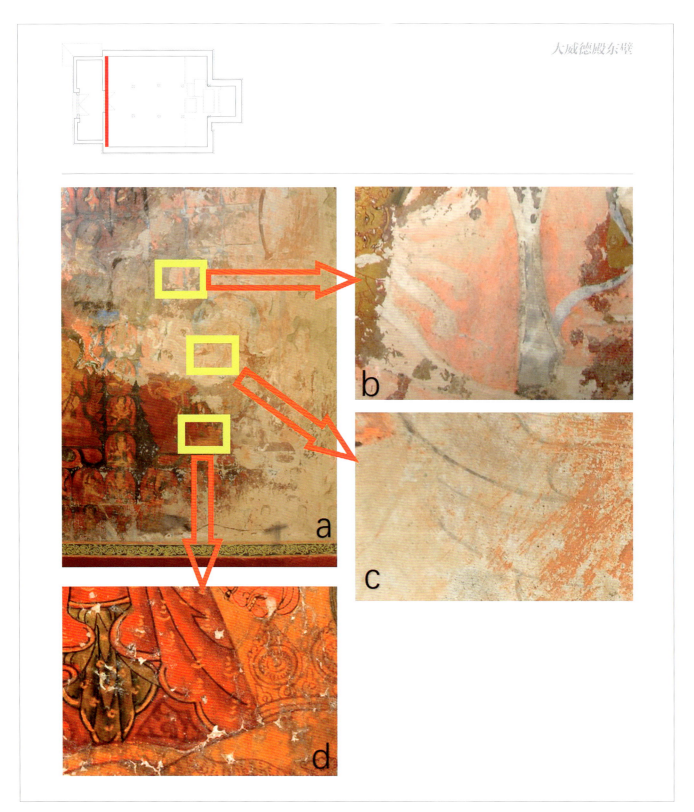

图 5-1-19 壁画绘制工艺调查

（a 图是大威德殿东壁门南侧的一处壁画；从 c 图壁画颜料层脱落的部位可以看到用黑色线绘制的底稿线，以及人物皮肤使用金色颜料之前先用朱砂打底；从 b 图中可以看到人物之间面积较大的空档区域着色；从 d 图中可以看到用细色线、墨线勾定，金色部位则用红色线勾定，然后绘制细部花纹）

三、壁画绘制年代

古格遗址壁画的绘制年代和建筑的年代交织在一起，但两者不一定一致。按照西藏佛教的传统，寺院的壁画应始终保持洁净鲜亮的色彩，将旧壁画铲除重绘的做法屡见不鲜。我们在前期调研中发现，古格遗址大威德殿前室南壁残存壁画中的一个供养天女，绘画风格明显早于殿内壁画，这是殿内壁画为后期重绘的典型例证。同属古格王国的托林寺红殿也有同样的现象，门廊与主室的壁画绘制年代差距明显。

《古格故城》一书的作者通过对壁画绘画风格分析，认为红殿、白殿两殿壁画的绘制年代较为接近，且相对较早。壁画题材丰富，变化多端，多有即兴之作，这些都明显有别于其他殿堂的壁画。在这两个殿中，又以白殿壁画年代略早。大威德殿、坛城殿、依怙洞壁画应属中期作品，壁画布局规范单调，讲究对称，略显呆板，但仍大量保留了早期壁画的风格。最晚的应该是度母殿壁画，与早中期壁画相比变化较大，造像背景单一，人物造型程式化，已经比较接近卫藏地区明清时期壁画。

各地的壁画都没有题书年款的习惯，古格也是一样，所以对古格壁画确切绘制年代的断定非常困难，只能利用壁画中出现的高僧、译师等历史人物所处的年代来进行分析。古格遗址壁画中真实存在的历史人物画像多达 500 尊，这些人物最早为公元 958 年出生的仁钦桑布（古格高僧，译师，958～1055 年），最晚为克珠格来贝桑布（格鲁派，宗喀巴的弟子，1388～1438 年），所以古格遗址现存大多数壁画的绘制年代上限应为 15 世纪。

根据对考古资料的调查，受格鲁派影响，白殿、红殿、大威德殿、坛城殿、度母殿的壁画中均有格鲁派创始人宗喀巴（1357～1419 年）的画像。但五座殿堂所绘宗喀巴像有所不同，白殿、红殿的宗喀巴像均为小像，题名作"杰·罗桑扎巴"或"罗桑扎巴法王"，不称"宗喀巴"，无二弟子；坛城殿宗喀巴虽为小像，但尊称"宗喀巴"，有明确题名的二弟子像；大威德殿为宗喀巴大像，尊称"宗喀巴"，二弟子侍立两侧；度母殿为宗喀巴大像，尊称"宗喀巴"，二弟子侍坐两侧。这种宗喀巴像的不同，清晰地体现了这些殿堂壁画绘制的时间脉络，即白殿、红殿较早，坛城殿、大威德殿居中，度母殿最晚。

综上所述，白殿、红殿壁画绘制于 15 世纪中叶，属于古格遗址现存早期壁画；坛城殿、大威德殿主室、依怙洞壁画绘于 16 世纪初、中叶，属于古格遗址现存中期壁画；度母殿壁画应绘于 16 世纪中叶以后，属于古格遗址现存晚期壁画。而大威德殿前室壁画因南壁的供养天女绘制年代较早，在此存疑，有待进一步的调查研究。

第二节　环境数据分析

壁画的各种病害与其所处的地区环境、赋存环境以及自然灾害历史有密切的关系，对壁画赋存环境及周边环境的数据进行分析和评估，能为壁画保护提供准确的环境数据支持。

一、区域环境

1. 空气温度

对 2012 年一个自然年的古格遗址区域环境数据进行分析（图 5-2-1），结果显示，区域环境的空气温度变化规律性强，年际曲线呈一完整的"抛物"线状，无异常值出现。昼夜交替，四季分明，温度以 1 ~ 2 月间为最低，3 月后逐渐走高，至 8 月达最高，9 月以后温度急促下降，至 12 月最低后又循环到来年。年中增温变化较之降温的变化相对平缓，时长近两个月。年均温度为 8.5℃，年最高温度为 29.3℃，出现在 8 月，最低温度为 -14.7℃，出现在 1 月。

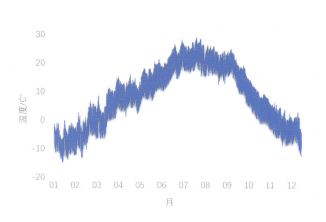

图 5-2-1　区域环境 2012 年一个自然年
空气温度年际变化曲线图

对区域环境温度日最大、最小值以及月最大、最小值进行了分析比对（图 5-2-2、5-2-3），区域环境年均日较差值为 8.6℃，最大日较差出现在 3 月 4 日，为 12.5℃，最小出现在 12 月 24 日，为 2.4℃。全年最大月较差值出现在 3 月，为 19.9℃，最小月较差值出现在 7 月，为 13.8℃。年温差在 44℃左右。春季的月温差值相对最大，平均值为 18℃左右，夏季温差值相对最小，平均值为 15℃左右。

2. 相对湿度

对区域环境的相对湿度年际变化进行了研究（图 5-2-4），区域环境湿度变化幅度相对较大，1 ~ 4 月间有大于 60% 的湿度值出现，6 ~ 7 月变化平缓且湿度值较低，8 月因是一年中的多雨季节，湿度整体升高，9 月后又恢复至低值。年湿度最高值约为 69%，最低仅有 1%，年均湿度值在 20% 左右。其中冬季均值为 21% 左右，夏季为 51% 左右，而春、秋季则在 23% 左右。

对区域环境相对湿度日最大、最小值以及月最大、最小值进行了分析比对（图 5-2-5、5-2-6），区域环境相对湿度变化波动较大，日波动在 17% 之间，日最大波动为 55%，出现在春季 4 月，最小不足 1%，出现在冬季 12 月。从这些数据来看，当有降水或天气温度变化急促时，湿度变化也随之加大，当温度恒定时，湿度也随之处于恒定状态。最大月较差值是春季 4 月，为 65%，最小月较差值是秋季 10 月，为 32%。相对来说，冬、春季月较差值大于夏、秋季。

古格遗址区域环境相对湿度年占比分析结果显示(图 5-2-7)，相对湿度 ≥ 60% 的天数占全年天数的 0.5%，45% ≤ 相对湿度 < 60% 的天数占全年天数 3.9%，20% ≤ 相对湿度 < 45% 的天数占全年天数的 48%，相对湿度 < 20% 的天数占全年天数的 47%。从图表与数据分析得出，这个自然年，古格遗址区域环境夏季雨季短，降水量少，日照长，蒸发量大，即使在 7、8 月雨季集中时段，相对湿度最高也未达到 70% 以上。

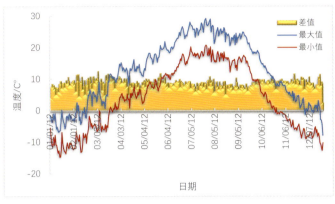

图 5-2-2 区域环境空气温度日较差值及最大、
最小值曲线图

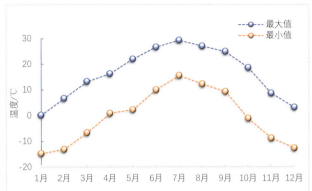

图 5-2-3 区域环境空气温度月最大、
最小值曲线图

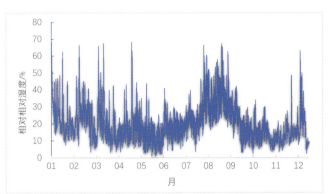

图 5-2-4 区域环境相对湿度年际变化曲线图

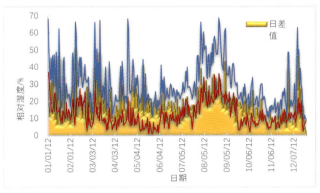

图 5-2-5 区域环境相对湿度日较差值
及最大、最小值曲线图

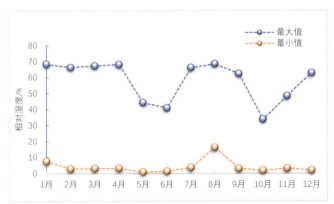

图 5-2-6 区域环境相对湿度月最大、
最小值曲线图

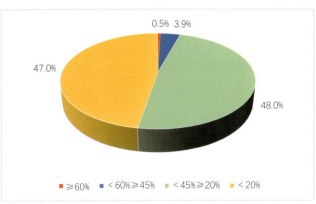

图 5-2-7 区域环境相对湿度年占比饼状图

二、殿（洞）内环境

根据环境监测数据的比对，殿堂环境各项数据的变化趋势大致相同，但殿堂和洞窟相比较，环境数据的变化趋势则有所不同，所以在数据的研究过程中选取了建筑体量较大、殿堂环境具有代表性的红殿与保护实施中唯一的洞窟——依怙洞进行比对分析。

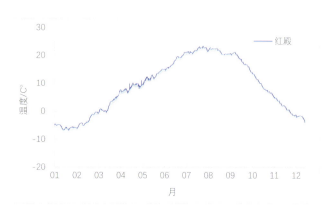

图 5-2-8　红殿内空气温度年际变化曲线图

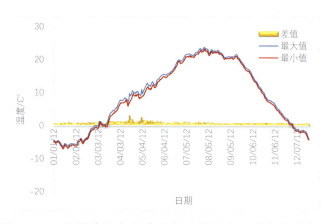

图 5-2-9　红殿内空气温度日较差及最大、最小值曲线图

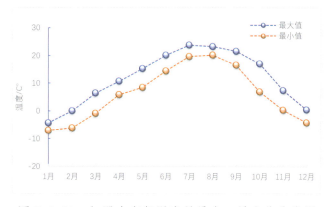

图 5-2-10　红殿内空气温度月最大、最小值曲线图

1. 殿堂环境

（1）空气温度

对红殿内部空气温度年际变化进行分析（图5-2-8），殿内温度变化起伏平缓、四季分明，昼夜温差小，有较强的规律性。因殿堂建筑结构所制，殿内封闭相对不是很严，所以易受外界大环境变化的影响。年际变化曲线呈抛物线状，无异常值出现，年中增温变化较之降温变化相对平缓。温度以 1～2 月间为最低，3 月后逐渐上升，至 8 月达全年最高，9 月后温度下降，至年底 12 月最低，之后进入来年。殿内年际平均温度为9.2℃，最高温度出现在 8 月，为 23.8℃，最低温度出现在 1 月，为 -7.1℃。

对红殿内部温度日最大、最小值以及月最大、最小值进行比对分析（图5-2-9、5-2-10），红殿内温度日变化平缓，波动较小，年平均日较差不足 1℃。全年最大日较差为 3℃，最小日较差为 0.2℃。年平均月较差值为 5.7℃，最大月较差为 10.2℃，最小月较差值为 2.7℃。24 小时温差比对结果显示，春、夏季的温差大于秋、冬季。

（2）相对湿度

对红殿内部环境的相对湿度年际变化进行了研究（图5-2-11），殿内相对湿度整体在20%～50%之间波动，年际湿度相差40%。1～4 月和 10～12 月变化波动小，湿度值也相对较小，平均值为 20% 左右；5～8 月是多雨季节，湿度变化幅度较大，波动范围在 30%～50% 之间，高出其他月份约 10% ~ 15%。全年平均湿度为29%，最高为 56%，出现在 5 月，最低为 14%，出现在 11 月。

对红殿内部环境相对湿度日最大、最小值以及月最大、最小值进行了分析比对（图 5-2-12、5-2-13），湿度年均日较差为 6% 左右，最大日较差为 25% 左右，多出现在雨季时节，最小日较差为 0.1%，出现在冬季，24 小时内湿度几乎无变化。按月来说，相对湿度冬、春季较差值高于夏、秋季的 6% 左右，平均月较差值为 22%。

4 月中旬殿内相对湿度突然升高，温度随之略有下降，并持续至 5 月底，才逐渐下降。但根据现场记录，当时并未发生降雨，此处存疑，有待进一步研究。

2. 洞窟环境

（1）空气温度

对依怙洞内部空气温度年际变化进行分析（图5-2-14），因窟门常年关闭，受外界环境的影响较小，所以窟内温度整体变化平缓，波动小，且整体温度低。年平均温度为 9.2℃，最高温度为18.2℃，出现在 7 月，最低温度为 1℃，出现在 1 月。因洞窟是山体掘凿而成，窟门较小，内部环境相对封闭，即使在最寒冷的冬季，窟内温度也在零度以上。6 月 22 日至 8 月 7 日期间，依怙洞内开展保护工作，由于人员出入、活动等因素，此时段白天的温度略上升 2℃ ~ 3℃。

对依怙洞内部温度日最大、最小值以及月最大、最小值进行比对分析（图 5-2-15、5-2-16），

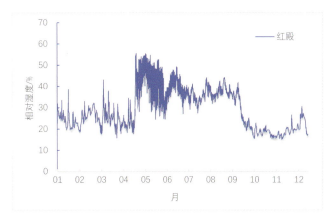

图 5-2-11　红殿内相对湿度年际变化曲线图

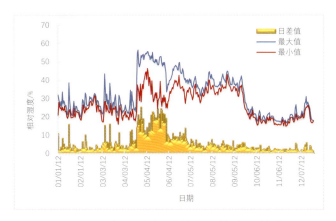

图 5-2-12　红殿内相对湿度日较差及最大、
最小值曲线图

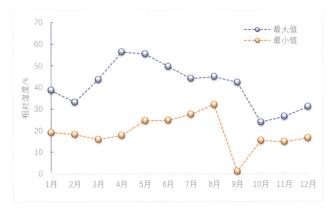

图 5-2-13　红殿内相对湿度月最大、
最小值曲线图

窟内平均日较差为 0.4℃，最大日较差为 3.7℃，出现在 7 月，这是工作人员在窟内活动所致；最小日较差为0.1℃，出现在 12 月。月较差值结果显示，年平均月较差值为 3.6℃。通过数据分析得出，由于洞窟内环境相对封闭的缘故，空气温度变化波动小，窟内气温平缓稳定，冬、春季窟内温度变化波动大于夏、秋季。

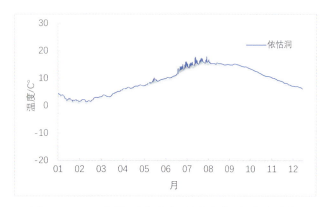

图 5-2-14　依怙洞内空气温度年际变化曲线图

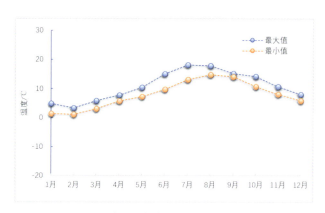

图 5-2-15　依怙洞内空气温度日较差及最大、
最小值曲线图

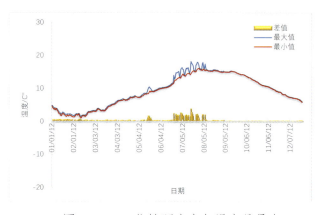

图 5-2-16　依怙洞内空气温度月最大、
最小值曲线图

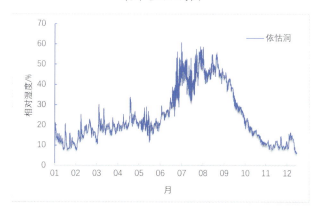

图 5-2-17　依怙洞内相对湿度年际变化曲线图

（2）相对湿度

对依怙洞内部环境的相对湿度年际变化进行了研究（图5-2-17），相对湿度上半年（6月中旬之前）变化波动较小，在10%～20%之间波动，相对湿度也处于低值，平均湿度值为19%；7、8月是多雨季节，受外界大气候的影响，窟内湿度上升20%左右；进入9月后，湿度迅速下降，至11、12月的10%左右，达到全年湿度最低。年平均湿度为24%左右，最高达61%，最低仅有5%。

对依怙洞内部环境相对湿度日最大、最小值以及月最大、最小值进行了分析比对（图5-2-18、5-2-19），日最大波动为23%（人类活动所致），最小日较差值不足1%，平均日较差值为4.5%。月较差值最大出现在6月，为39%。

3. 24小时相对湿度变化

古格遗址所在地属高原亚寒带季风半湿润、半干旱气候，受冷高压控制，气候干旱多风，低湿少雨。每年7、8月份是雨水集中时节，尤其是2012年8月，是全年相对湿度最高时间段。提取变化幅度较大的8月24日至27日时间段的数据进行比对分析，结果显示（图5-2-20），殿外的相对湿度较殿内变化波动大，24日湿度处于正常值；25日湿度飙升，比前一天提高了26%左右，在清晨5时左右升至最高达69%，之后随着太阳升起，温度升高而湿度降低；26日清晨再次大幅度升高，总体较前一天湿度略低，最高湿度为65%；27日再升高，较26日又略低，最高湿度为57%；之后逐渐下降恢复到正常。夜间升高白昼下降，随着昼夜交替，温度升高而湿度降低，温度降低而湿度升高。在旱季，环境如此大幅度的起伏变化，是否受到周边水气环境的影响，还有待进一步的研究。

殿内相对湿度变化较殿外平缓、稳定。在殿外相对湿度升高的同时，各殿内相对湿度也随之略有升高，但有的殿堂内反应很小。依怙洞因属洞窟类，较封闭，内外空气交换较慢，所以洞外相对湿度升高时洞内则有明显的滞后现象。其他殿堂的相对湿度变化较依怙洞小，值也相对较低。相对湿度由高到低依次是依怙洞、白殿、红殿、坛城殿、大威德殿、度母殿，年均值分别为51%、44%、42%、41%、40%、37%。殿堂内相对湿度的变化不但受外界大气候环境的影响，而且还受殿堂的形制、面积大小、地理位置高低等因素的影响而表现不同。

4. 温度、相对湿度年极值对比

对红殿、白殿、大威德殿、坛城殿、度母殿、依怙洞及外部空气温度、相对湿度最高值进行了比对研究（表5-2-1；图5-2-21、5-2-22），因受大环境气候及殿堂形制、大小、层位高低等因素的影响，各殿（洞）内温度变化也不同。由低到高依次为依怙洞、红殿、白殿、大威德殿、坛城殿、度母殿，值分别为18.2℃、23.8℃、24.4℃、25.3℃、27.0℃、27.9℃，度母殿内温度高出依怙洞内温度9.7℃。

相对湿度也因诸多因素的影响，各自有着不

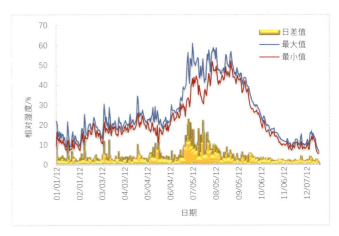

图 5-2-18 依怙洞内相对湿度日较差及最大、最小值曲线图

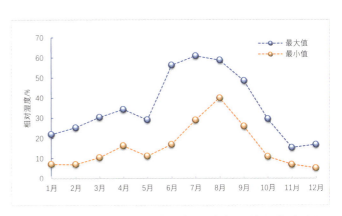

图 5-2-19 依怙洞内相对湿度月最大、最小值曲线图

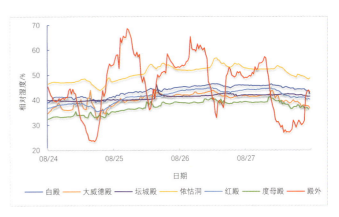

图 5-2-20 2012年8月24日至27日殿外与殿内相对湿度变化曲线图

表 5-2-1　古格遗址殿堂、洞窟及外部环境温度、相对湿度年际最大、最小及平均值

探头编号	殿堂名称	名称	最大值	最小值	平均值
XG-1010	度母殿	温度	27.9	20.4	23.6
		相对湿度	42.6	16.0	30.6
XG-1011	依怙洞	温度	18.2	1.0	9.2
		相对湿度	60.9	5.2	24.1
XG-1007	坛城殿	温度	27	-9.2	7.6
		相对湿度	56	21.8	30.8
XG-1008	大威德殿	温度	25.3	-10.5	7.9
		相对湿度	64	11	28
XG-1002	红殿	温度	23.8	-7.1	9.2
		相对湿度	56.3	14.7	29.4
XG-1005	白殿	温度	24.4	-11.3	7.2
		相对湿度	58	12	30.8
XG-1001	外部环境	温度	29.3	-14.7	8.5
		相对湿度	68.7	1.0	20.8

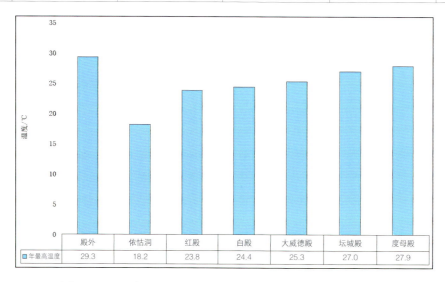

图 5-2-21　各殿（洞）内及殿外空气温度年最高值对比

同的变化特征。从数据看，依怙洞内相对湿度最高，其次是大威德殿，这两个殿相对湿度均在 60% 以上，并高于殿外的相对湿度；白殿、红殿、坛城殿分别约为 58%、56%、56%，相对湿度值比较接近；度母殿相对湿度约为 43%。

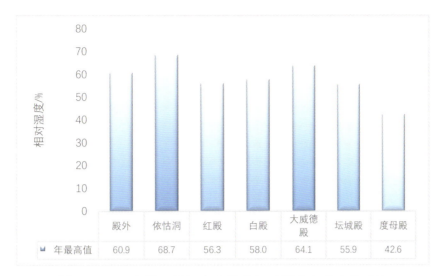

图 5-2-22　各殿（洞）内及殿外相对湿度年最高值对比

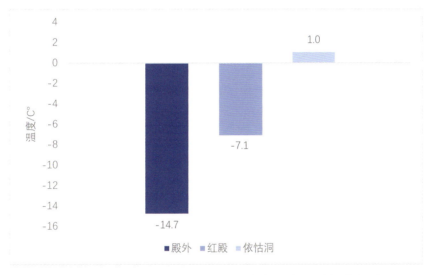

图 5-2-23　各殿（洞）内及殿外空气温度年最低值比对

　　殿（洞）内外环境数据最低值的比对分析结果显示（图 5-2-23），即便在外界温度达到 –14.7℃时，依怙洞内部环境也从未低于 1℃，温度始终保持在零度以上。

三、结果讨论

　　环境监测的目的是了解环境变化对壁画的影响，从而能够采取相应措施保护壁画。通过以上数据的分析研究，初步掌握了古格遗址区域环境、殿（洞）内微环境的变化规律与特征。

　　（1）古格遗址所处札达盆地位于喜马拉雅山脉北坡的"雨影带"，气候表现为干燥少雨。古格遗址所在的札达县属高原亚寒带季风半湿润、半干旱气候，每年 10 月至翌年 4 月，地面受冷高压控制，干旱多大风，低温少雨雪；5 月至 9 月，受西南季风支配，雨量集中；年降雨量约 65 毫米，每年的降雨多集中于 7 月、8 月，以暴雨为主。

（2）古格遗址的外部环境对殿（洞）内小环境影响显著，受冷高压控制，干旱多风，低温少雨。区域环境温度年均值为 8.5℃，最高值为 29.3℃，最低值为 -14.7℃。受西南季风的影响，夏季气候较温暖。环境监测数据显示，2012 年的降水量相对较少，年最高相对湿度为 69%，最低仅有 1%，说明空气中含水量少，异常干燥。

（3）殿堂建筑的内部环境易受外界大气候的影响。殿内温度升高，相对湿度降低；而温度降低，相对湿度会有所增高。

（4）红殿内年均温度为 9.2℃，最高温度为 23.8℃，最低温度为 -7.1℃。殿内日波动较小，最大为 3℃，最小为 0.2℃，春、夏季温差大于秋、冬季。殿内温度分布均匀，变化稳定、平缓，无落差很大的情况出现。年均相对湿度为 29%，最高为 56%，最低约为 15%。日最大波动在 25% 之内，最小为 0.1%，变化幅度较小。

（5）依怙洞属洞窟类，地处山体最高处，窟门小，窟内环境相对封闭，与殿堂类建筑相比较，温度、相对湿度变化幅度小。窟内温度年均值为 9.2℃，最高为 18.2℃，最低为 1℃，冬季最寒冷时也在零度以上。最大日波动为 3.7℃，最小为 0.1℃。相对湿度年最高为 61%，最低为 5%。最大日波动在 23% 之内，最小不足 1%。

（6）综合分析内外部环境的温湿度特征和变化规律，古格遗址壁画赋存环境温度、相对湿度较低，无高温、高湿条件，对壁画保护是一个有利的气象条件。

四、建议

古格王国遗址地理位置特殊，局地气候也非常典型，作为重要文化遗产地，十分有必要进行长期而连续的气象监测，建议在遗址地建立一座高精度、全类型气象观测站，监测遗址区域范围的气象环境。建议继续保持殿（洞）内环境的稳定，使文物处于一个有利的保存环境。

第三节　病害机理简析

区别于保存在博物馆内的文物，壁画处于一个开放的系统，甚至是自然体系的一部分，它是处于支撑体和外界环境之间的一个界面，鉴于自身的各种特性，在受到来自支撑体和外界环境的影响下，势必会发生各种变化。

一、壁画原始制作材料与工艺的影响

1. 材料易感性

原始制作材料本身的易感性是造成壁画病变的原因之一。虽然壁画中大量使用的矿物颜料性质是较为稳定的，不易发生变化，但在壁画制作过程中使用的胶结材料会因外部环境的影响发生变化，或随时间的推移而发生老化，在这些胶结材料发生变化或者老化的过程中会使壁画各个层面以及颜料发生病变甚至脱落。

2. 材料用量

原始制作材料的使用量不当是壁画发生病变的原因之一。一般情况下，颗粒度大的矿物颜料或者密度较高（例如金）的颜料往往需要使用相对较多的胶结材料才能牢固地附着于地仗层表面。对古格遗址壁画病害调查时发现，一些区域壁画的颜料层起甲有时大多集中在同一种颜色，而附近其他颜色的部位保存则较好，这是壁画制作者在调配不同色彩的颜料时使用胶结材料量不同的结果，在同样的赋存环境条件下，胶结材料使用量大的颜料就容易发生颜料层起甲现象。

根据对地仗材质的分析研究，地仗中较大颗粒的物质为地仗提供了体积，颗粒较细的黏粒才是各种物质黏结在一起的关键。壁画地仗制作材料中的黏土比例在较低的情况下，地仗层强度会随之降低，容易发生脱落，而黏土比例过高，又容易造成开裂，所以地仗层原始制作材料的配比不当是造成壁画病变的原因之一。

3. 工艺差别

原始制作工艺的差别是壁画同类病害发生差异的原因之一。白殿壁画作为古格遗址现存早期壁画，大部分颜料层起甲的部位带起了较薄的一部分细泥层，这种起甲现象和其他殿堂（洞窟）相比有很大不同，这是因为白殿壁画的原始制作工艺区别于其他殿堂（洞窟），壁画表面没有有机涂层，且颜料层较其他殿堂偏薄。白殿壁画在绘制的过程中，当时地仗是否处于干燥状态还有待进一步的研究。

二、环境的影响

1. 光照和热量

光照和热量会加速有机材料的老化，是壁画发生病变的原因之一。位于红殿与大威德殿之间的一处露天壁画在阳光的照射下已基本不可辨，白殿中透过天窗能够照射到阳光的部位壁画保存状况也非常差，天窗附近即便阳光照射不到的部位，壁画病害也较为严重，所以光照和热量交换，容易造成壁画发生病害。

2. 水分

壁画赋存环境以及壁画内部各种形态的水分运移是造成壁画病变的主要原因。通过不同渠道运移的水分带着可溶盐在支撑体内部、壁画各个层面之间游走，盐分破坏了地仗层和颜料层内部的内聚力，使胶结材料失去了胶结能力，从而造成地仗酥碱，导致地仗层空鼓、粉化、脱落以及颜料层起甲、脱落等现象。

对壁画未发生病变的区域和发生酥碱病害部位的地仗进行了可溶盐分析，结果显示（表5-3-1），古格遗址壁画中的盐分主要是硫酸盐，另有少量氯化物。未发生病害的区域地仗含盐量仅为0.07%，酥碱部位的地仗含盐量则高达2.85%。

通过调查分析，水分的来源主要有以下几个方面：

（1）屋顶漏雨

这是造成壁画病害最直接的水分来源。根据环境数据调查分析结果，古格遗址的年降水量不大，但却很集中，而且是暴雨，有可能一次降雨就是全年的降水量。因为建筑年久失修，古格遗址多个殿堂都能看到壁面被雨水冲刷的痕迹，画面被泥渍覆盖，严重的地方地仗也被冲刷脱落，附近的壁画被从内部掏蚀，造成严

表 5-3-1   地仗样品易溶盐分析结果

样品编号	离子百分含量（%）							总盐量（%）
	Na^+	K^+	mg^{2+}	Ca^{2+}	Cl^-	NO_3^-	SO_4^{2-}	
1	0.0101	0.0007	0.0010	0.0165	0.0032	0.0000	0.0405	0.07
2	0.5676	0.0839	0.0433	0.2787	0.1703	0.6547	1.0510	2.85

重空鼓，雨水经过的区域壁画也多有颜料层起甲、酥碱等病害。

（2）墙体与山体持水

根据古格遗址壁画支撑体的调查研究结果，殿堂壁画的支撑体大多为土坯墙体，具有较好的持水性；古格遗址所在山体的土质是湖相沉积物（未成岩），也具有良好的持水性。降雨过后，墙体和山体很好的持有了水分，一部分向外部蒸发，而另一部分则开始源源不断地向殿堂内部输送水分。结合环境数据分析结果，古格遗址所在地年降雨量并不大，但单次降雨量可达150毫米，多处殿堂的酥碱病害均有持续发展的趋势，这就是壁画支撑体墙体与山体持水性好的例证。

（3）毛细现象

造成壁画病害的水分，还有一个来源是来自于墙体下方。通过对壁画取样分析，可以看到壁画地仗内部具有较好的孔隙性（图5-3-1），墙体下部水分会利用毛细作用在地仗层内部向上再爬升一段距离，造成水分所及区域的壁画产生酥碱。

（4）空气中的水蒸气

空气中的水分是造成殿内壁画颜料层起甲的原因之一。受建筑形制影响，殿内空气流经壁画表面时的速度和流量不同，各个壁面的起甲程度和范围也不同。

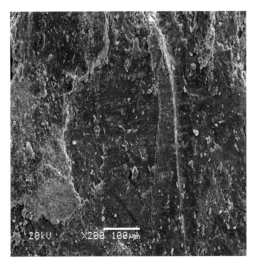

图 5-3-1   样品扫描电镜分析照片

（左图为样品颜料层表面部分，平整致密；右图为样品地仗层部分的内部结构体现，具有较好的孔隙性）

三、建筑的影响

1. 建筑构件

和壁画接触的建筑构件会对壁画造成物理损伤。各个殿堂墙体上部的壁画普遍存在裂缝、地仗空鼓的现象，局部有严重空鼓、壁画错位的情况，尤以承重梁头附近比较严重，这是建筑上部构件因震动或因自重向下挤压所造成的。这类病害产生于某次地震的瞬间，或是长期作用的结果，但造成的病害现象都是一样的。

2. 建筑结构

建筑结构的改变是造成壁画发生病变的原因之一。大威德殿南壁、北壁中部均有一条上下贯通的裂缝，位置几乎对称。根据考古发掘资料，大威德殿修建之初采用后挖前架的方法找平，前厅下方有石砌地垄。通过对建筑结构进行调查，发现建筑前半部分发生了下沉，南壁、北壁的东侧随之发生下沉，墙体开裂，造成壁画开裂。

四、人为干预的影响

1. 人为因素

人类有意或无意的行为对包括壁画在内的诸多文物造成了破坏。诸如古格遗址的塑像在 1940 年之后几乎损失殆尽，红殿内的佛塔被毁；度母殿因为在新中国成立初期有人居住，使东壁上部壁画被烟熏污染，壁面存在多处钉孔；依怙洞内因为信徒长期的供奉活动，壁面有酥油污染；大威德殿可能因为殿堂功能的改变，前厅壁画被人为涂抹覆盖。

2. 历史干预

受到科学技术条件和对材料性能认知的限制，历史干预使用的材料与工艺有时会对壁画造成伤害。1997 年古格遗址曾有一次较大规模的保护干预，当时的阿里地区条件依然非常艰苦，交通物流还很落后，根据针对该次保护之前的调查研究，古格遗址建筑、壁画在当时的保存状况已经非常差，尤其对壁画大面积脱落部位的加固已经刻不容缓。20 世纪末，对壁画地仗大面积脱落的保护加固在国内外几乎都没有可以借鉴的成功先例或者经验，当时的工程人员选用了建筑修建常用的水泥对壁画脱落部位进行了抢救性的加固，实属无奈之举。对历史加固部分采样并进行了激光粒度分析（表 5-3-2；图 5-3-2 至图 5-3-4），结果显示历史加固材料中粗粒含量较高，黏粒含量较低，已进入老化阶段。历史加固用的水泥虽然坚固，但透气透水性差，墙体里的水分无法从坚硬的加固层排出，只能从加固边缘附近的壁画地仗向外渗出，进而引起壁画地仗酥碱、颜料层起甲、脱落等病害；进行加固的同时还对附近壁画造成了覆盖。

表 5-3-2　历史加固材料激光粒度分析结果

样品编号	位置	粗粒 % （100μm 以上）	细砂粒 % （100μm～50μm）	粉粒 % （50μm～5μm）	黏粒 % （小于5μm）	粒径中值 （粒径 μm）
XZAL-1	度母殿	52.736	33.987	20.407	0.421	107.166
XZAL-2	红殿	46.966	36.582	33.003	3.149	100.072
XZAL-3	白殿	53.729	27.224	43.454	13.235	106.552

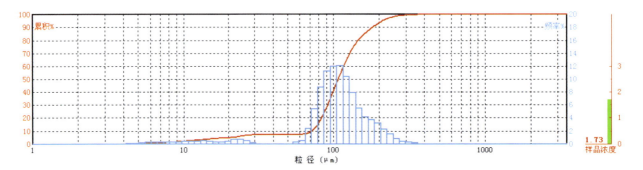

图 5-3-2　历史加固材料样品 XZAL-1 激光粒度分析结果

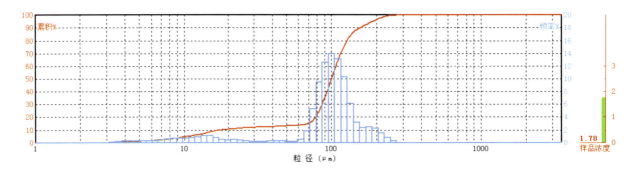

图 5-3-3　历史加固材料样品 XZAL-2 激光粒度分析结果

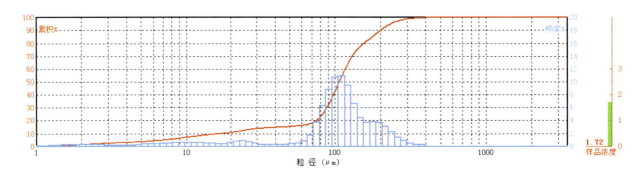

图 5-3-4　历史加固材料样品 XZAL-3 激光粒度分析结果

第四节　保护修复材料与工艺筛选

一、试验方法

保护修复材料和工艺的选用主要参考敦煌研究院以往在西藏修复壁画的成功经验和科研成果。鉴于古格遗址壁画制作材料与工艺以及病害的特殊性，对拟采用的材料进行了先期研究和试验。

（1）针对颜料层起甲，用注射黏结剂的办法，增加颜料层和地仗层之间的黏结力，采用无炫光、无色、透明、渗透性能好的保护修复材料。

（2）针对地仗酥碱，选用无色、无腐蚀性、无残留、具有较好操作性的材料进行加固，并在加固后进行脱盐处理。

（3）针对空鼓壁画，主要采用点状灌浆为主、锚固补强的方法进行加固。灌浆材料应具备容重小、透气透水性好、收缩率小、流动性和可灌性好、强度适中并可调、初凝和终凝速度适中、兼容性好等特点。

（4）针对严重空鼓、变形错位的壁画，须对病害部位先进行支顶整形，然后再对其灌浆加固。

（5）针对历史加固部位，需去除历史加固材料以及漫渗覆盖到原始壁画的部分，并补做新地仗。

（6）针对壁画裂缝、地仗脱落的修补以及地仗酥碱部位的替换，选用与壁画地仗相近的制作材料进行保护加固。

（7）针对壁面污染，选用无色、无腐蚀性、具有较好操作性的材料对污渍进行清理。

（8）所有的修复材料均须进行脱盐处理。

二、现场试验

2011年先期开展了壁画保护现场修复试验，试验针对各种病害选取了5个试验区，此次试验在当时取得了较为理想的效果，但意想不到的是第二年（2012年）发现白殿东壁颜料层起甲壁画修复试验区的颜料层再次发生了起甲。在项目总负责王旭东的带领下，项目组认真研究分析试验结果，通过调整修复工艺，在该区域进行了第二次修复试验，并通过一年时间的监测，2013年试验结果仍然表现出色，再未出现颜料层反复起甲的现象，试验最终取得了圆满成功。

1. 试验区选择

试验区域的选择尽可能选取多种病害共存的位置，区域内的壁画病害不仅涵盖了古格遗址壁画存在的所有病害，还兼顾了壁画不同的赋存环境，同时也是同类型病害中最为严重、复杂的典型范例。试图通过对这些病害的保护修复试验，探索针对同一位置、多种病害的系统治理方法，找到最适合古格遗址壁画保护修复的最佳措施，在细节上进一步优化、细化方案设计中提出的处理方法。

根据壁画赋存环境、绘制年代、原始制作材料、工艺、病害类型以及病害程度等不同特征，选取了古格遗址壁画的典型病害作为现场保护修复试验的对象（表5-4-1）。

1号试验区：依怙洞西壁中下部，距南壁1.25米、高0.62米处，选取三个10厘米×10厘米的单元，作

表 5-4-1　古格遗址壁画保护现场修复试验区信息表

序号	殿堂（洞窟）	试验位置	存在病害
1	依怙洞	西壁中下部	颜料层起甲、地仗酥碱
2	大威德殿	南壁上部、梁柱下方	地仗严重空鼓、壁画变形
3	红殿	南壁东侧下部	历史加固造成的病害
4	白殿	东壁中部	颜料层起甲
5	白殿	西壁南侧	泥渍污染

为使用三种不同保护修复材料修复起甲、酥碱壁画的试验区。该区域残存地仗酥软，酥碱严重，地仗粉状脱落和缺失，颜料层悬浮，部分壁画脱落，崖体裸露，颜料层连带细泥层开裂翘起，局部细泥层缺失，多处细泥层泡状鼓起开裂（图 5-4-1）。

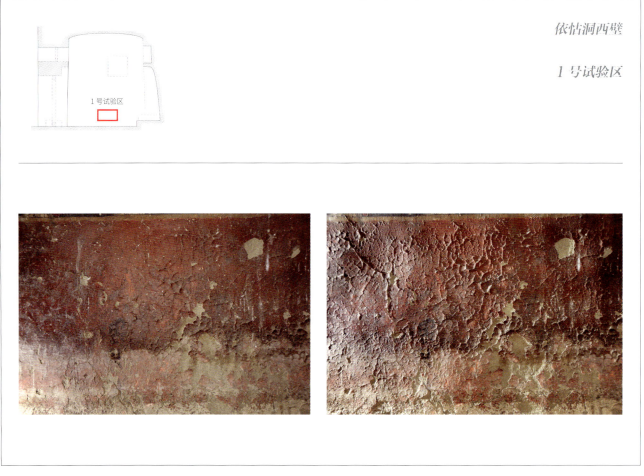

图 5-4-1　1 号试验区壁画地仗酥碱、颜料层起甲
（左侧为正光拍摄，右侧为侧光拍摄；从右侧图片可看到地仗酥碱的同时，伴随着颜料层大面积起甲）

2号试验区：选择大威德殿南壁东起第二个梁柱正下方，作为壁画严重空鼓、变形的保护修复试验区。该区域壁画因东侧墙体下沉、上部梁头下压形成约1～2厘米宽的裂缝，裂缝有修复痕迹。壁画地仗严重空鼓并导致壁画凸起变形，变形部位面积约300平方厘米，高出附近壁画平面2厘米（图5-4-2）。

3号试验区：选择红殿南壁东侧下部历史加固区域，作为历史加固及覆盖去除、酥碱治理、地仗修补试验区。该区域历史加固与壁画结合处，壁画开裂，地仗空鼓，地仗酥碱，颜料层起甲、脱落，局部细泥层呈泡状凸起（图5-4-3）。

4号试验区：选择白殿东壁中部作为颜料层起甲修复的试验区。该区域壁画颜料层龟裂起甲，地仗粉状脱落和缺失，局部颜料层连带细泥层开裂翘起，局部细泥层缺失，颜料层悬浮（图5-4-4）。

5号试验区：选择白殿西壁南侧作为壁面污染清理的试验区。该区域壁面泥渍污染严重（图5-4-4）。

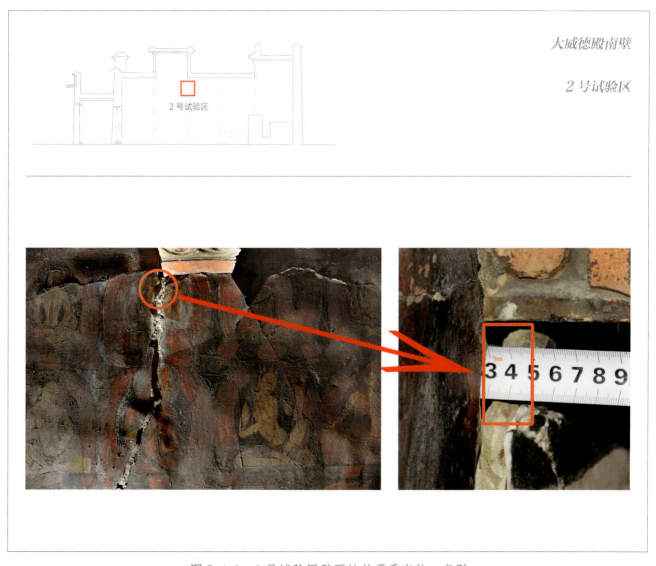

图 5-4-2　2号试验区壁画地仗严重空鼓、变形

（左侧图片为侧光拍摄，右侧图片是左侧图片红圈位置的细部照片，可以看到壁画变形部位凸起2厘米）

红殿南壁

3 号试验区

3 号试验区

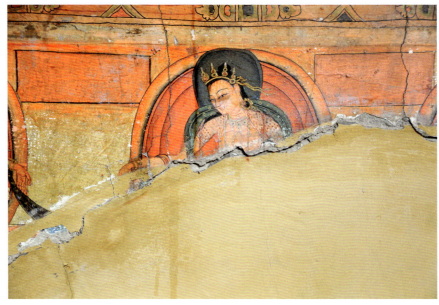

图 5-4-3   3 号试验区历史加固部位

白殿

东壁 4 号试验区

西壁 5 号试验区

4 号试验区

5 号试验区

图 5-4-4　4 号、5 号试验区壁画病害

（4 号、5 号试验区都在白殿；上图是 4 号试验区，壁画颜料层连带细泥层起甲，局部龟裂起甲；下图是 5 号试验区，壁画被泥渍污染，且伴有颜料层起甲）

2. 试验准备

（1）针对壁画颜料层起甲修复、加固和地仗酥碱加固，拟采用丙烯酸乳液（浓度为3%）、有机硅－丙烯酸乳液（浓度为3%）、明胶溶液（浓度为2%）作为试验材料。

（2）针对壁画地仗严重空鼓并发生凸起变形的区域，需提前搭建脚手架，以备安装支顶架进行整形、加固等工作（图5-4-5）。

图 5-4-5 2号试验区准备工作

[针对壁画地仗严重空鼓并发生凸起变形的区域，需提前搭建脚手架（a），上部空间是试验操作区域（b），下部空间是试验材料配制区域（c）]

（3）针对空鼓壁画的灌浆材料，为增强材料的内聚力，借鉴之前的成功经验，在使用当地白土的同时添加一定量黏结性好的澄板土（河床沉积黏土），拟采用8%的丙烯酸乳液为主剂，澄板土与当地白土为填充剂。为使灌浆材料具有较好的流动性，粒度控制在75～150μm。澄板土与白土按2：1比例混合，水灰比控制在0.5左右。

（4）针对用于壁画裂缝填补、地仗脱落部位加固填充、地仗酥碱部位的替换材料，澄板土和当地白土按2：1比例混合，用浓度为2%的丙烯酸乳液调制成泥。

（5）修复用土均进行脱盐处理：用纯净水浸泡24小时，搅拌、沉淀、脱水，将泥浆晒干，再次用纯净水浸泡，重复进行多次完成脱盐。修复土脱盐后晒干、粉碎，装入容器中备用。

（6）对当地水采样并进行了易溶盐分析，结果显示当地水中钙离子、硫酸根离子含量较高（表5-4-2），为避免保护过程中带入盐分，故试验以及今后保护实施均采用纯净水。

表 5-4-2　当地水样易溶盐分析结果

样品名称	氯离子（mg/L）	硝酸根（mg/L）	硫酸根（mg/L）	钠离子（mg/L）	钾离子（mg/L）	镁离子（mg/L）	钙离子（mg/L）
XZAL-4	3.8704	1.3543	63.2018	5.9021	1.2904	11.0405	47.7018

3. 试验过程

（1）颜料层起甲的修复加固

a. 修复前用小毛刷和洗耳球将起甲颜料层的背部及表面的尘土清除干净。

b. 用注射器将黏结材料沿起甲的裂口注射到起甲颜料层的背部，使之与地仗渗透，每个部位视病害的程度注射渗透2～3遍。

c. 待黏结材料的水分被地仗层吸收后，用修复刀将起甲颜料层贴回地仗原位。白殿壁画的起甲修复在这个步骤还需进行低温加热，以让起甲部位快速干燥。

d. 用白色绸缎包脱脂棉扎绑的棉球，对起甲部位进行滚压加固，使颜料层和地仗层进一步结合牢固。

（2）地仗层酥碱的加固治理

a. 剔除地仗层发生粉化的部分，用注射器对酥碱部位的地仗层和颜料层注射渗透试验材料，以提高地仗层和颜料层的内聚力，一般渗透3～4次，直至完全渗透，用木制修复刀施力加固。

b. 待酥碱壁画渗透加固完毕后，立即用固定在脚手架上的可调丝杆将附有细棉纸、脱盐吸水垫KC-X60（2～3层）的支顶板支顶在加固后的壁画表面，进行吸水脱盐处理。

（3）壁画严重空鼓、变形部位的保护加固

a. 用洗耳球、软毛刷清除壁画表面的尘土和污物。

b. 清理变形壁面背面散落的碎石和土块。

c. 利用支顶架对壁画表面进行支顶，根据支顶壁画时的受力方向，在壁面谨慎分配壁板。

图 5-4-6　壁画变形部位支顶整形

d. 选用浓度为 2% 的硅－丙乳液对壁画错位背部注射渗透。

e. 调节支顶架，对错位壁画进行支顶复位，并根据复位情况不断调整支顶点数量及支顶力量（图 5-4-6）。

f. 利用壁画开裂部位把注浆管插入壁画与支撑体的空隙中，注浆管可根据空鼓部位的情况调整。

g. 用接近原地仗的材料填补壁面裂缝。

h. 用注射器先注射适量（约 20 毫升）浓度为 2% 的丙烯酸乳液，渗透加固地仗层。注入浆液，随时检查浆液流向以及灌浆填充效果。

i. 用带有保护层的顶板把脱盐吸水材料支顶到壁画表面，每天更换两次吸水纸，加快壁画地仗干燥速度的同时达到脱盐目的。

j. 干燥后，取下支顶架，用和原地仗层相近的材料填补注浆口。

（4）历史加固的处理

a. 谨慎去除历史加固材料漫滤覆盖到原始壁画的部分。

b. 去除历史加固材料。

c. 补做泥质地仗（方法同"地仗脱落的修补加固"）。

d. 对历史加固边缘与壁画结合处的起甲、酥碱进行处理。

（5）壁画裂缝、地仗脱落的修补加固

a. 用洗耳球清除裂缝及损伤部位表面的尘土和污物。

b. 用注射器将浓度为 2% 的丙烯酸溶液沿裂缝两侧或地仗边沿进行渗透加固。

c. 用修复刀将泥填入裂缝或地仗缺失部位，轻轻刮去表面多余的泥浆，再压平。待稍干后，用修复刀抹平表面。

（6）泥渍污染壁画的清理

a. 用纯净水滴渗污物表面，软化污物。

b. 用软毛刷和修复刀仔细剔去壁面附着较厚的污物。

c. 用脱脂棉球蘸取纯净水擦去壁面污物。

4. 试验结果评价

（1）颜料层起甲的修复加固

在依怙洞 1 号试验区、白殿东壁 4 号试验区分别使用了丙烯酸乳液、有机硅－丙烯酸乳液、明胶溶液三种材料进行起甲壁画的修复试验，试验过程中还将丙烯酸乳液和有机硅－丙烯酸乳液进行了混合使用。使用过程中，丙烯酸和有机硅－丙烯酸的混合乳液渗透速度快，表现出了良好的可操作性，丙烯酸乳液其次，明胶溶液渗透速度较慢。

修复效果方面，三种材料在依怙洞1号试验区的使用均取得了较好的表现（图5-4-7）。

图 5-4-7　1 号试验区颜料层起甲修复效果

（试验区中 a 区使用了丙烯酸乳液，b 区使用了丙烯酸和有机硅－丙烯酸的混合乳液，c 区使用了明胶溶液，三种材料均取得了较好的修复效果。图片均为侧光拍摄，修复前后的图片颜色发生变化，是因为壁画表面浮尘被清理，所以修复前的图片看起来颜色较浅，修复后的变得深沉）

　　白殿东壁 4 号试验区在 2011 年第一次试验中，用丙烯酸和有机硅－丙烯酸的混合乳液修复后的起甲壁画重新起翘，用丙烯酸乳液、明胶溶液的均无重新起甲的现象发生。但使用明胶溶液修复后，壁画色度略有变化。2012 年，4 号试验区的颜料层再次发生了起甲，通过综合评估，认为针对白殿壁画起甲病害的修复，修复材料采用丙烯酸乳液是最好的选择，但修复工艺还需进一步改进。第二次现场试验，通过改进修复工艺，对起甲部位进行低温加热，让其快速干燥，经过持续一年的监测，取得了理想的修复效果（图 5-4-8）。

图 5-4-8　4 号试验区第二次试验颜料层起甲修复前后比对

（该区域壁画颜料层连带细泥层起甲，局部龟裂起甲。图片均为侧光拍摄，修复前后的图片颜色发生变化，是因为壁画表面浮尘被清理，所以修复后的图片看起来比修复前的鲜艳）

（2）地仗层酥碱的加固治理

在1号试验区针对地仗层酥碱的试验中，丙烯酸和有机硅－丙烯酸的混合乳液渗透速度快，具有良好的可操作性，丙烯酸乳液其次，可能因为依怙洞壁画表面的有机涂层，明胶溶液渗透表现不是很好。使用混合乳液、丙烯酸乳液充分渗透后，地仗色度未发生改变，渗透深度可到达支撑体，地仗层强度明显提高，效果良好。

（3）壁画严重空鼓、变形部位的保护加固

对梁柱下严重空鼓壁画和壁画变形部位进行了整形、回贴，变形部位恢复至与周边壁画同一平面高度，空鼓壁画灌浆未引起次生病害，效果良好（图5-4-9）。

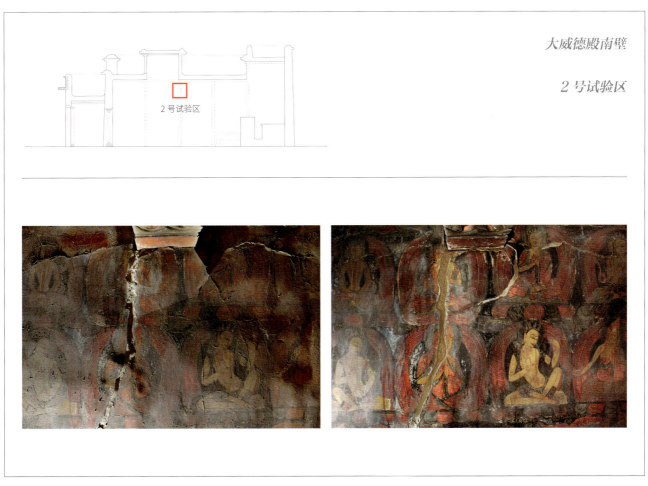

图 5-4-9 2号试验区壁画严重空鼓、变形修复前后比对

（图片均为侧光拍摄，可以看到修复后壁画凸起部位恢复至与周边壁画同一平面高度）

（4）历史加固的处理

谨慎去除了历史加固材料漫漶覆盖到原始壁画的部分，并对附近颜料层起甲、酥碱等病害进行了处理。历史加固的水泥层去除后，新补地仗色度、强度等指标均接近原始地仗，效果良好（图5-4-10）。

图5-4-10   3号试验区历史加固部位去除处理前后比对

（谨慎去除了历史加固材料漫漶覆盖到原始壁画的部分，对附近颜料层起甲、酥碱等病害进行了处理，并补做了局部新地仗）

（5）壁画裂缝、地仗脱落的修补加固

对壁画裂缝、地仗脱落边缘进行了加固处理，增加了地仗层、颜料层内聚力，有效降低了裂缝发育和地仗、颜料层进一步脱落的风险。新补地仗色度、强度等指标均接近原始地仗，效果良好。

（6）泥渍污染壁画的清理

壁画表面泥渍清理后画面清晰可辨，未造成颜料层损失，并对附近颜料层起甲病害进行了有效处理，效果良好（图5-4-11）。

图 5-4-11　5 号试验区泥渍污染壁画修复前后比对

（该区域壁画存在泥渍污染覆盖，颜料层起甲。图片均为侧光拍摄，修复前后的图片颜色发生变化，是因为壁面污染被清理后，修复后的图片看起来比修复前的鲜艳）

5. 试验结论与建议

（1）起甲壁画的修复

针对颜料层起甲的修复，建议采用物理性质稳定、渗透性能好的有机硅－丙烯酸乳液和黏结性好的丙烯酸乳液，根据起甲类型、程度的不同，可将两种乳液单独使用或者以不同配比混合使用。

对于颜料层连带细泥层起甲的壁画修复，建议要注意对起甲部位进行充分渗透。

试验材料充分渗透后，在颜料层回贴的过程中表面均有粘刀的现象，建议除尘过程中不能在起甲部位遗留尘土，否则会影响颜料层与地仗层的黏结效果，同时也会污染壁画表面。

修复过程中滚压加固的方向最好是从颜料层未裂口处向裂口处轻轻滚动，这样能将起甲部位内的空气排出，不会出现气泡，另一方面，颜料层也不会被压出褶皱。

对于酥碱部位颜料层起甲悬浮的壁画如果直接注射黏结剂回贴，就会使颜料层低陷，影响画面修复后的效果，因此这类起甲部位背面应填垫泥浆。

（2）地仗层酥碱的加固治理

针对地仗层酥碱部位的加固，建议采用物理性质稳定、渗透性能好的有机硅－丙烯酸乳液与黏结性好的丙烯酸乳液进行混合使用。

（3）壁画严重空鼓、变形部位的保护加固

建议在使用当地白土的同时添加一定量的黏结性好的澄板土（河床沉积黏土）作为填充剂，采用浓度不高于 10% 的丙烯酸乳液为主剂，材料配比、水灰比根据实际情况进行适当调整。

保护加固中使用的支顶板表面应进行软包处理，表面依次附细棉纸、脱盐吸水垫 KC–X60（2 ～ 3 层）。灌浆完成后的最初一周内，须每天更换脱盐吸水垫。

（4）历史加固的处理

对于历史加固的水泥材料，应予以去除，然后补做新地仗。对于较大面积的历史加固区域，考虑到壁画自重造成的安全风险，借鉴敦煌莫高窟第 16 窟壁画保护的成功经验，建议制作竹竿假墙，不仅可以起到对上部壁画支撑的作用，同时能够阻断由支撑体持水以及毛细现象带来的水分通路。

（5）壁画裂缝、地仗脱落的修补加固

针对用于壁画裂缝填补、地仗脱落部位加固填充以及地仗酥碱部位的替换材料，建议采用当地白土、阿嘎土的同时添加一定量的澄板土（河床沉积黏土）以增加内聚力，添加一定比例的沙子以增加材料的孔隙度，添加少量的当地黄土以降低干燥后的地仗色度，可根据各殿（洞）实际情况对材料配比进行适当调整，用丙烯酸乳液调制成泥。

（6）泥渍污染壁画的清理

针对壁画的泥渍污染，采用纯净水物理清理的方法。因清理过程中会用到水，所以要注意清理后的监测，防止壁画发生颜料层起甲现象。

（7）梁头下方锯缝

因殿堂顶部承重或震动，使梁和壁画交接处普遍存在裂缝、空鼓、变形等病害，为缓冲建筑结构自重压力和顶部震动对下部壁画带来的损伤，建议对梁头与壁画连接处进行锯缝处理。

（8）对保护材料的要求

为避免保护过程中带入盐分，保护实施中用到的水均须使用纯净水，修复用土均需进行脱盐处理。

（9）对保护效果的要求

严格把控壁画保护工艺，坚持最小干预的保护原则，尽可能避免过度修复的情况发生。根据《中国文物古迹保护准则》（2000 年）第二十三条："正确把握审美标准。文物古迹的审美价值主要表现为它的历史真实性，不允许为了追求完整、华丽而改变文物原状。"在壁画保护过程中，所有工作必须坚持不改变原状、最低限度干预、使用恰当的保护技术、防灾减灾的基本原则。

壁画具有重要的历史和艺术价值，是具有独创性的艺术品，对已缺失部分的复原难以重现壁画的原有艺术价值，而且有可能由于复原者的理解影响壁画整体的真实性。因此，建议在古格遗址壁画保护的实施中不对画面缺失部分进行任何形式的复原。

根据前期研究的结果，使用了与原始制作材料相近的土修补壁画地仗，修补后的地仗颜色发白，虽然色度非常接近原始地仗，但与壁画的色调反差较大，参观者进入殿堂首先注意到的是没有画面的地仗部分。所以，建议对壁画裂缝填补、地仗脱落部位的新补地仗，进行视觉压色处理。

第六章

保护实施

第一节   古建施工过程中壁画处置预案

一、预案介绍

1. 编制目的

西藏阿里古格遗址于 2011 年开始实施古建维修，为防止在古建施工过程中对殿洞内壁画造成损失，最大限度地减少古建维修对壁画造成的影响，在发生壁画脱落或破损的情况后，能够积极有效地组织抢救，预先制订科学合理并具有可操作性的处理措施，特制订了《西藏阿里古格遗址古建施工过程中壁画处置预案》。

2. 编制原则

《西藏阿里古格遗址古建施工过程中壁画处置预案》的制订，严格遵守《中华人民共和国文物保护法》《中国文物古迹保护准则》《文物保护工程管理办法》等法律法规，遵从《西藏阿里古格遗址壁画保护修复方案》，结合古格遗址建筑本体与壁画的实际情况，以确保壁画安全为目标，密切监测，贯彻"安全第一、防救结合"的原则，保证预案的实用性和可操作性。

3. 适用范围

此预案适用于古格遗址古建维修过程中的度母殿、大威德殿、白殿、红殿。

二、风险评估

结合待施工殿堂的壁画保存现状，进行风险评估，并对存在风险的壁画进行风险级别的划分（表6-1-1）。

表 6-1-1   壁画风险级别划分

风险级别	危险程度	表现性状
I	极为危险	发生渗水现象或壁画有贯通裂缝，地仗已脱离墙体
II	危险	壁画有贯通裂缝，地仗存在空鼓
III	较为危险	壁画有未贯通裂缝，地仗存在空鼓
IV	一般危险	壁画有未贯通裂缝

三、监测预警

1. 监测内容

古建维修施工过程中，应对各个风险级别的壁画进行密切监测，尤其针对大梁、椽头、门窗附近的壁画，监测渗水、颜料层起甲、壁面裂缝、地仗空鼓等信息，看由施工过程中产生的震动是否会造成壁画风险级别的上升。

2. 预警内容

古建维修施工过程中，屋顶是否发生渗水现象；壁画表面是否产生新的裂缝；裂缝长度是否发生变化；未贯通裂缝是否贯通；地仗空鼓范围是否扩大；壁画风险级别是否上升；是否可能发生壁画脱落等。

3. 预警启用时机

古建维修施工过程中，应派专人负责监测预警。

当发现壁面产生新的裂缝，裂缝长度发生变化，应发布预警信息。

当发现未贯通裂缝发生贯通，地仗空鼓范围发生扩大，应发布预警信息。

当发现壁画风险级别上升至Ⅰ级，即壁画表面裂缝已贯通，地仗已脱离墙体，应发布预警信息。

当发现有渗水现象，应启动Ⅰ级风险响应，发布预警信息。

四、处置方法

（1）在古建维修施工前，对壁画上部与屋面接触处进行锯缝处理，缝隙宽约1厘米，深度至墙体，以避免建筑构件对壁画造成的压力。

（2）在古建维修施工前，须对Ⅰ、Ⅱ级风险的壁画进行支护。对于已经与墙体分离的壁画残块，应由壁画保护专业人员小心取下，壁面向下置于壁板上，存档并入库封存。

（3）古建维修施工过程中，当发现壁面产生新的裂缝，裂缝长度发生变化时，应上报文物主管部门，并要求施工单位引起重视。

（4）古建维修施工过程中，当发现未贯通裂缝发生贯通，地仗空鼓范围发生扩大，应上报文物主管部门，并根据地仗空鼓范围采取一定措施防护。

（5）当发现壁画风险级别上升至Ⅰ级，即壁画表面裂缝已贯通，地仗已脱离墙体，必须马上停止施工，并对壁画进行相应处理 [参照第 2 条]。

（6）古建维修施工过程中，若发生壁画脱落的突发事件，应由壁画保护专业人员将所有壁画残块进行收集、拼接，壁面向下置于壁板上，存档并入库封存。拼接过程不得使用胶结材料。

（7）古建维修施工过程中，若发生渗水现象，应调整古建维修施工方案，并对壁画进行相应处理。

（8）古建维修施工过程中，应对壁画表面进行防尘处理，不建议使用材质较硬的防尘材料以及将防尘材料直接接触壁画。

第二节 档案建设

一、建设方法

1. 图纸绘制

为便于研究，古格遗址的各类图纸，包括壁画的病害图纸，均利用电脑绘制。壁画病害分布区域都是不规则形状，利用电脑软件，可以更加精确地进行各类病害面积的统计，但这种绘制方式对各类数据的测量获取提出了更高的要求。

首先在各个壁面建立平面直角坐标系，一般情况均采用壁面与地面交界线作为横坐标轴，壁面左侧边界线作为纵坐标轴，左侧边界线与地面的交点作为坐标原点（0，0），原点以右为正坐标，以1米为一个

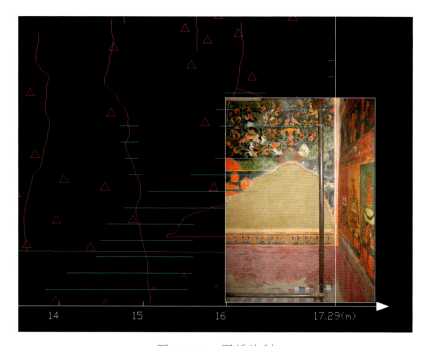

图 6-2-1 图纸绘制

单位。实际测量中以厘米为单位，所以图纸绘制均精确到了厘米。

所有数据均以平面直角坐标系的点坐标方式采集（X，Y），同时利用软件将壁画正面图片缩放至实际尺寸，然后在图片上进行病害的描绘。以体量最大的红殿为例（图6-2-1），北壁长17.29米，根据测量数据抽样比对，图纸绘制误差均不超过3厘米，经过计算：

$$d = \triangle \div L \times 1000‰ = 3 \div 1729 \times 1000‰ = 1.7‰ \text{（ d：相对误差，} \triangle \text{：绝对误差，L：总长）}$$

所以古格遗址壁画保护项目所绘制的图纸相对误差均小于2‰。

2. 区域划分

每一个壁面，以1米×1米的规格进行区域划分，并对各个区域进行命名，从下至上依次以英文大写字母顺序（A，B，C，D……）命名，从左至右依次以阿拉伯数字顺序（1，2，3，4……）命名。如此一来，壁面的每一部分都有了具体的名称，例如B3区，就是距离地面1～2米、距离左侧边界线2～3米的区域范围，C6区是距离地面2～3米、距离左侧边界线5～6米的区域范围（图6-2-2）。采用这种区域名称对壁画进

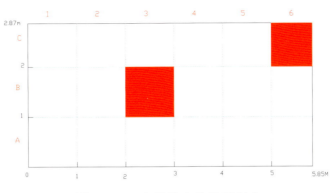

图 6-2-2　度母殿东壁区域划分

（左侧红色色块为B3区，右侧红色色块为C6区）

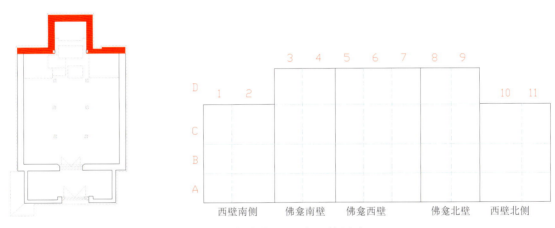

图 6-2-3　大威德殿西壁区域划分

（左图为大威德殿平面图，红色区域为西壁及佛龛位置，右图为西壁及佛龛拉伸延展后的区域划分）

行描述，相比之前传统描述方法更加方便简洁且清晰准确，而最为重要的作用是便于对保护实施中获取的海量图片进行归类建档。

大威德殿西壁有一佛龛，鉴于殿堂体量不是太大，将西壁及佛龛内的各个壁面采取拉伸延展在同一个平面中的方式进行区域划分（图6-2-3）。

3. 照片拍摄

古格遗址的照片拍摄内容主要包括遗址景观、建筑内外景、壁画三个方面，保护实施中的壁画拍摄工作则是重中之重。壁画拍摄分为前期研究、现状调查、实施过程、修复后四个阶段，现状调查和修复后的拍摄工作最为繁重，要求对壁面进行地毯式的扫描拍摄，每个部位都要兼顾正光、侧光条件。对修复后的壁画拍摄要求则更为严格，必须和现状调查拍摄时的拍摄范围、光线条件完全一致，这就要求工作人员在进行修复后的壁画拍摄工作时，根据现状拍摄时的工作记录，对照现状照片不断调整拍摄位置和照明角度（图6-2-4）。拍摄完成后对照片的色度、亮度等不得进行任何形式的调整，以便对修复前后进行比对。

对拍摄照片进行归类保存，按照各个殿堂（洞窟）建立子目录，内容主要包括建筑内外景、附属文物照片（如望板彩绘）、价值评估类照片、前期试验照片、项目实施前壁画的现状照片、体现实施过程的修复中照片以及修复后的照片。现状照片和修复后照片的文件夹按照壁面方位进行分类，并配备详细的文字目录，修复中照片按照不同病害类型进行分类。

4. 环境监测

环境监测工作贯穿前期研究、项目实施的整个过程，采用 HOBO U23（HOBO Pro v2）系列传感器，数据采集时间间隔不大于 30 分钟。累计监测时长 129 600 小时，共收集数据 1 528 800 个。通过各类函数计算，统一数据格式，利用计算机进行数据分析处理（图 6-2-5），结合收集的各类资料、病害调查等信息，完成外部环境、殿堂内部、洞窟内部环境监测数据的分析比对研究，为保护实施提供环境数据支持。

图 6-2-4　壁画修复后的照片拍摄　　　　　　图 6-2-5　环境监测数据分析

二、档案结构

壁画保护修复工作的管理与档案的建立，采取文字与图片相结合的方式，进行数字化录入。壁画保护项目档案主要由原始资料、项目实施对象——殿堂（洞窟）的壁画保护档案、工作人员的工作档案三个部分组成（图 6-2-6）。这三个组成部分的内容互有重复，根据不同需要可进行检索，并可互相印证，以确保资料的真实性。

1. 原始资料

按照资料的获取时间建立原始资料档案（图 6-2-7），包括文献记载、现场文字记录、环境数据、保护材料数据、图像、图纸等资料。利用资料获取的时间对各类资料进行命名，既可确保文件名永不重复，也可通过日期方便检索。

2. 个人工作档案

根据保护修复人员的不同分工，建立现场参与保护人员的个人工作档案（表 6-2-1）。工作人员每天都要填写这份档案表，档案名称即档案编号由时间和工作人员的姓名缩写组成，这种命名方式可确保每份档案

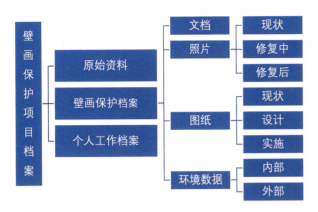

图 6-2-6　壁画保护项目档案结构图

图 6-2-7　红殿的原始资料档案

都不会发生重名现象。档案记录的内容包括日期、工作人员姓名、工作的殿堂或洞窟名称、壁面、具体的工作区域，当天上午和下午的温度、湿度，所做的工作内容，例如处理的病害类型或处理方法，以及使用的材料和配比。

保护实施过程中，我们允许工作人员根据壁画的病害程度、操作条件、环境条件等因素的综合考量，可以对保护修复材料配比进行适当的调整，所以古格遗址的壁画保护材料并不是千篇一律的配比。个人工作档案的建立，真实、客观、科学地记录了项目团队对壁画病害的干预材料与方法，有助于将来的研究人员或保护人员了解这段保护过程，从而为未来的保护干预提供翔实的资料。

3. 殿堂（洞窟）壁画保护档案

殿堂或洞窟的壁画保护档案是整个保护档案中最庞大、最复杂的体系，它将原始资料、个人工作档案中不同格式的资料、图片等内容根据殿堂（洞窟）名称、各个壁面、区域划分进行了归类，并建立档案目录。壁画保护档案的表格分为四个类型：

（1）殿堂（洞窟）概况

这个类型的表格内容包括殿堂（洞窟）保存概况、环境特征、壁画面积的汇总（表 6-2-2）。

（2）价值评估

这个类型的表格内容包括殿堂（洞窟）的价值评估以及壁画的价值评估的介绍（表 6-2-3）。

（3）各个壁面的信息

这个类型的表格内容包括各个壁面的保存现状、病害类型、病害分布、病害面积统计的信息（表 6-2-4）。

（4）各个区域的信息

这个类型的表格内容包括壁面每个区域的壁画内容、病害类型、保护处理方式、干预时间、人员、使用的工具或材料的详细记录（表 6-2-5）。

表 6-2-1 古格遗址个人工作档案表

档案编号：G20120715TW

日期	2012 年 07 月 15 日		人员	唐伟	
殿堂名称	红殿		位置		
壁面	东壁		区域	B3	
环境	T= 21 ℃	T= 18 ℃			
	RH= 30 %	RH= 34 %			
工作内容	裂缝修补		材料	阿嘎土：黄土：沙 =3 ：2 ：1，4% 丙烯酸乳液	
	起甲保护加固			2% 硅 - 丙乳液：2% 丙烯酸乳液 =1 ：1	
	空鼓注浆			白土：阿嘎土：澄板土 =3 ：2 ：1，主剂为 5% 丙烯酸乳液	
备注					

表 6-2-2　古格遗址壁画保护档案表 1

档案编号：B2012GDM-001

殿堂名称	度母殿	位　置	东南角斜坡的小平台
概　况			卓玛拉康为藏语音译，意为度母殿，位于古格遗址东南角斜坡的小平台上，西距白殿（拉康嘎波）约 20 米。 　　该殿由方形殿堂和门廊组成。方形殿堂为土木结构平顶藏式建筑，门向北偏东 50°，殿内面积 33.64 平方米（5.8 米 ×5.8 米），净高 2.8 米。墙体为土坯砌筑，外壁通涂土红色颜料，墙厚 0.4 米。 　　殿内对称排列 4 柱，柱截面为方形，柱头呈斗状，柱头上置外轮廓略呈梯形的替木，柱身高 2.04、柱截面边长 0.14、柱头斗高 0.19 米，替木高 0.34、宽 1.22 米。屋顶正中开一个方形天窗，天窗边长 0.8 米，高 0.5 米。殿内后壁原有塑像及座，现均不存。
环　境			
	古格遗址度母殿所在为高原亚寒带季风半湿润、半干旱气候，每年 10 月至 4 月地面受冷高压控制，干旱多大风，低温少雨雪；5 月至 9 月，受西南季风支配，雨量集中。年降雨量约 65 毫米左右，且多集中在 7 月至 8 月，成为土壤侵蚀的重要因素。年均温度 3℃，最热月 7 月为 13.7℃，最冷月 1 月 -10℃左右。年日照数约 3500 小时，大于 0℃的天数约 230 天，大于 10℃的天数约 110 天左右。霜期达 235～241 天，冰雹多。		
壁画面积	63.78m²		

表 6-2-3　古格遗址壁画保护档案表 2

档案编号：B2013GDM-001

度母殿价值评估	
科学价值	墙体下部宽、上部窄，墙体收分角度一般在 5° 左右，建筑物重心下移，保证了建筑物的稳定性。墙体上部用一种当地生长的边玛草做一段墙，既减轻了墙体的荷载，又有很好的装饰效果。这些都对藏式传统建筑起到了很好的坚固和稳定的作用，提高了建筑物的安全性和抵御自然灾害的能力。度母殿建筑对研究藏式建筑形式和功能具有较高的科学价值。
历史价值	殿内对称排列四柱，柱截面为方形，柱头呈斗状，四周浮雕忍冬卷草纹，下部雕联珠纹。柱头上置外轮廓略呈梯形的替木，替木正、反两面浮雕大致相同的图案，正中为一矩形框，框内刻梵文"十相自花"字母组合图案，框两侧为对称图案，上部为一仰莲瓣纹条带，下部为两两相背的忍冬卷草纹。雕刻技法兼用镂、剔，刻工精细，技艺娴熟。度母殿建筑内的木雕具有很高的历史和艺术价值。
艺术价值	
壁画价值评估	
历史价值	度母殿南壁东侧绘有宗喀巴像，题名尊称"宗喀巴"，而非"杰·罗桑扎巴"或"罗桑扎巴法王"，并有二弟子像，这完全是格鲁派势力在西藏佛教各派中脱颖而出占主导地位以后的做法。所以度母殿的壁画应该绘于 16 世纪中叶以后，是古格遗址最晚的壁画，对研究格鲁派与古格王国之间关系具有较高的历史价值。
科学价值	度母殿中绘有佛传故事。依汉地佛籍，佛传主要为"八相成道"，具体包括下生兜率、降母胎、出家、诣道场、降魔、成等正觉、转法轮、示涅槃等；依藏地佛籍则为"十二事业"，具体包括从兜率天下降、入胎、诞生、学书习定、婚配赛艺、离俗出家、行苦行、誓得大菩提、降魔成佛、转法轮、度化其母从天降临、示涅槃等。度母殿中的佛传故事均以"十二事业"为脚本，加上诸事业中的许多细节，以连环画的形式绘成分幅长卷。 度母殿壁画对研究藏传佛教典籍具有较高的科学价值。
艺术价值	从壁画制作技法来看，度母殿的壁画与古格早中期壁画相比变化较大，很可能间接受到汉地影响，早期丰富多彩的造像背景到此时只剩下两种形制，人物造型完全程式化，线条虽还流畅但风格已有变化，新出现的沥粉技法，已经比较接近卫藏地区明清时期的壁画。 度母殿东壁绘有三佛，佛两侧的侍立菩萨姣美妩媚，极具特色。 度母殿的壁画对研究古格遗址绘画艺术具有极高的艺术价值。

表 6-2-4　古格遗址壁画保护档案表 3

档案编号：B2013GDM-101

殿堂名称	度母殿	位 置	
区 域	北壁		
保存现状		北壁壁画可分为 4 层。第一层紧靠殿内顶，绘二方连续垂幕纹一周。第二层为壁画主体部分，门西侧绘两尊金刚大像，近门的一尊可辨为阎摩，近墙角者难以看清；门东侧亦绘两金刚，近门者为马头明王，近墙角者不可详辨。第三层门两侧均绘有护法金刚、力士、吉祥天女等小像。第四层为壁画最下层，绘一整二破菱形海螺二方连续条带纹绕殿一周。第四层以下均涂土红色颜料。	
病害类型		颜料层起甲、颜料层脱落、壁面错位、地仗空鼓、地仗脱落、壁画开裂、壁面污染、历史修复痕迹造成的病害等。	
病害分布	整壁裂缝数条，距西壁 1 米处有纵向裂缝 1 条，从顶部贯通至底部，并且错位严重，是墙体下沉引起壁面错位。整壁颜料层局部脱落，整壁零星起甲，局部起甲严重。整壁大面积空鼓，门上部空鼓严重，门西侧局部有地仗脱落，周边空鼓严重。梁头下部多处有地仗脱落。		

病害面积 /m²	起甲	壁画开裂	空鼓	酥碱	污染	历史加固	小计
	1.22	0.76	1.88	0	0.20	0	4.06

表 6-2-5   古格遗址壁画保护档案表 4

档案编号：B2012GDM-4B1

殿堂名称	度母殿	位　置	北壁
区　域	B1		
壁画内容		天王（局部）	
病害类型	裂缝、错位、空鼓	病害程度	

工作内容	工作时间	参与人员	工具或材料
裂缝填补	2012 年 5 月 24 日 至 2012 年 6 月 21 日	马宾	白土：阿嘎土：沙：黄土 =3：2：2：1 4% 丙烯酸
壁画整形	2012 年 5 月 24 日 至 2012 年 6 月 21 日	黄伟	白土：阿嘎土：澄板土 =3：2：1
空鼓灌浆	2012 年 5 月 24 日 至 2012 年 6 月 21 日	唐伟	白土：阿嘎土：澄板土 =3：2：1 5% 丙烯酸

第三节 保护修复措施

一、颜料层起甲的保护加固

1. 保护加固材料

采用物理性质稳定、渗透性能好的有机硅－丙烯酸乳液和黏结性好的丙烯酸乳液，根据起甲类型、程度的不同，将两种乳液单独使用或者以不同配比混合使用。

受殿（洞）内温湿度条件、颜料层薄厚不同等多种因素影响，对壁画颜料层起翘部位或地仗进行渗透的难易程度会有差别。若壁画颜料层起翘部位或地仗难以渗透，则采用硅－丙乳液，或提高了硅－丙乳液比例的混合乳液；若壁画颜料层起翘部位或地仗渗透性好，则采用丙烯酸乳液，或提高了丙烯酸乳液比例的混合溶液。

2. 保护修复工艺

用注射黏结剂的办法，增加颜料层和地仗层的黏结力，达到回贴颜料层的目的。

a. 修复前用小毛刷和洗耳球将起甲颜料层的背部及表面的尘土清除干净（图6-3-1）。

b. 用注射器将黏结材料沿起甲的裂口注射到起甲颜料层的背部，使之与地仗渗透，每个部位视病害的程度注射渗透2～3遍（图6-3-2）。

c. 待黏结材料的水分被地仗层吸收后，用修复刀将起甲颜料层贴回地仗原位（图6-3-3）。白殿壁画的起甲修复在这个步骤还需进行低温加热，让起甲部位快速干燥。

d. 用白色绸缎包脱脂棉扎绑的棉球，对起甲部位进行滚压加固，使颜料层和地仗层进一步结合牢固（图6-3-4）。白殿颜料层较薄，这个步骤过程中还采用了浓度为1%的硅－丙乳液，均匀地在起甲部位表面喷涂一遍，以增加其强度。

图 6-3-1 除尘

图 6-3-2 渗透

图 6-3-3 回贴

图 6-3-4 加固

图 6-3-5　剔除酥碱地仗

图 6-3-6　补做新地仗

图 6-3-7　吸水脱盐处理

二、地仗层酥碱的加固治理

1. 保护加固材料

渗透加固材料采用浓度为 2% 的丙烯酸乳液；新补地仗用当地白土、阿嘎土、沙、黄土，按质量比为 3 : 2 : 2 : 1 进行混合，用 5% 丙烯酸乳液调制成泥。

2. 保护工艺

a. 剔除地仗层发生粉化的部分，并让墙体水分充分挥发（图 6-3-5）。

b. 用注射器对酥碱部位的地仗层和颜料层注射渗透加固材料，以提高地仗层和颜料层的内聚力，一般渗透 3 ~ 4 次，直至完全渗透，用木制修复刀施力加固。

c. 补做新地仗，并做旧（图 6-3-6）。

d. 待酥碱壁画渗透加固完毕后，立即用固定在脚手架上的可调丝杆将附有细棉纸、脱盐吸水垫 KC-X60（2 ~ 3 层）的支顶板支顶在加固后的壁画表面，进行吸水脱盐处理（图 6-3-7）。

三、空鼓壁画的保护加固

1. 保护加固材料

渗透加固材料采用浓度为 2% 的丙烯酸乳液；灌浆加固材料采用浓度为 5% 的丙烯酸乳液为主剂，用当地白土、阿嘎土与澄板土为填充剂，质量比为 3 ：2 ：1，粒度为 150 ~ 300μm，水灰比为 0.70 ：1（表 6-3-1）。

在保护期间，每天要制作试块，观察其性状，以确保灌浆加固材料的前后一致性（图 6-3-8、6-3-9）。

针对空鼓壁画，对需要锚固补强的部位采用了木质锚杆进行锚固（图 6-3-10）。

表 6-3-1　灌浆加固材料配比表

主剂（w/w）	填充料比例（w/w）	水灰比（w/w）
5% 丙烯酸	白土 ：阿嘎土 ：澄板土	0.70 ：1
	3 ：2 ：1	

图 6-3-8　配比材料

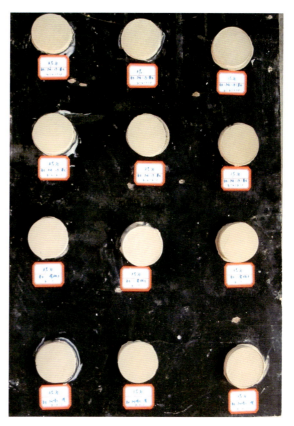

图 6-3-10　木质锚杆　　　　　图 6-3-9　灌浆加固材料试块比对

2. 保护工艺

（1）灌浆加固

a. 配浆。采用天平准确称取灌浆加固材料的各个组分（图 6-3-11），混合搅拌，时间不少于 20 分钟。

b. 埋设注浆管。根据壁画空鼓的情况，利用壁画开裂处，向不同的方向插入注浆管（图 6-3-12）。

c. 支顶。用铺有 2 ～ 3 层吸水纸的壁板支顶空鼓壁画表面（图 6-3-13）。

d. 灌浆。先注射适量（约 20 毫升）的 2% 丙烯酸乳液，渗透加固地仗层。然后注入浆液，随时检查浆液流向以及灌浆填充效果（图 6-3-14）。每天更换两次吸水纸，以加快壁画地仗干燥速度。

e. 封孔。浆液凝固后，用 2% 丙烯酸溶液加固孔边，用和原地仗层相近的材料填补注浆口。

图 6-3-11　配浆

图 6-3-12　埋设注浆管

图 6-3-13　支顶

图 6-3-14　灌浆

（2）锚固

a.选取适当位置的注浆孔，或在空鼓壁画的适当位置开一个直径为 2、深 15 厘米的圆孔。

b.用 10 毫升左右、浓度为 2% 的丙烯酸乳液渗透孔内支撑体。

c.待孔内丙烯酸乳液稍干后，将泥浆注入孔内。

d.植入锚杆（图 6-3-15），使锚杆头部低于壁画表面约 5 毫米。

e.封孔。用浓度为 2% 的丙烯酸乳液加固孔边，用和原地仗层相近的材料填补孔洞，使其与壁画在同一平面。

图 6-3-15　植入锚杆

四、壁画严重空鼓和变形部位的保护加固

对壁画严重空鼓并发生变形的部位主要采用支顶整形、灌浆加固的方法，局部严重区域则采用揭取整形再回贴的方法。

1. 加固材料

渗透加固材料采用 1.5% ~ 8% 多种不同浓度的丙烯酸乳液；灌浆加固材料与空鼓壁画的灌浆加固材料相同；壁画揭取回贴时采用澄板土、阿嘎土按质量比 1∶1 制作软泥。

图 6-3-16　空鼓错位壁画的整形处理

2. 保护工艺

（1）支顶整形

a.用洗耳球、软毛刷清除壁画表面的尘土和污物。

b.清理变形壁面背面散落的碎石和土块。

c.利用支顶架对壁画表面进行支顶，根据支顶壁画时的受力方向，在壁面谨慎分配壁板。

d.选用浓度为 1.5% ~ 3% 的丙烯酸乳液对壁画错位背部进行注射渗透。

e.调节支顶架，对错位壁画进行支顶复位，并根据复位情况不断调整支顶点数量及支顶力量（图 6-3-16）。

f.利用壁画开裂部位把注浆管插入壁画与支撑体的空隙中，注浆管可根据空鼓部位的情况调整。

g.用接近原地仗的材料填补壁面裂缝。

h.用注射器先注射适量（约 20 毫升）的浓度为 2% 的丙烯酸乳液，渗透加固地仗层。注入浆液，随时检查浆液流向以及灌浆填充效果。

i. 用带有保护层的顶板把脱盐吸水材料支顶到壁画表面，每天更换两次吸水纸，加快壁画地仗干燥速度的同时达到脱盐目的。

j. 干燥后，取下支顶架，用和原地仗层相近的材料填补注浆口。

（2）揭取整形再回贴

a. 用洗耳球清除裂缝及损伤部位表面的尘土和污物。

b. 用 3% 丙烯酸乳液加固壁画颜料层和破损部位。

c. 用大小、强度适中的壁板支顶待揭取壁画部位。

d. 清理壁画背面杂物，谨慎揭取壁画变形部位。

e. 清理揭取部位壁画的背面，减薄地仗层至 2～3 厘米厚，然后用 8% 丙烯酸乳液加固地仗（渗透 2～3 遍），放置在阴凉通风处干燥（图 6-3-17）。

f. 用澄板土、阿嘎土质量比为 1∶1 的混合土制作较软的泥，根据周围壁画的地仗厚度涂抹适量的泥在揭取部位的支撑体上。

g. 将加固好并已干燥的壁画根据画面位置进行回贴。

h. 壁画回贴后，小心调整画面，并用修复刀将其周围多余的泥刮去，进行支顶（图 6-3-18）。

i. 待干燥后将回贴壁画周围裂缝修补。

图 6-3-17 揭取壁画后对背面进行清理、加固

图 6-3-18 回贴支顶

五、历史加固的处理

对于历史加固的水泥材料，对其采用去除的处理方法，然后补做新地仗。

红殿存在较大面积的历史加固区域，去除历史加固材料后，上部壁画因自重存在一定风险；南壁墙体外侧有较大体量的山体堆积，山体和墙体都具有较好的持水性，如果大面积补做新地仗，仍然不能解决墙体向殿内输送水分以及墙体下方因毛细现象水分爬升的问题。综合上述因素，项目团队借鉴敦煌莫高窟第16窟壁画保护的成功经验，制作了竹竿假墙，不仅起到了对上部壁画支撑的作用，同时阻断了由毛细现象带来的水分通路。因竹竿假墙与墙体之间存在空间，即便降雨过后山体或墙体持水，其水分只会影响竹竿假墙部分，而把对壁画造成的影响降到了最低。

1. 加固材料

新补地仗采用当地白土、阿嘎土的同时，添加了一定量的澄板土（河床沉积黏土）以增加内聚力，添加一定比例的沙子以增加材料的孔隙度，添加少量的当地黄土以降低干燥后的地仗色度，用丙烯酸乳液调制成泥。根据各殿（洞）实际情况对材料配比进行了适当调整（表6-3-2）。

表 6-3-2　古格遗址地仗制作材料配比表

序号	殿堂名称	材料	配比
1	度母殿	白土：阿嘎土：沙：黄土	3：2：2：1
		丙烯酸乳液	≤ 4%
2	坛城殿	白土：阿嘎土：沙：黄土	3：2：2：1
		丙烯酸乳液	≤ 5%
3	大威德殿	阿嘎土：沙：黄土	2：2：1
		混合乳液	≤ 5%
4	红殿	阿嘎土：沙：黄土	3：2：1
		丙烯酸乳液	≤ 4%
5	白殿	黄土：沙	2：1
		丙烯酸乳液	≤ 5%

2. 保护工艺

a. 谨慎去除历史加固材料漫漶覆盖到原始壁画的部分（图 6-3-19）。

b. 去除历史加固材料以及附近发生酥碱的壁画地仗，让内部水分充分挥发（图 6-3-20）。

c. 补做泥质地仗。红殿在此步骤先制作竹竿假墙，再敷以泥质地仗（图 6-3-21、6-3-22）。

d. 对历史加固边缘与壁画结合处的起甲、酥碱进行处理。

图 6-3-19　去除覆盖到原始壁画的历史加固材料

图 6-3-21　制作竹竿假墙

图 6-3-20　去除历史加固材料

图 6-3-22　竹竿假墙表面敷以泥质地仗

六、壁画裂缝、地仗脱落的修补加固

1. 加固材料

地仗脱落的修补与补做新地仗的材料一样，采用当地白土、阿嘎土的同时，添加了一定量的澄板土（河床沉积黏土）以增加内聚力，添加一定比例的沙子以增加材料的孔隙度，添加少量的当地黄土以降低干燥后的地仗色度，用丙烯酸乳液调制成泥。根据各殿（洞）实际情况对材料配比进行了适当调整（表6-3-3）。

表 6-3-3　古格遗址地仗脱落填充材料配比表

序号	殿堂（洞窟）名称	材料	配比
1	度母殿	白土：阿嘎土：沙：黄土	3：2：2：1
		丙烯酸乳液	≤ 4%
2	坛城殿	白土：阿嘎土：沙：黄土	3：2：2：1
		丙烯酸乳液	≤ 5%
3	依怙洞	白土：阿嘎土：沙：黄土	3：2：2：1
		丙烯酸乳液	≤ 5%
4	大威德殿	阿嘎土：沙：黄土	2：2：1
		混合乳液	≤ 5%
5	红殿	阿嘎土：沙：黄土	3：2：1
		丙烯酸乳液	≤ 4%
6	白殿	黄土：沙	2：1
		丙烯酸乳液	≤ 5%

红殿的裂缝修补材料采用阿嘎土：当地黄土：沙 =3：2：1或当地黄土：沙 =2：1，用浓度为3% 至5%的丙烯酸乳液调制成泥；白殿的裂缝修补材料采用当地黄土：沙 =2：1，用浓度为4% 的丙烯酸乳液调制成泥；其他殿（洞）的裂缝修补材料与地仗脱落的修补材料相同。

对修补材料制作了试块，观察其颜色、性状，以确保使用后不易开裂，与原始地仗色度、强度一致（图6-3-23）。

2. 保护工艺

a. 用洗耳球清除裂缝及损伤部位表面的尘土和污物。

b. 用注射器将浓度为2% 的丙烯酸溶液沿裂缝两侧或地仗边沿进行渗透加固。

c. 用修复刀将泥填入裂缝或地仗缺失部位，轻轻刮去表面多余的泥浆，再压平。待稍干后，用修复刀抹平表面（图6-3-24）。

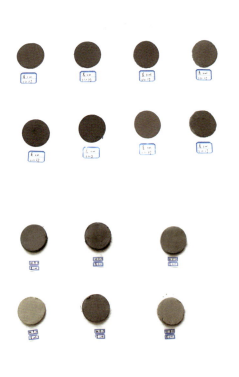

图 6-3-23　修补地仗试块比对　　　　　图 6-3-24　裂缝填补

七、污染壁画的清理

1. 保护材料

丙酮，纯净水。

2. 保护工艺

a. 用纯净水滴渗污物表面，软化污物，难以软化的污物采用丙酮渗透。

b. 用软毛刷和修复刀仔细剔去壁面附着较厚的污物。

c. 用脱脂棉球蘸取纯净水擦去壁面污物（图 6-3-25）。

图 6-3-25　清理污染

八、梁头下方的锯缝

因殿堂顶部承重或震动，使梁和壁画交接处普遍存在裂缝、空鼓、变形等病害，为缓冲建筑结构自重压力和顶部震动对下部壁画带来的损伤，对梁头与壁画连接处进行了锯缝处理。

1. 保护材料

浓度为 3% 的丙烯酸乳液。

2. 保护工艺

a. 用浓度为 3% 的丙烯酸乳液对梁头与壁画交接处进行注射渗透。

b.用钢锯条在梁头连接处开缝，缝宽控制在1厘米以内（图6-3-26）。

c.再次用3%的丙烯酸乳液沿缝隙两侧进行渗透加固。

九、新补地仗的视觉压色处理

保护实施中存在多处大面积的地仗修补区域，根据前期研究结果，使用了与原始制作材料相近的土对壁画地仗进行修补。修补后的地仗颜色发白，虽然色度非常接近原始地仗，但与壁画的色调反差较大，影响了壁画的视觉体验。依据《中国文物古迹保护准则》等法律法规对保护工作的相关要求，不能对画面缺失部分进行复原，最初的试验中想通过添加色度较低的黄土来降低新补地仗的色度，但过量黄土的使用会降低地仗强度，视觉效果也不理想，不足以达到压色目的。经过认真研究并综合多方面因素考量，项目团队最终决定对新补地仗与周边壁画色调反差较大的区域，采用调配颜料并涂刷在新补地仗表面的方法来达到压色目的。这种方法不仅严格遵守了相关法律法规和保护原则，在使用了与原始制作材料相近材料的同时，更具有良好的可操作性，从视觉上降低了新补地仗与壁画的色调反差。

1.保护材料

因人工合成颜料色彩过于艳丽，容易老化或变色，所以采用性质稳定的土红、石青、石绿等矿物颜料进行调配。

2.保护工艺

a.通过电脑模拟，根据画面整体色调，选取适当的色彩。

b.用土红和少量矿物颜料进行配色。

c.原始壁画颜料层边缘采取遮挡处理，将调配好的颜料谨慎地涂抹于裂缝、地仗脱落修补材料的表面（图6-3-27）。

图6-3-26 梁头锯缝

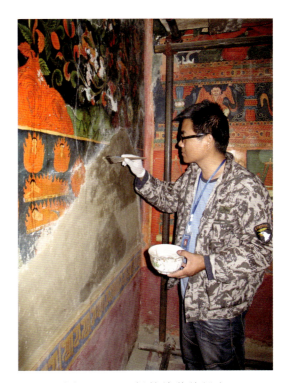

图6-3-27 新补地仗的压色

第四节   保护实施成果

一、度母殿

根据前期调研结果，度母殿壁画是古格遗址现存壁画中的晚期作品。鉴于晚期绘制的壁画与敦煌研究院之前完成保护修复的萨迦寺部分殿堂的壁画属于同一时期，壁画原始制作工艺也较为接近，项目团队中的大多数成员都参与过萨迦寺壁画的保护修复工作，对这种原始制作工艺较为相近的壁画能够尽快地适应。工作人员从内地进入高原，身体需要一个适应过程，度母殿位于古格遗址的低处，相较于其他 5 个殿堂（洞窟），度母殿海拔更低，工作人员能更快地进入工作状态。综合上述因素，项目团队选择度母殿壁画作为整个项目开展的第一个保护对象。

度母殿壁画保护的实施进一步验证了设计方案以及前期研究制订的保护措施的可行性，通过在度母殿保护实施过程中发现问题，对保护实施结果进行归纳总结，进一步优化保护修复程序及施工工艺，为后续项目的实施积累了大量经验。

图 6-4-1   壁画现状拍照

图 6-4-2   工作人员搭设工作平台

2012 年 5 月 22 日进入度母殿开始现场工作，首先开展了详细的现状调查工作（图 6-4-1）。

东壁由第一组工作人员负责保护实施，南壁、北壁由第一、第二组工作人员共同保护实施，西壁由第二组负责保护实施。

修复距离地面 2 米以上的壁画时，需要搭设脚手架，由于度母殿空间狭小，所以采用移动简易架结合局部钢管搭设工作平台（图 6-4-2）。

根据前期研究和现场试验结果，对各类保护加固材料进行了制备（图 6-4-3、6-4-4）。

在对空鼓壁画保护中，注浆管的埋设最大限度地利用了灌浆孔或裂缝，尽量在同一位置向不同方向多插、深插（深度可达 40 厘米）注浆管，以保证灌浆质量（表 6-4-1）。

图 6-4-3　对修复用土进行脱盐、粉碎，制备
地仗修补材料

自 2012 年 5 月 22 日至 6 月 18 日，完成度
母殿东壁、南壁、西壁、北壁的壁画病害保护
加固面积共计 45.70 平方米。其中保护修复起甲
壁画面积为 14.39 平方米，修补壁面裂缝及地仗
脱落面积为 4.20 平方米，加固空鼓壁画面积为
21.86 平方米，清理污染壁画面积为 2.30 平方米，
去除历史加固并补做新地仗的面积为 2.95 平方
米（表 6-4-2；图 6-4-5 至图 6-4-21）。

图 6-4-4　灌浆加固材料制备

表 6-4-1　度母殿空鼓壁画灌浆量统计

方位	注浆点（处）	灌浆量（ml）
东壁	26	27400
南壁	22	23300
西壁	41	43200
北壁	28	2210

表 6-4-2   度母殿壁画保护加固面积统计

方位	保护加固面积 /m²						
	起甲	裂缝及地仗脱落	空鼓	酥碱	污染	历史加固	小计
东壁	4.96	1.54	5.44	0	0.31	0.52	12.77
南壁	2.30	1.20	6.59	0	0.47	0	10.56
西壁	5.91	0.70	7.95	0	1.32	2.43	18.31
北壁	1.22	0.76	1.88	0	0.20	0	4.06
合计	14.39	4.20	21.86	0	2.30	2.95	45.70

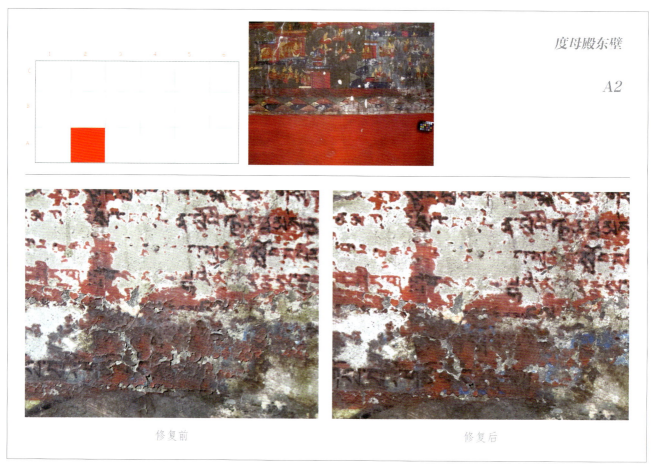

图 6-4-5   度母殿东壁 A2 区修复前后比对

这处壁画位于度母殿东壁 A2 区域，绘一整二破菱形海螺二方连续条纹带、十二佛传故事（局部）以及描述佛传故事的藏文文字。这里主要存在的病害是颜料层起甲，我们采用 3% 丙烯酸乳液对其进行了回贴加固。

度母殿东壁

A4、B4

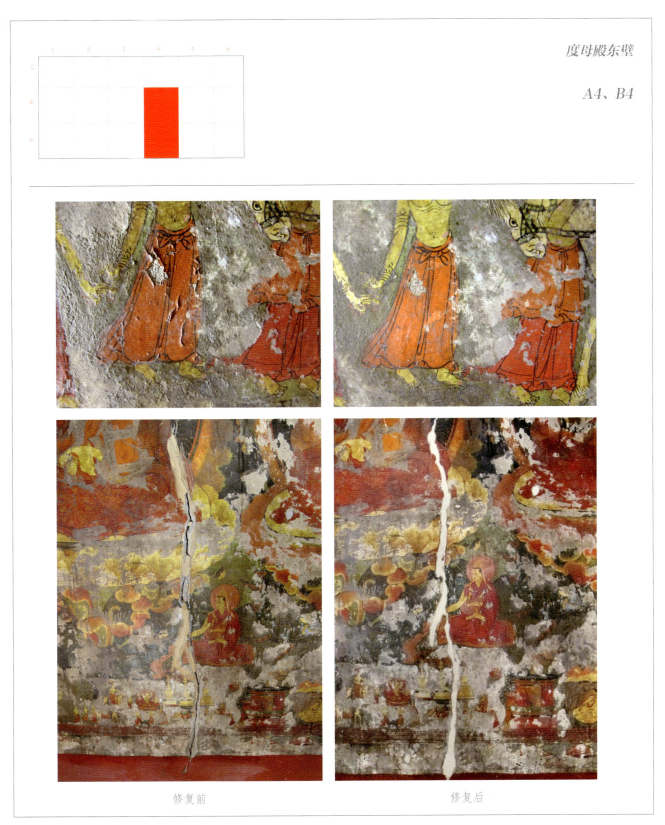

修复前　　　　　　　　　　　修复后

图 6-4-6　度母殿东壁 A4、B4 区修复前后比对

这处壁画位于度母殿东壁 A4、B4 区域，绘一整二破菱形海螺二方连续条纹带、十二佛传故事（局部）、杰尊西饶维色（局部）以及描述佛传故事的藏文文字。这里主要存在的病害是颜料层起甲、裂缝和历史加固。针对颜料层起甲，采用 3% 丙烯酸乳液对其进行了回贴加固；针对历史加固，采用了先去除历史加固材料，再用白土：阿嘎土：沙：黄土 =3:2:2:1 和 4% 丙烯酸乳液配制的泥对其进行修补。

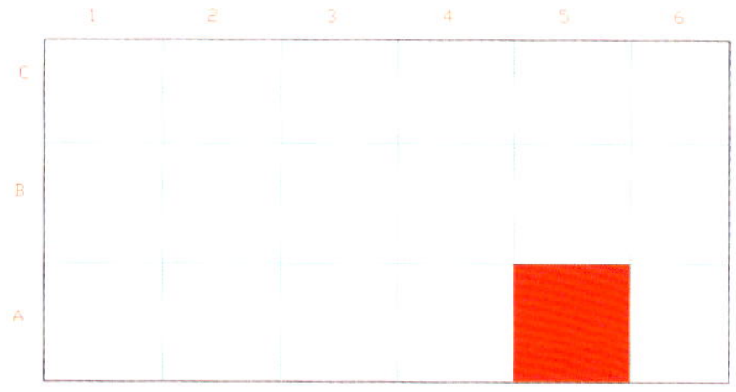

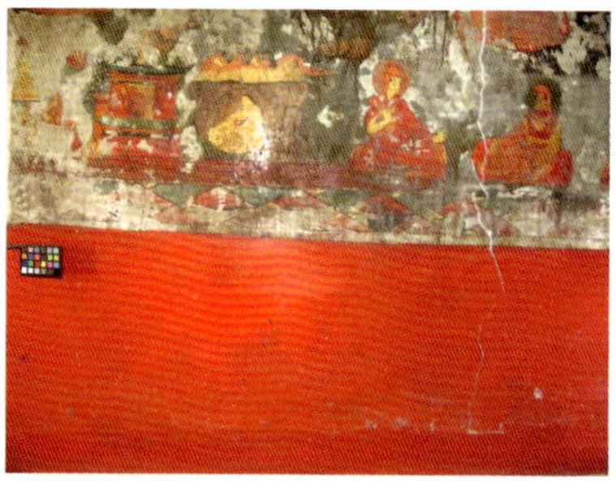

度母殿东壁

A5

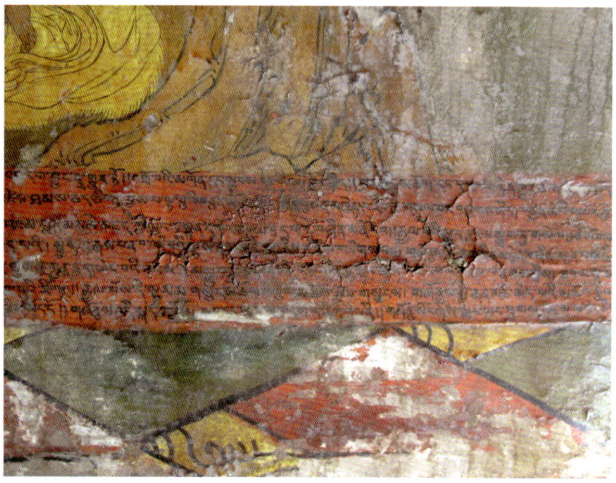

修复前

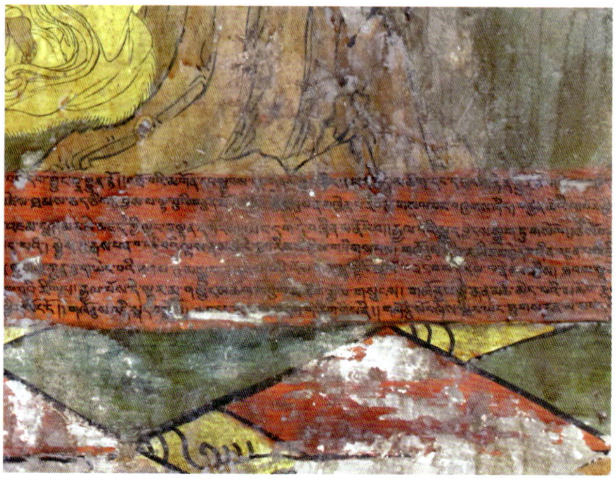

修复后

图 6-4-7　度母殿东壁 A5 区修复前后比对

这处壁画位于度母殿东壁 A5 区域，绘一整二破菱形海螺二方连续条纹带、十二佛传故事（局部）以及描述佛传故事的藏文文字。这里主要存在的病害是颜料层起甲，我们采用 3% 丙烯酸乳液对其进行了回贴加固。

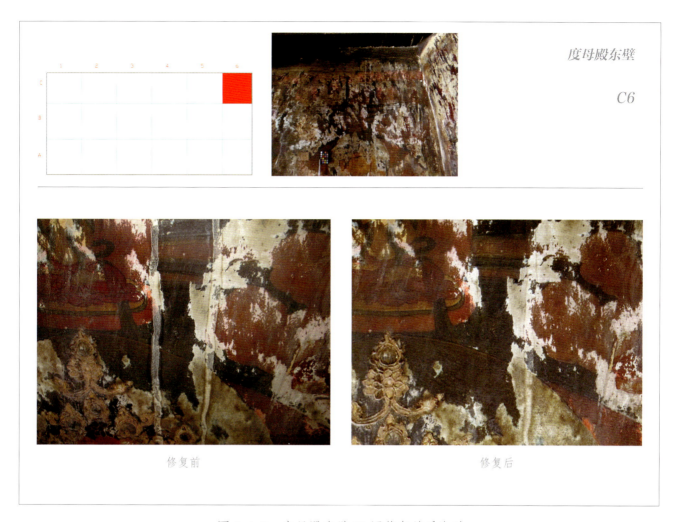

度母殿东壁

C6

修复前 修复后

图 6-4-8 度母殿东壁 C6 区修复前后比对

这处壁画位于度母殿东壁 C6 区域，绘有三佛（局部）。这里主要存在的病害是壁面污染，我们采用洗耳球、软毛刷、脱脂棉、纯净水对其进行清理。

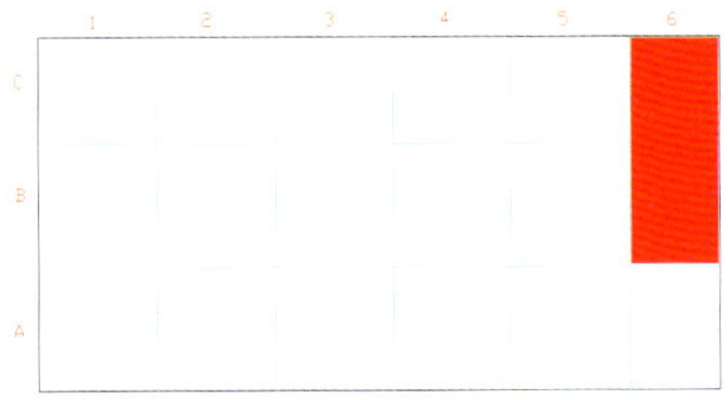

度母殿南壁

B6、C6

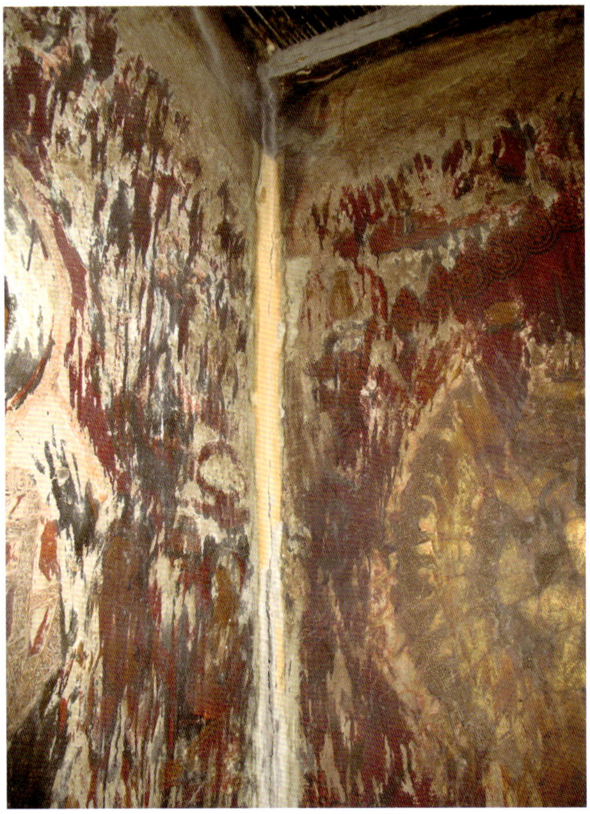

修复前

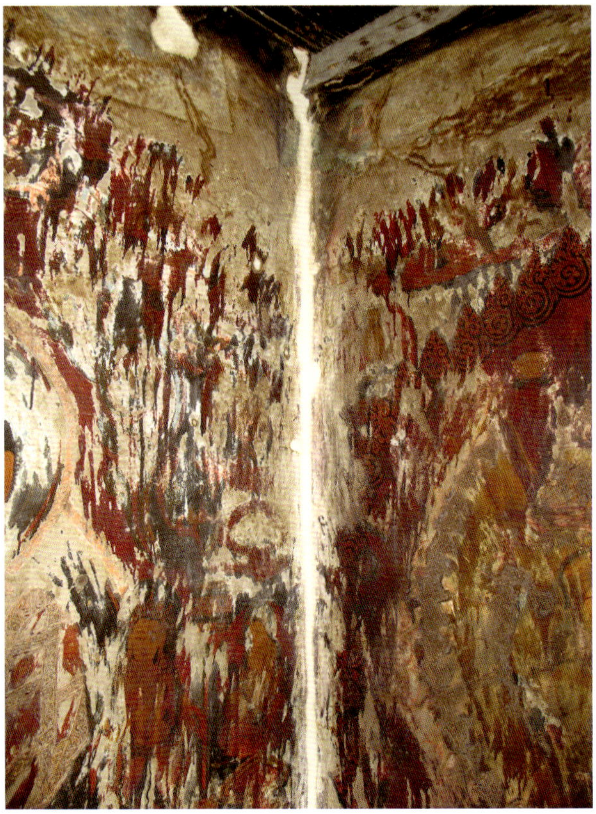

修复后

图 6-4-9　度母殿南壁 B6、C6 区修复前后比对

这处壁画位于度母殿南壁 B6、C6 区域，绘有一佛二菩萨像（局部）。这里主要存在的病害是裂缝、历史加固，我们采用了先去除历史加固材料，再用白土 : 阿嘎土 : 沙 : 黄土 =3:2:2:1 和 4% 丙烯酸乳液配制的泥对其进行修补。

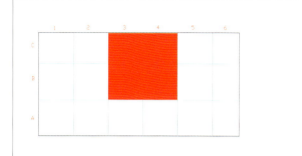

度母殿南壁

B3、B4、C3、C4

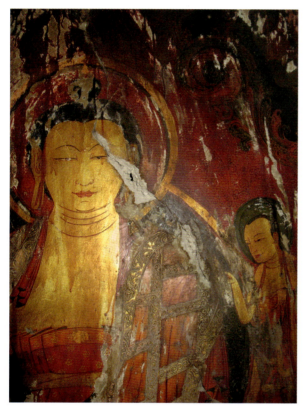

修复前

修复后

图 6-4-10　度母殿南壁 C3、C4、B4 区修复前后比对

这处壁画位于度母殿南壁 B3、B4、C3、C4 区域，绘有释迦牟尼像（局部）和众多小像。这里主要存在的病害是裂缝、地仗脱落、历史加固，我们采用了先去除历史加固材料，再用白土∶阿嘎土∶沙∶黄土 =3∶2∶2∶1 和 4% 丙烯酸乳液配制的泥对其进行修补。

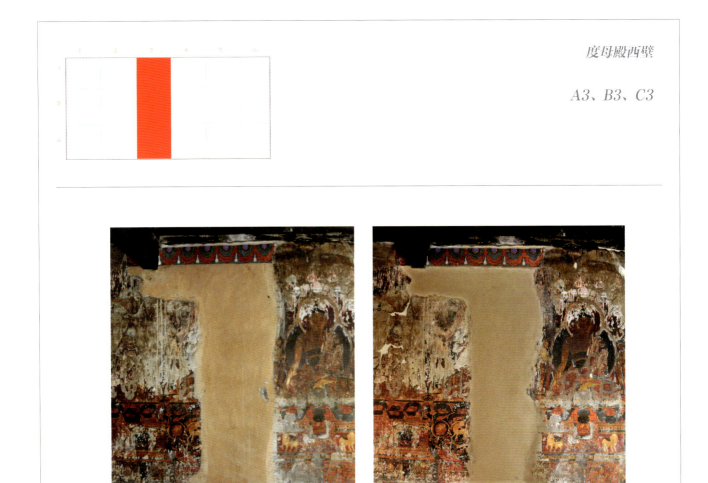

图 6-4-11　度母殿西壁 A3、B3、C3 区修复前后比对

这处壁画位于度母殿西壁 A3、B3、C3 区域，绘一整二破菱形海螺二方连续条纹带、十二佛传故事（局部）和众多小像，小像漫漶不清，顶部绘二方连续垂幕纹。这里主要存在的病害是地仗脱落、历史加固，我们采用了先去除历史加固材料，再用白土：阿嘎土：沙：黄土 =3:2:2:1 和 4% 丙烯酸乳液配制的泥对其进行修补。

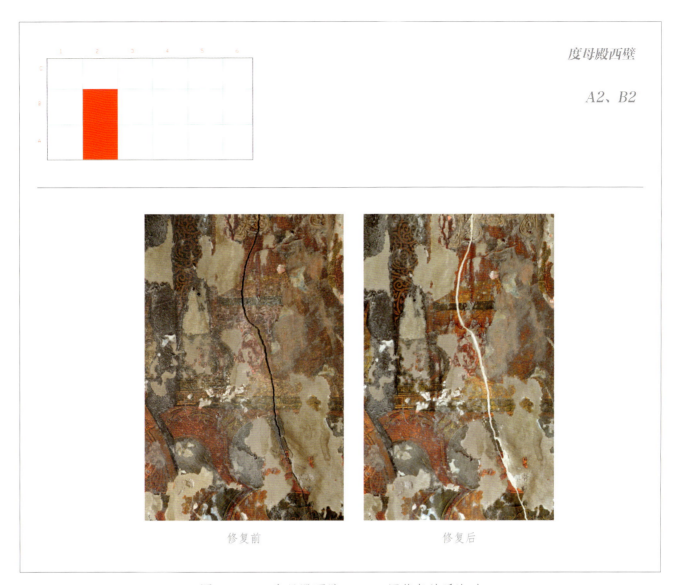

图 6-4-12 度母殿西壁 A2、B2 区修复前后比对

这处壁画位于度母殿西壁 A2、B2 区域，绘一整二破菱形海螺二方连续条纹带、十二佛传教事（局部）、佛（局部）和众多小像，小像漫漶不清。这里主要存在的病害是裂缝、历史加固，我们采用了先去除历史加固材料，再用白土：阿嘎土：沙：黄土=3:2:2:1 和 4% 丙烯酸乳液配制的泥对其进行修补。

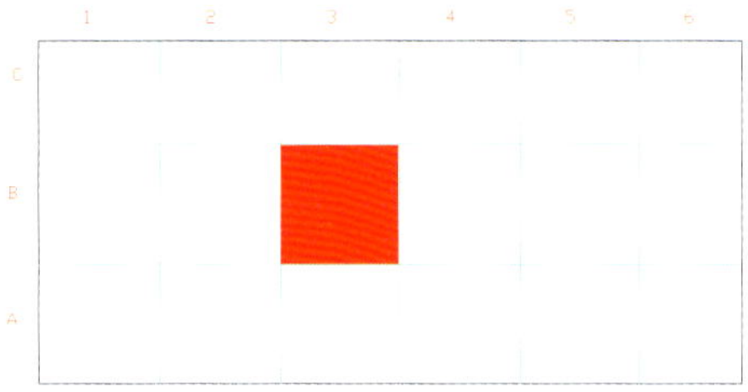

度母殿西壁

B3

修复前 　　　　　　　　　　　　　　　　　修复后

图 6-4-13　度母殿西壁 B3 区修复前后比对

这处壁画位于度母殿西壁 B3 区域，绘小像，漫漶不清。这里主要存在的病害是颜料层起甲，我们采用 3% 丙烯酸乳液对其进行了回贴加固。

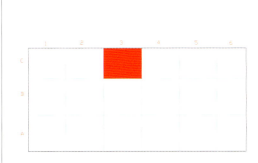

度母殿北壁

C3

修复前　　　　　　　　　　　　　　　　　　修复后

图 6-4-14　度母殿北壁 C3 区修复前后比对

这处壁画位于度母殿北壁 C3 区域，壁画内容漫漶不清。这里主要存在的病害是颜料层起甲、空鼓、裂缝、历史加固。针对颜料层起甲，我们采用 3% 丙烯酸乳液对其进行了回贴加固；针对空鼓，我们采用白土：阿嘎土：澄板土 =3:2:1 和 5% 丙烯酸乳液配制的泥浆进行灌浆加固；针对裂缝和历史加固，我们采用了先去除历史加固材料，再用白土：阿嘎土：沙：黄土 =3:2:2:1 和 4% 丙烯酸乳液配制的泥对其进行修补。

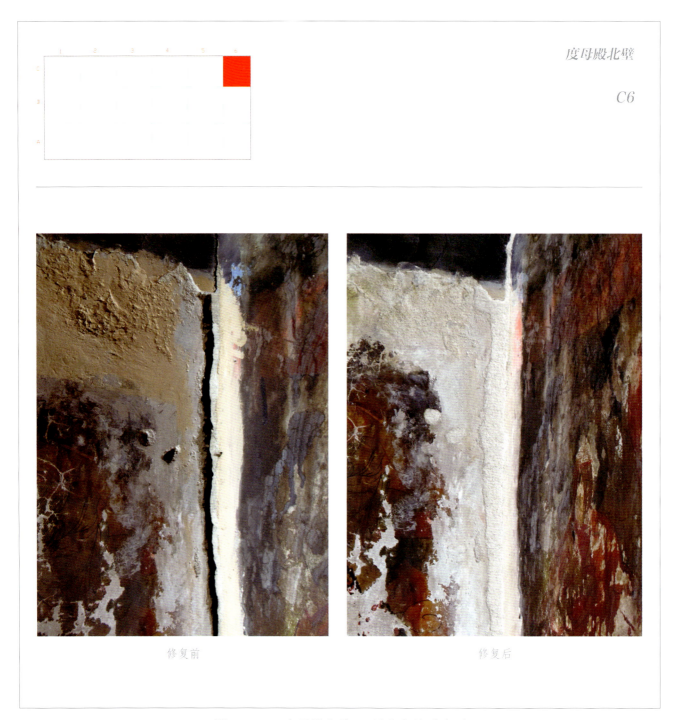

图 6-4-15 度母殿北壁 C6 区修复前后比对

这处壁画位于度母殿北壁 C6 区域，绘有金刚（局部）。这里主要存在的病害是污染、裂缝、历史加固。针对污染，我们采用洗耳球、软毛刷、脱脂棉、纯净水对其进行清理；针对裂缝和历史加固，我们采用了先去除历史加固材料，再用白土：阿嘎土：沙：黄土 =3:2:2:1 和 4% 丙烯酸乳液配制的泥对其进行修补。

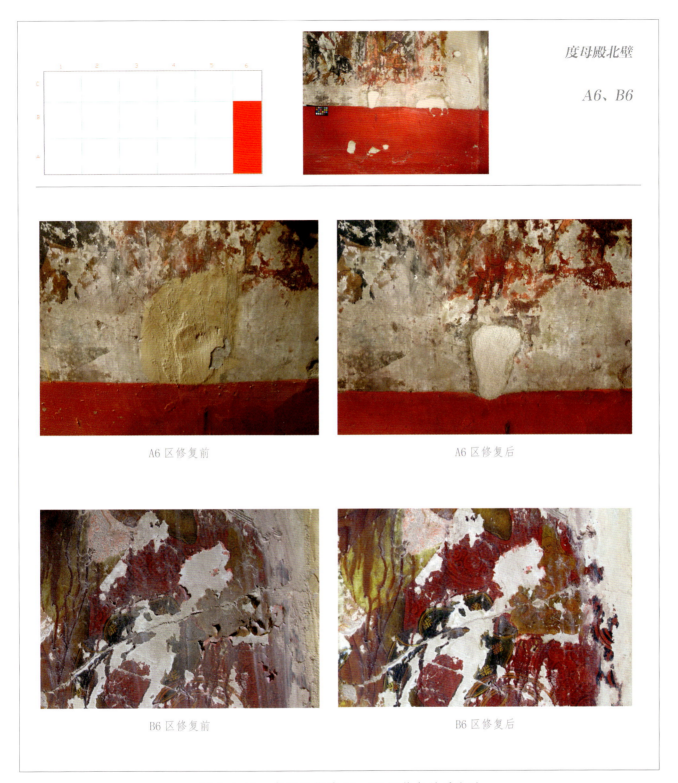

图 6-4-16　度母殿北壁 A6、B6 区修复前后比对

这处壁画位于度母殿北壁 A6、B6 区域。A6 区域绘制的壁画内容漫漶不清。这里主要存在的病害是历史加固造成的病害，我们采用了先去除历史加固材料，再用白土 : 阿嘎土 : 沙 : 黄土 =3:2:2:1 和 4% 丙烯酸乳液配制的泥对其进行修补。B6 区域绘有金刚（局部）。这里主要存在的病害是颜料层起甲，我们采用 3% 丙烯酸乳液对其进行了回贴加固。

度母殿北壁

C4

修复前    修复后

图 6-4-17   度母殿北壁 C4 区修复前后比对

这处壁画位于度母殿北壁 C4 区域，绘制的壁画内容漫漶不清。这里主要存在的病害是地仗脱落，我们采用了白土 : 阿嘎土 : 沙 : 黄土 =3:2:2:1 和 4% 丙烯酸乳液配制的泥对其进行修补。

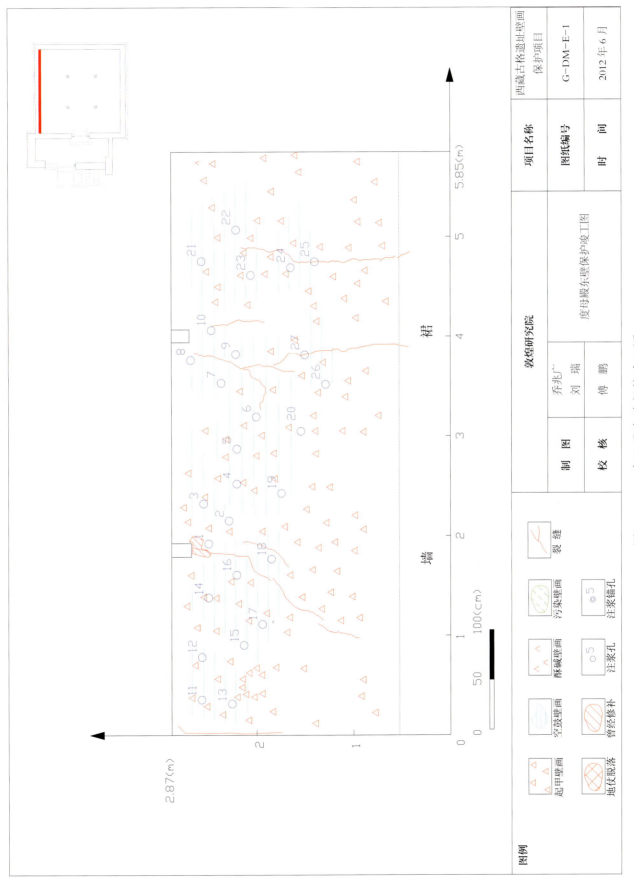

图 6-4-18 度母殿东壁保护竣工图

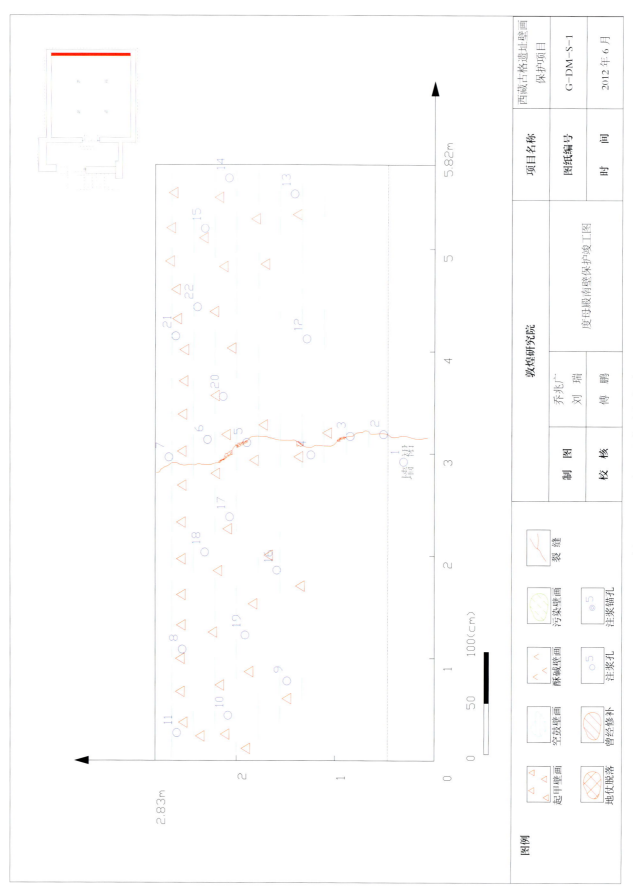

图 6-4-19 度母殿南壁保护竣工图

图 6-4-20　度母殿西壁保护竣工图

图 6-4-21　度母殿北壁保护竣工图

二、坛城殿

根据敦煌研究院以往在高原工作的经验,应当在工作人员身体状态较好的时候,安排较高海拔、体力消耗需求大的工作。所以在完成度母殿的工作之后,项目团队就将所有工作人员调至位于遗址最高处的坛城殿和依怙洞开展工作。第一组工作人员于 2012 年 6 月 19 日进入坛城殿,首先开展了详细的现状调查工作。

坛城殿建筑之前存在严重的漏雨问题,有多处因雨水冲刷造成的较为严重的壁画污染,并伴有严重的空鼓、起甲,修复难度很大。我们对病害壁画首先进行清污处理与起甲修复,然后进行灌浆加固,并辅以锚固补强(表 6-4-3;图 6-4-22),使壁画脱离危险,色泽恢复鲜艳,人物及各种线条清晰可见。

表 6-4-3 坛城殿空鼓壁画灌浆量统计

方位	注浆点(处)	灌浆量(ml)	埋入锚杆(根)
东壁	30	46216	4
南壁	27	41761	3
西壁	24	60032	3
北壁	32	70439	2

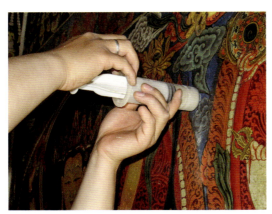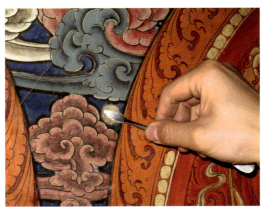

图 6-4-22 坛城殿空鼓壁画灌浆、封护锚孔

自 2012 年 6 月 19 日至 8 月 1 日,完成坛城殿的壁画病害保护加固面积共计 73.79 平方米。其中保护修复起甲壁画面积为 18.82 平方米,修补壁面裂缝及地仗脱落面积为 13.90 平方米,加固空鼓壁画面积为 26.27 平方米,清理污染壁画面积为 9.80 平方米,去除历史加固并补做新地仗的面积为 0.85 平方米,橡头锯缝 4.15 平方米(表 6-4-4;图 6-4-23 至图 6-4-40)。

表 6-4-4　坛城殿壁画保护加固面积统计

方位	保护加固面积 /m²							
	起甲	裂缝及地仗脱落	空鼓	酥碱	污染	历史加固	椽头锯缝	小计
东壁	4.08	3.02	5.56	0	1.20	0.25	1.02	15.13
南壁	2.82	3.78	5.02	0	2.40	0.60	0.68	15.30
西壁	8.48	2.85	7.22	0	5.60	0	1.25	25.40
北壁	3.44	4.25	8.47	0	0.60	0	1.20	17.96
合计	18.82	13.90	26.27	0	9.80	0.85	4.15	73.79

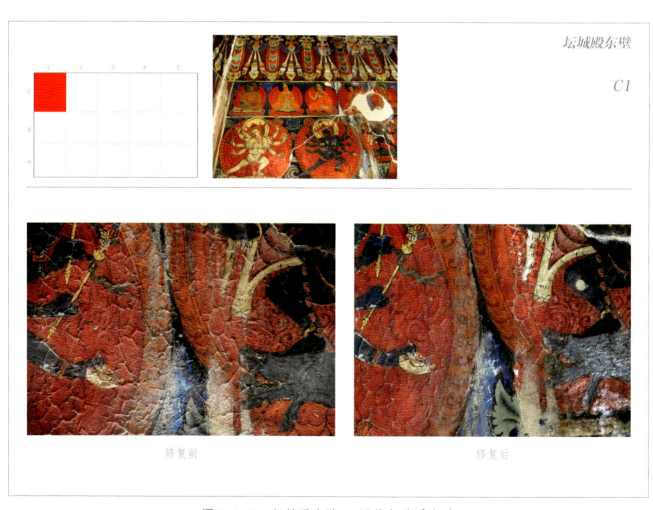

图 6-4-23　坛城殿东壁 C1 区修复前后比对

这处壁画位于坛城殿东壁 C1 区域，绘有众多小像。这里主要存在的病害是颜料层起甲，我们采用 2% 硅－丙 :2% 丙烯酸 =1:1 的混合乳液对其进行了回贴加固。

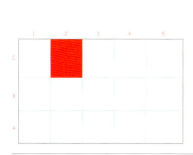

坛城殿东壁

C2

修复前

修复后

图 6-4-24 坛城殿东壁 C2 区修复前后比对

这处壁画位于坛城殿东壁 C2 区域，绘有众多小像。这里主要存在的病害是历史加固、错位、裂缝、污染。针对污染，我们采用洗耳球、软毛刷、脱脂棉、纯净水清除污染；针对裂缝和历史加固，我们采用了先去除历史加固材料，再用白土：阿嘎土：沙：黄土 =3:2:2:1 和 5% 丙烯酸乳液配制的泥对其进行修补，同时对错位壁画进行了回贴整形加固。

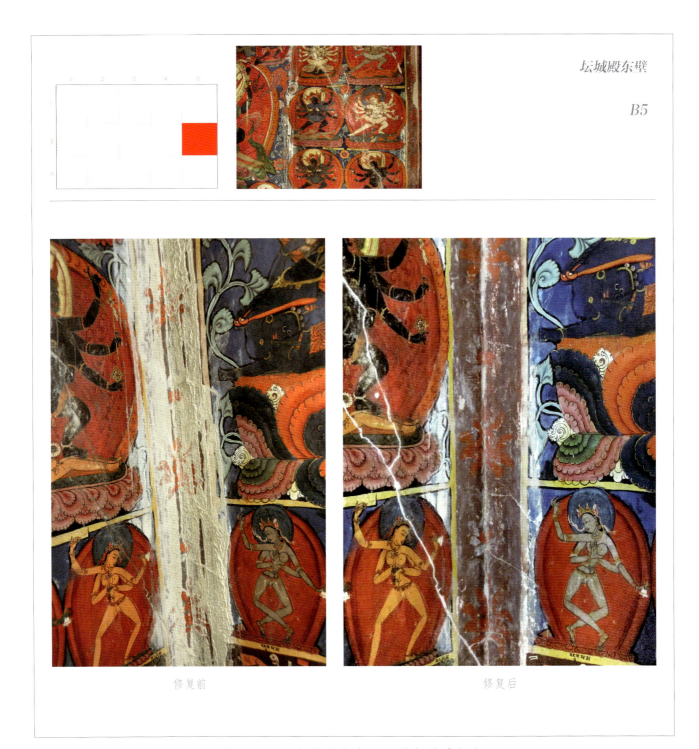

坛城殿东壁

B5

修复前　　　　　　　　　修复后

图 6-4-25　坛城殿东壁 B5 区修复前后比对

这处壁画位于坛城殿东壁 B5 区域，绘有 6 身金刚小像。这里主要存在的病害是泥渍污染，我们采用洗耳球、软毛刷、脱脂棉、纯净水清除污染。

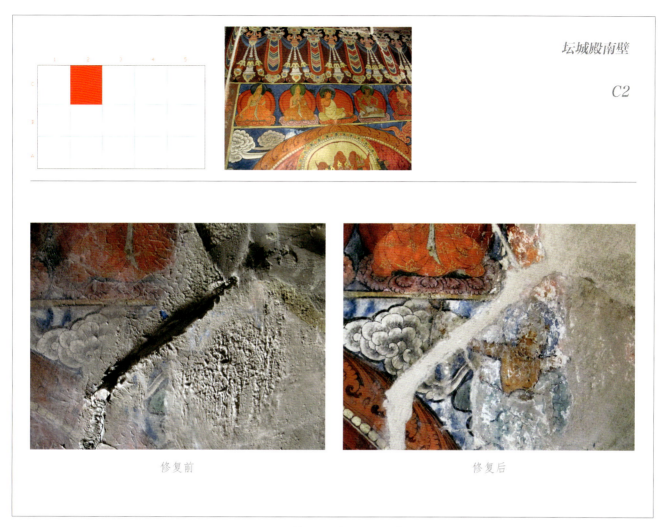

图 6-4-26 坛城殿南壁 C2 区修复前后比对

这处壁画位于坛城殿南壁 C2 区域，顶部绘有二方连续的兽面铃铛垂帐图案，其下排列众多小像。这里主要存在的病害是裂缝、错位、泥渍污染。针对泥渍污染，我们采用洗耳球、软毛刷、脱脂棉、纯净水清除污染；针对裂缝，我们采用白土：阿嘎土：沙：黄土 =3:2:2:1 和 5% 丙烯酸乳液配制的泥对其进行修补；针对壁画错位，进行了回贴整形加固。

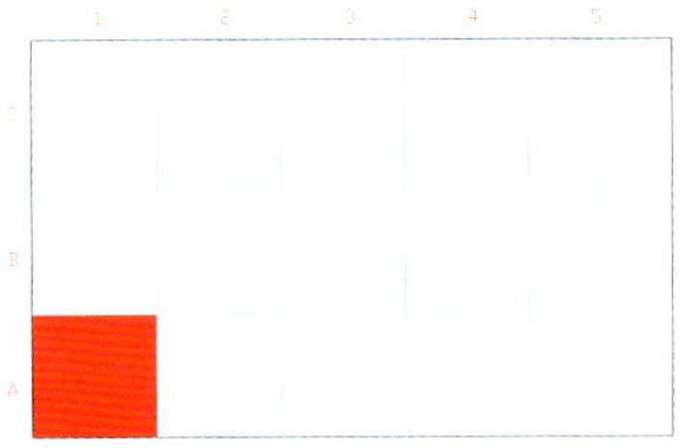

坛城殿南壁

A1

修复前    修复后

图 6-4-27　坛城殿南壁 A1 区修复前后比对

这处壁画位于坛城殿南壁 A1 区域，墙裙，上绘一整二破的菱形海螺纹条带和"众合地狱图"长卷（局部）。这里主要存在的病害是泥渍污染，我们采用洗耳球、软毛刷、脱脂棉、纯净水清除污染。

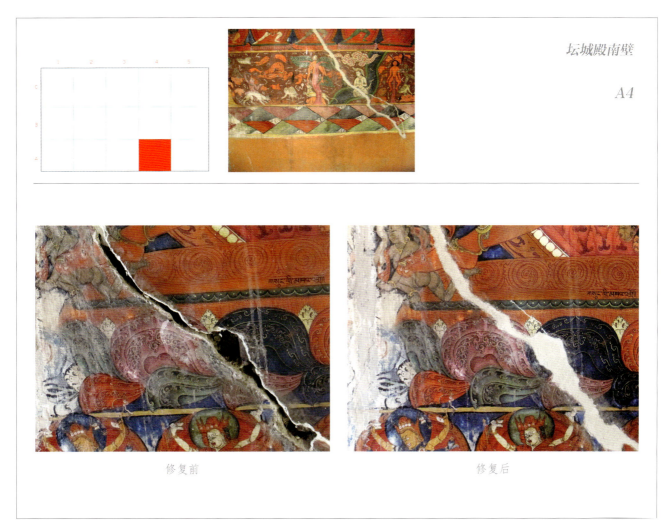

图 6-4-28 坛城殿南壁 A4 区修复前后比对

这处壁画位于坛城殿南壁 A4 区域，墙裙，上绘一整二破的菱形海螺纹条带和"众合地狱图"长卷（局部）。这里主要存在的病害是裂缝、错位。针对裂缝，我们采用白土：阿嘎土：沙：黄土 =3:2:2:1 和 5% 丙烯酸乳液配制的泥对其进行修补；针对壁画错位，进行了回贴整形加固。

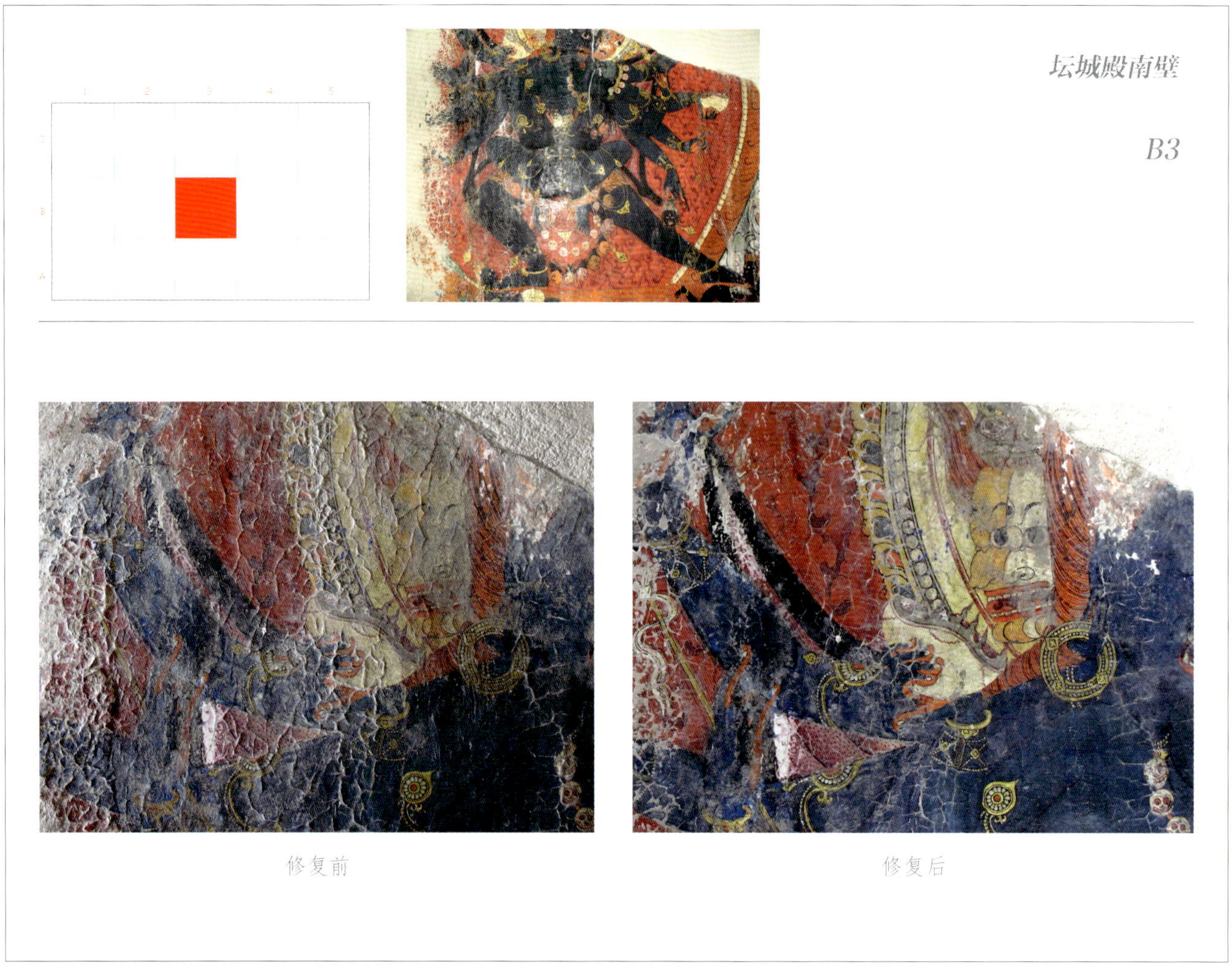

坛城殿南壁

B3

修复前   修复后

图 6-4-29 坛城殿南壁 B3 区修复前后比对

这处壁画位于坛城殿南壁 B3 区域，绘有主尊大像心空行。这里主要存在的病害是颜料层起甲，我们采用 2% 硅－丙 :2% 丙烯酸 =1:1 的混合乳液对其进行了回贴加固。

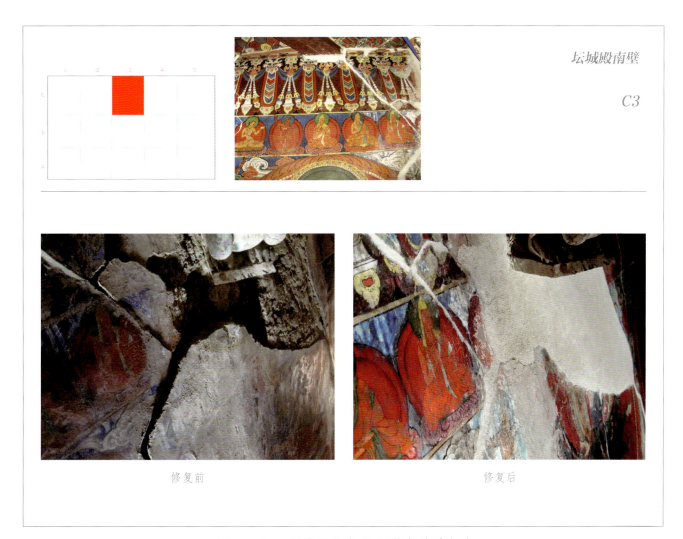

图 6-4-30　坛城殿南壁 C3 区修复前后比对

这处壁画位于坛城殿南壁 C3 区域，顶部绘二方连续的兽面铃铛垂帐图案，其下绘有众多小像。这里主要存在的病害是裂缝、错位、空鼓。针对裂缝，我们采用白土∶阿嘎土∶沙∶黄土 =3∶2∶2∶1 和 5% 丙烯酸乳液配制的泥对其进行修补；针对空鼓，我们采用白土∶阿嘎土∶澄板土 =3∶2∶1 和 5% 丙烯酸乳液配制的泥浆对其进行灌浆加固；针对壁画错位，进行了回贴整形加固。

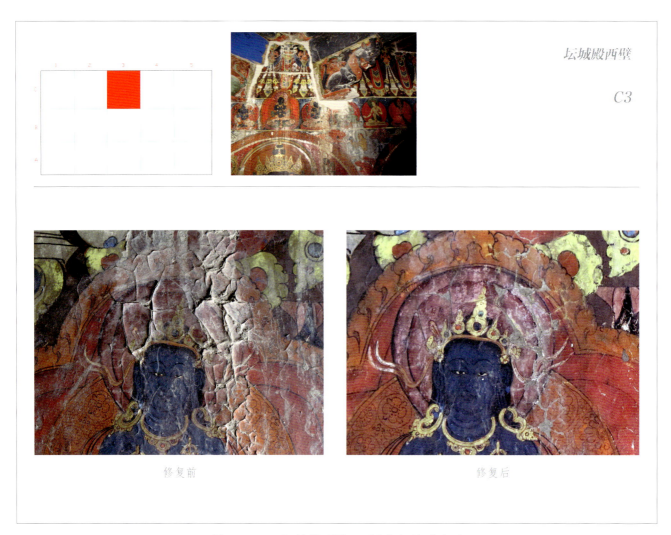

坛城殿西壁

C3

修复前　　　　　　　　　　　　　　修复后

图 6-4-31　坛城殿西壁 C3 区修复前后比对

这处壁画位于坛城殿西壁 C3 区域，顶部绘二方连续的兽面铃铛垂帐图案，其下绘众多小像。这里主要存在的病害是颜料层起甲，我们采用 2% 硅 – 丙 :2% 丙烯酸 =1:1 的混合乳液对其进行了回贴加固。

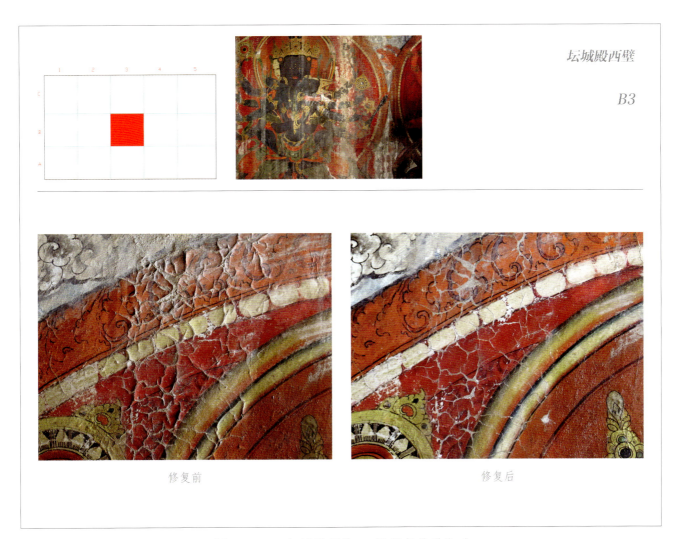

图 6-4-32 坛城殿西壁 B3 区修复前后比对

这处壁画位于坛城殿西壁 B3 区域，绘有主尊大像地藏佛。这里主要存在的病害是颜料层起甲，我们采用 2% 硅－丙 :2% 丙烯酸 =1:1 的混合乳液对其进行了回贴加固。

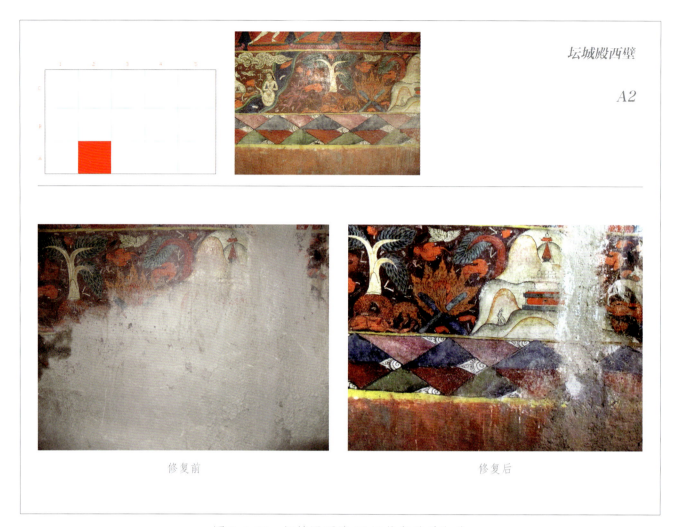

图 6-4-33　坛城殿西壁 A2 区修复前后比对

这处壁画位于坛城殿西壁 A2 区域，墙裙，上绘一整二破的菱形海螺纹带和"众合地狱图"长卷（局部）。这里主要存在的病害是泥渍污染，我们采用洗耳球、软毛刷、脱脂棉、纯净水清除污染。

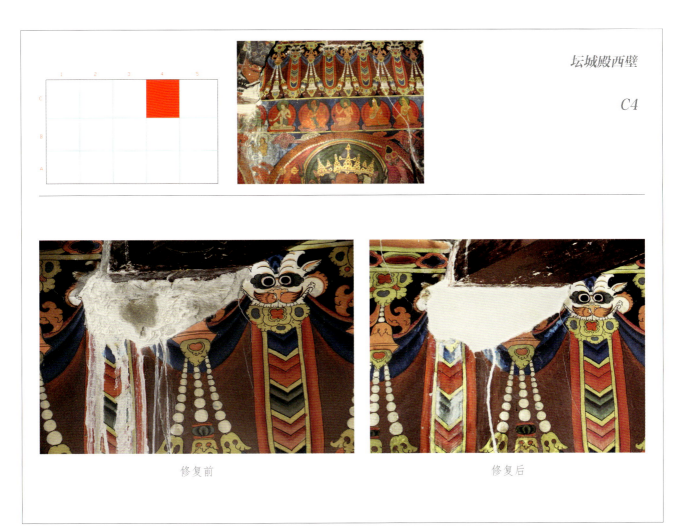

坛城殿西壁

C4

修复前　　　　　　　　　　　　　　　　　　修复后

图 6-4-34　坛城殿西壁 C4 区修复前后比对

这处壁画位于坛城殿西壁 C4 区域，顶部绘二方连续的兽面铃铛垂帐图案，其下绘有众多小像。这里主要存在的病害是地仗脱落，我们采用白土：阿嘎土：沙：黄土 =3:2:2:1 和 5% 丙烯酸乳液配制的泥对其进行修补。

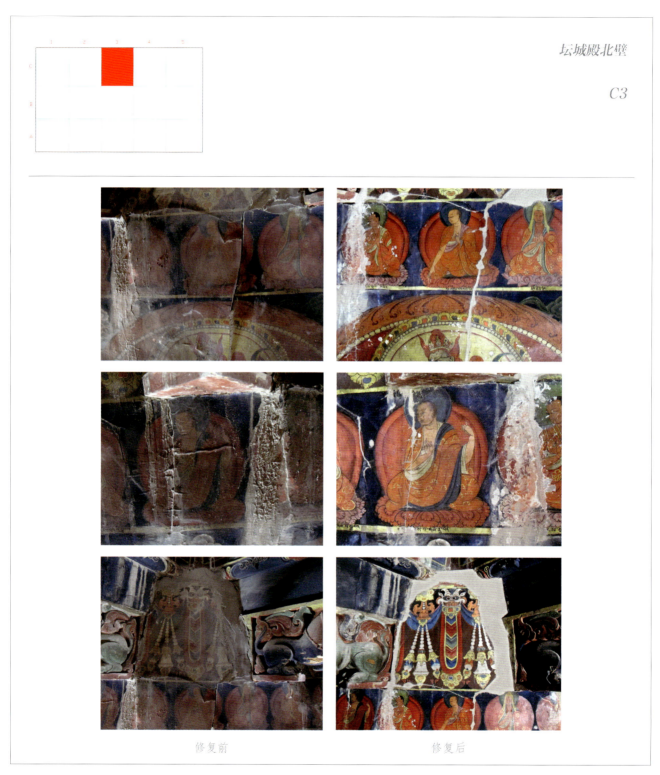

修复前　　　　　　　　　　　　　　修复后

图 6-4-35　坛城殿北壁 C3 区修复前后比对

这处壁画位于坛城殿北壁 C3 区域，顶部绘二方连续的兽面铃铛垂帐图案，其下绘有众多小像。这里主要存在的病害是裂缝、泥渍污染、颜料层起甲、历史加固造成的病害。针对裂缝，我们采用白土：阿嘎土：沙：黄土 =3:2:2:1 和 5% 丙烯酸乳液配制的泥对其进行修补；针对泥渍污染，我们采用洗耳球、软毛刷、脱脂棉、纯净水清除污染；针对颜料层起甲，我们采用 2% 硅－丙 :2% 丙烯酸 =1:1 的混合乳液对其进行了回贴加固；针对历史加固，我们采用了先去除历史加固材料，再用白土：阿嘎土：沙：黄土 =3:2:2:1 和 5% 丙烯酸乳液配制的泥对其进行修补

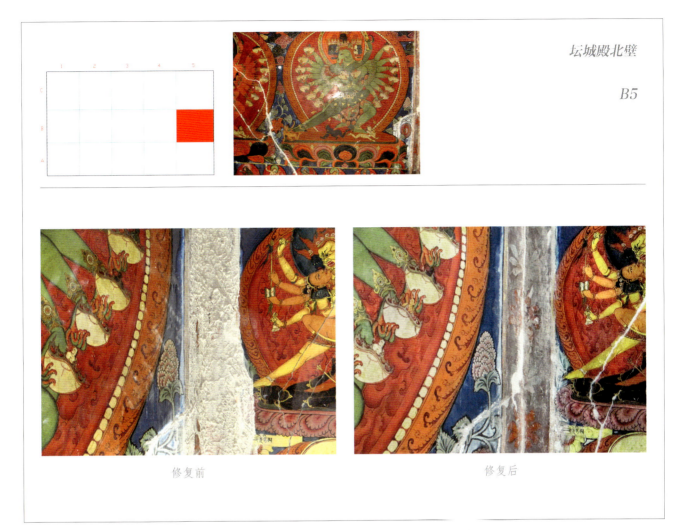

图 6-4-36 坛城殿北壁 B5 区修复前后比对

这处壁画位于坛城殿北壁 B5 区域，绘有主尊大像杂空行。这里主要存在的病害是泥渍污染，我们采用洗耳球、软毛刷、脱脂棉、纯净水清除污染。

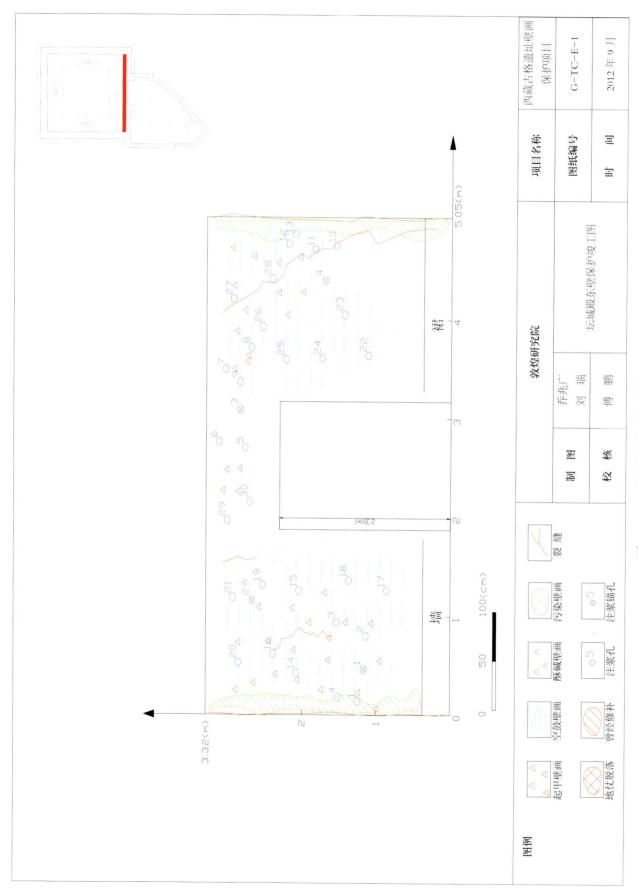

图 6-4-37　坛城殿东壁保护竣工图

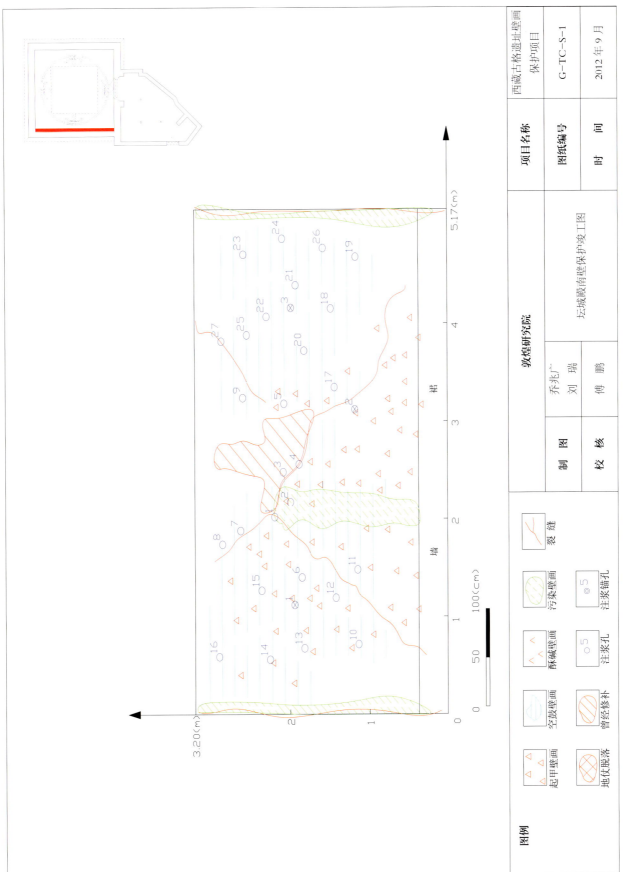

图 6-4-38 坛城殿南壁保护竣工图

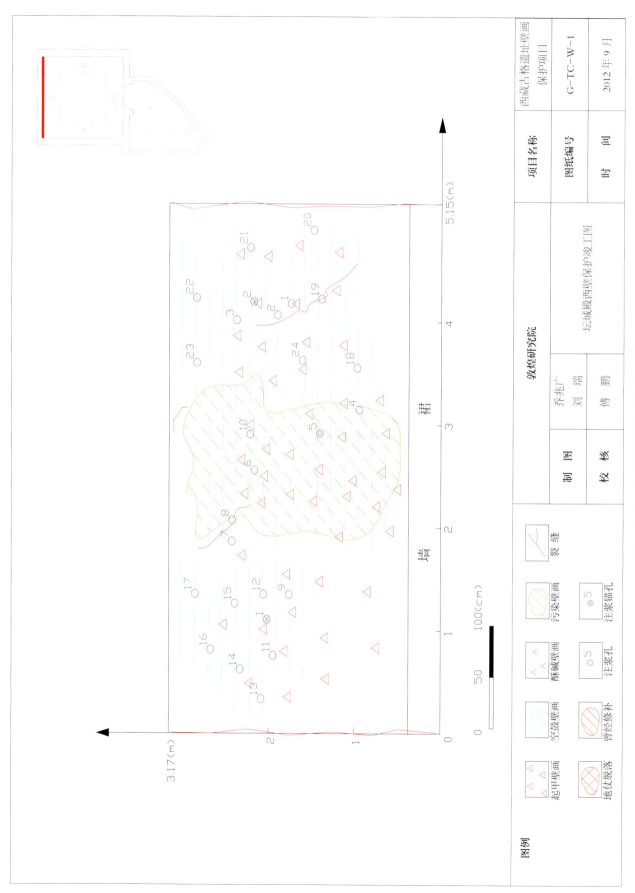

图 6-4-39 坛城殿西壁保护竣工图

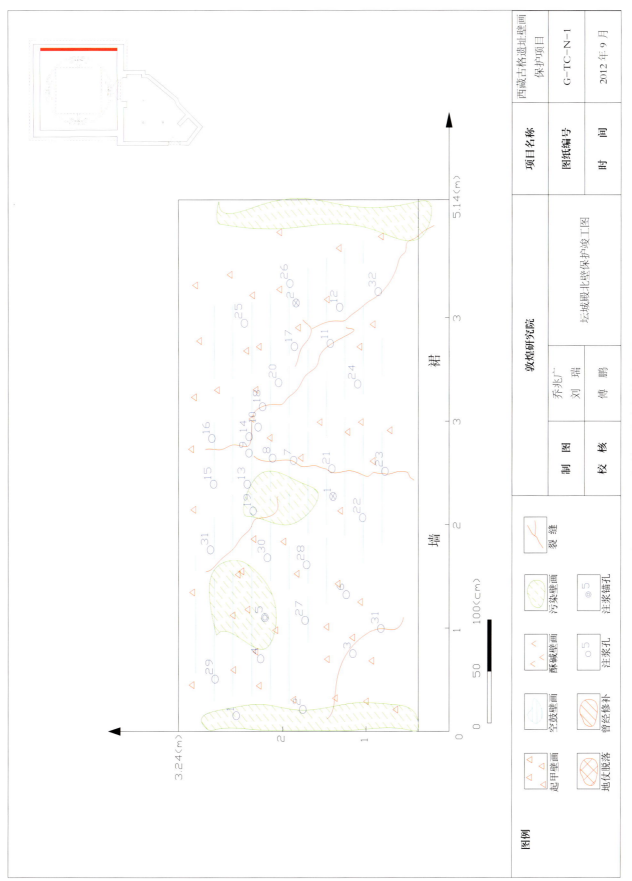

图 6-4-40 坛城殿北壁保护竣工图

三、依怙洞

第二组工作人员于 2012 年 6 月 22 日进入依怙洞开展壁画保护工作。

根据详细的现状调查，可以确定依怙洞壁画主要存在的病害类型有：壁画开裂、壁面错位、壁面污染、地仗酥碱、地仗空鼓、地仗脱落、颜料层起甲、颜料层脱落等。

依怙洞下部壁画地仗酥碱是该殿壁画的主要病害之一，此次修复在去除原酥碱地仗的同时，采用与原始地仗制作材料与工艺较为接近的处理方法重做新地仗。壁画地仗空鼓也是该殿壁画的主要病害，在对空鼓壁画保护中，注浆管的埋设最大限度地利用了灌浆孔或裂缝，尽量在同一位置向不同方向多插、深插（深度可达 40 厘米）注浆管，以保证灌浆质量（表 6-4-5）。

表 6-4-5　依怙洞空鼓壁画灌浆量统计

方位	注浆点（处）	灌浆量（ml）
东壁	31	14537
南壁	30	13510
西壁	32	10383
北壁	15	6405

自 2012 年 6 月 22 日至 8 月 7 日，完成依怙洞的壁画病害保护加固面积共计 32.43 平方米。其中保护修复起甲壁画面积为 11.88 平方米，修补壁面裂缝及地仗脱落面积为 6.55 平方米，加固空鼓壁画面积为 5.61 平方米，加固治理酥碱壁画面积为 5.80 平方米，清理污染壁画面积为 2.59 平方米（表 6-4-6；图 6-4-41 至图 6-4-52）。

表 6-4-6　依怙洞壁画保护加固面积统计

方位	保护加固面积 /m²						
	起甲	裂缝及地仗脱落	空鼓	酥碱	污染	历史加固	小计
东壁	3.89	1.75	1.90	2.28	1.31	0	11.13
南壁	2.19	1.55	0.71	1.12	0.18	0	5.75
西壁	3.49	1.60	2.37	1.82	1.03	0	10.31
北壁	2.31	1.65	0.63	0.58	0.07	0	5.24
合计	11.88	6.55	5.61	5.80	2.59	0	32.43

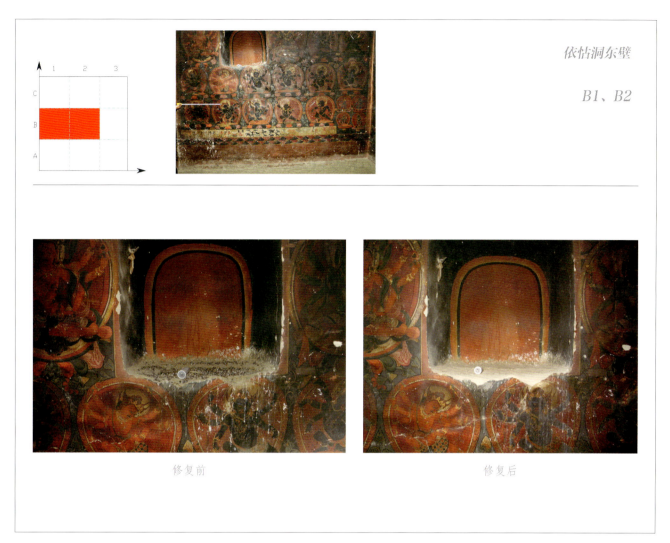

图 6-4-41　依怙洞东壁 B1、B2 区修复前后比对

这处壁画位于依怙洞东壁 B1、B2 区域，绘有持铃金刚佛母（局部）和 2 身金刚。这里主要存在的病害是昆虫排泄物的污染、颜料层起甲，我们首先采用洗耳球、软毛刷、脱脂棉、纯净水清除昆虫排泄物，然后采用 5% 丙烯酸乳液对颜料层起甲进行回贴加固。

图 6-4-42　依怙洞东壁 A2、A3 区修复前后比对

这处壁画位于依怙洞东壁 A2、A3 区域、墙裙。上绘一整二破菱形螺纹带。这里主要存在的病害是酥碱，我们采用重新制作地仗的方法更换酥碱地仗。

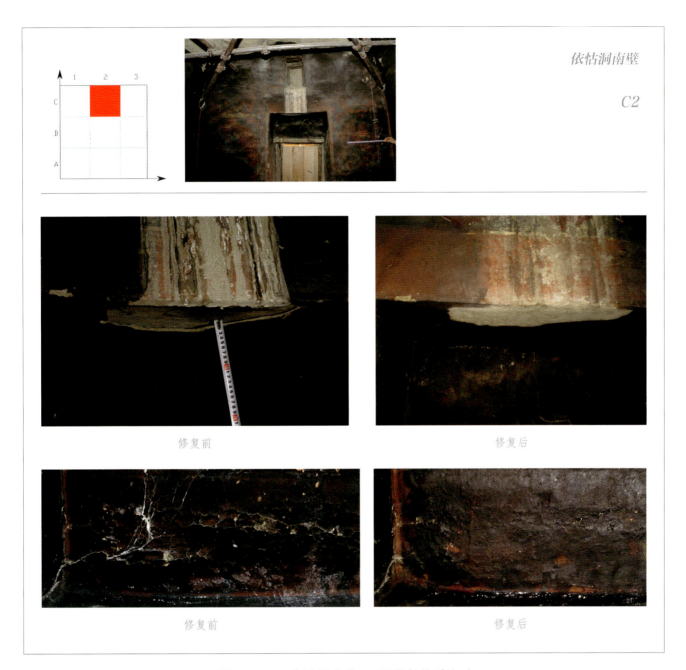

图 6-4-43　依怙洞南壁 C2 区修复前后比对

这处壁画位于依怙洞南壁 C2 区域，壁画绘制内容漫漶不清。这里主要存在的病害是壁画空鼓、地仗层脱落和颜料层起甲。针对壁画空鼓，我们采用白土 : 阿嘎土 : 澄板土 =3:2:1 和 5% 丙烯酸乳液配制的泥进行灌浆回贴加固；针对地仗层脱落，我们采用阿嘎土和 5% 丙烯酸乳液配制的泥对其进行地仗修补；针对颜料层起甲，我们采用 5% 丙烯酸乳液对其进行了回贴加固。

图 6-4-44　依怙洞南壁 C2 区修复前后比对

这处壁画位于依怙洞南壁 C2 区域，壁画绘制内容漫漶不清。这里主要存在的病害是泥渍、昆虫排泄物的污染和颜料层起甲。我们首先采用洗耳球、软毛刷、脱脂棉、纯净水清除昆虫排泄物和泥渍污染，然后采用 5% 丙烯酸乳液对颜料层起甲进行回贴加固。

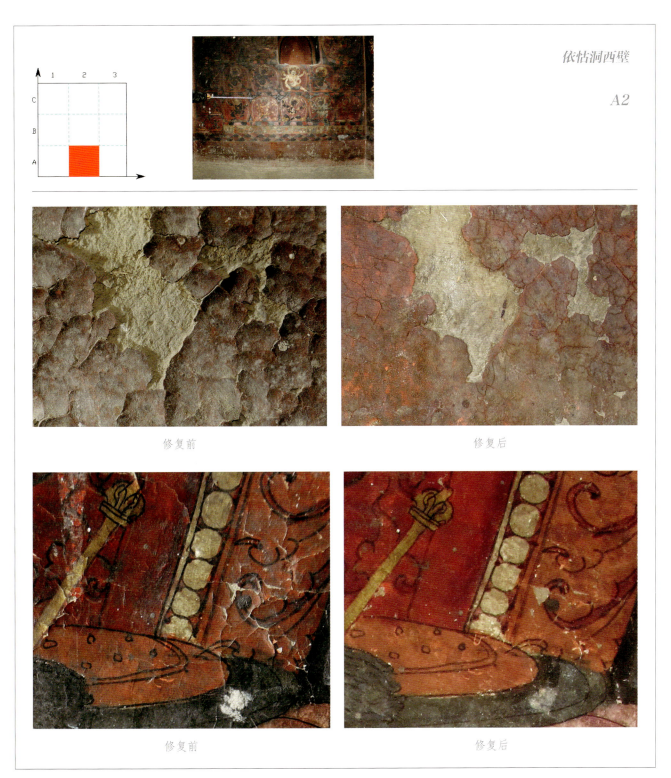

图 6-4-45　依怙洞西壁 A2 区修复前后比对

这处壁画位于依怙洞西壁 A2 区域，墙裙，上绘一整二破菱形螺纹带，并绘有众多金刚小像。这里主要存在的病害是颜料层起甲，我们采用 5% 丙烯酸乳液对其进行了回贴加固。

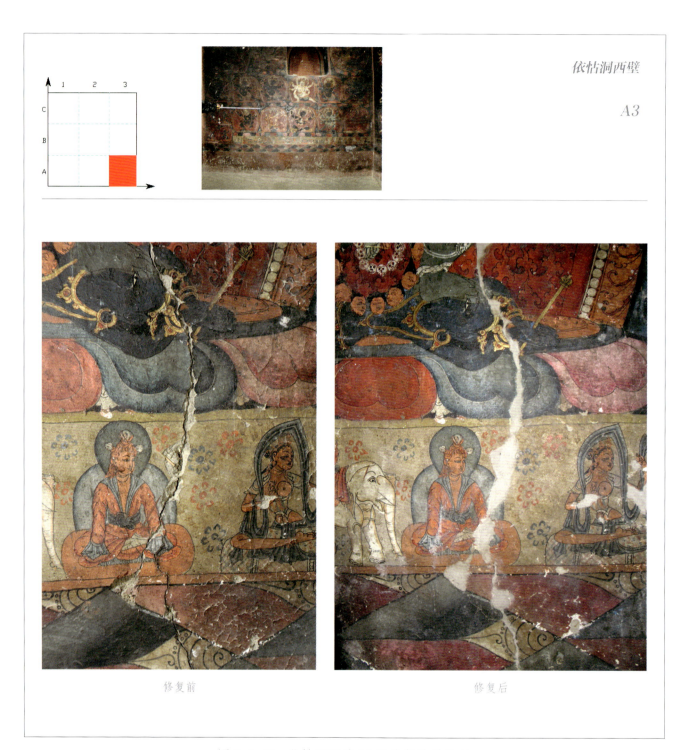

图 6-4-46　依怙洞西壁 A3 区修复前后比对

这处壁画位于依怙洞西壁 A3 区域，墙裙，上绘一整二破菱形螺纹带，并绘有众多金刚小像。这里主要存在的病害是裂缝，我们采用阿嘎土和 5% 丙烯酸乳液配制的泥对其进行修补。

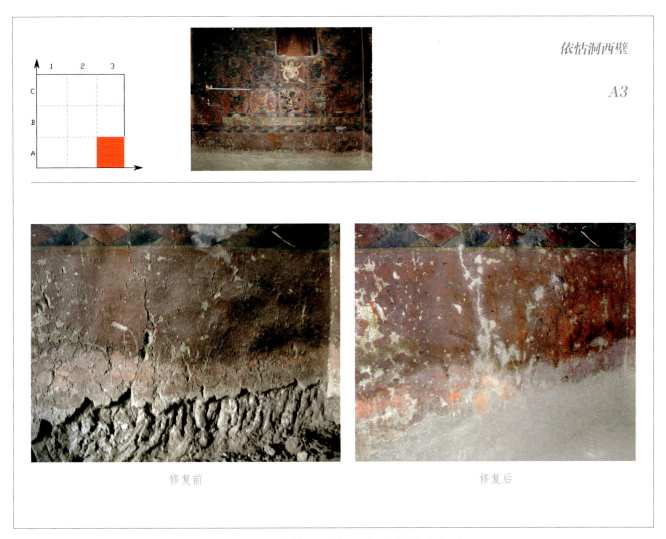

图 6-4-47 依怙洞西壁 A3 区修复前后比对

这处壁画位于依怙洞西壁 A3 区域，墙裙，上绘一整二破菱形螺纹带，并绘有众多金刚小像。这里主要存在的病害是酥碱，我们采用重新制作地仗的方法更换酥碱地仗。

图 6-4-48　依怙洞北壁 A3 区修复前后比对

这处壁画位于依怙洞北壁 A3 区域。这里主要存在的病害是泥渍污染和颜料层起甲，我们首先采用洗耳球、软毛刷、脱脂棉、纯净水清除污染，然后采用 5% 丙烯酸乳液对颜料层起甲进行回贴加固。

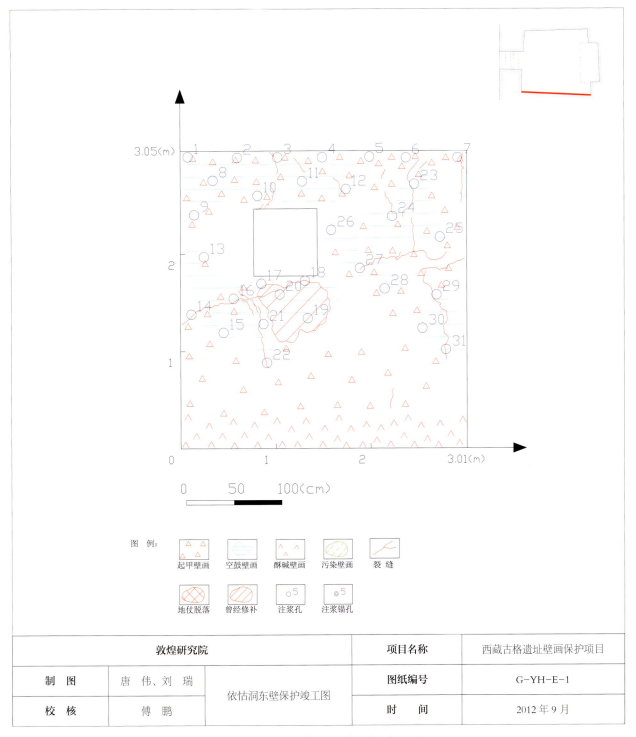

敦煌研究院		项目名称	西藏古格遗址壁画保护项目
制　图	唐　伟、刘　瑞	图纸编号	G-YH-E-1
校　核	傅　鹏	依怙洞东壁保护竣工图	
		时　间	2012 年 9 月

图 6-4-49　依怙洞东壁保护竣工图

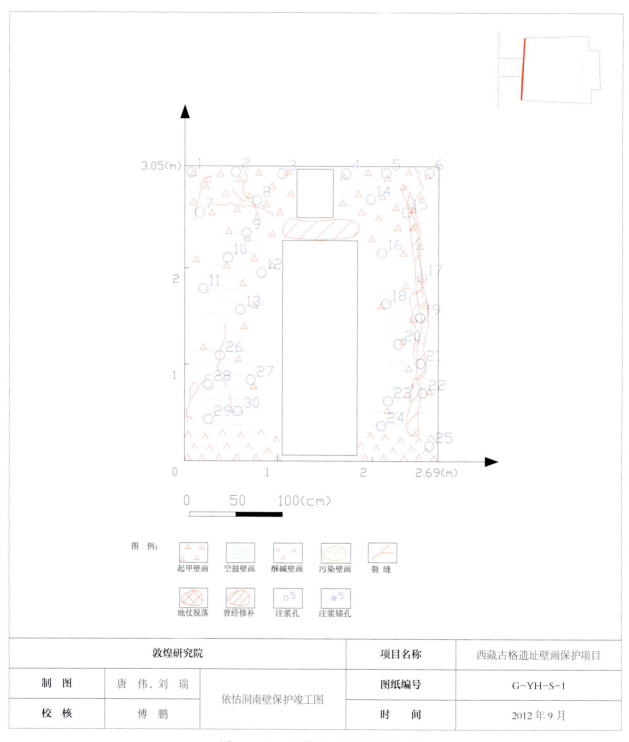

图 6-4-50　依怙洞南壁保护竣工图

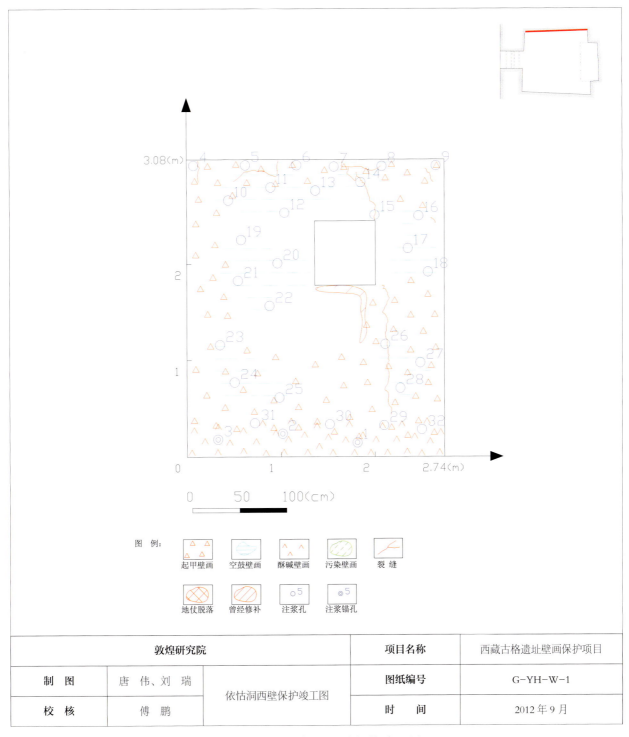

敦煌研究院			项目名称	西藏古格遗址壁画保护项目
制 图	唐 伟、刘 瑞	依怙洞西壁保护竣工图	图纸编号	G-YH-W-1
校 核	傅 鹏		时 间	2012 年 9 月

图 6-4-51 依怙洞西壁保护竣工图

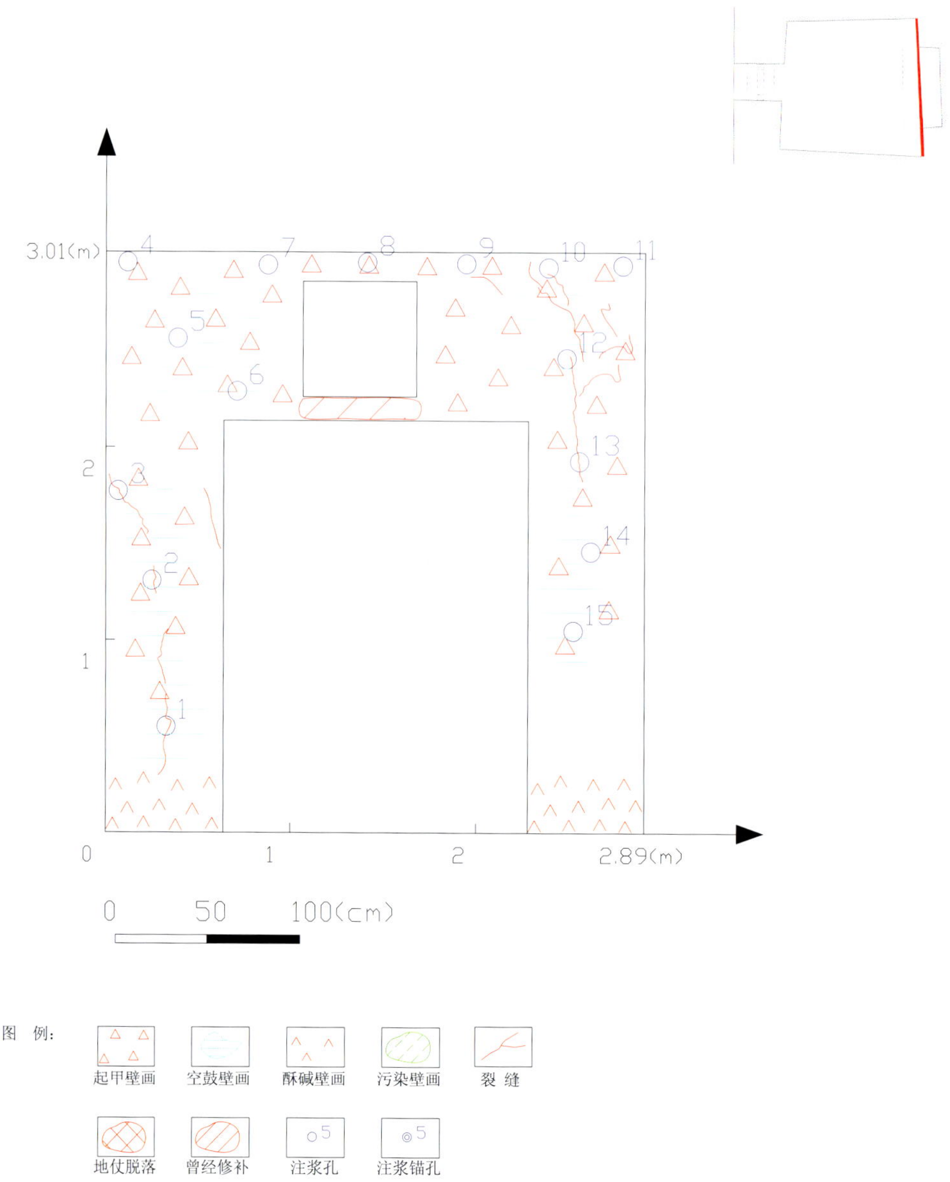

图 6-4-52　依怙洞北壁保护竣工图

四、大威德殿

按照时间以及工程量的规划，选择中型殿堂大威德殿作为 2012 年工作的最后一个殿堂。第一组和第二组工作人员在分别完成了坛城殿和依怙洞的工作后，又先后返回到古格遗址的底部，于 2012 年 8 月 2 日进入大威德殿开展保护工作。

根据详细的现状调查及现场讨论（图 6-4-53、6-4-54），确定大威德殿壁画主要存在的病害类型为：颜料层起甲、颜料层脱落、裂缝、壁画错位、地仗空鼓、地仗脱落、壁面污染、历史修复造成的病害等，且同一处壁画多种病害并存。大威德殿的室内净高约 4 米，必须搭设脚手架才能开展工作，故专门开辟出位置，搭设操作间用于各种材料的配制和存放（图 6-4-55）。

南壁、西壁由第一组人员负责保护实施，东壁、北壁由第二组人员负责保护实施。

图 6-4-53　项目总负责王旭东与工作人员
现场讨论保护工作

图 6-4-54　现状调查
（望板现状拍照）

图 6-4-55　大威德殿第二层保护平台与材料配置区域

大威德殿建筑前半部分发生了下沉，南壁、北壁的东侧随之发生下沉，壁画存在多处开裂错位，所以在完成空鼓壁画保护加固的同时（表6-4-7），对局部严重空鼓、错位变形的壁画进行了揭取、整形、回贴，使开裂错位壁画不再有脱落危险，画面线条拼接到位，取得了理想的保护效果。

表6-4-7　大威德殿空鼓壁画灌浆量统计

方位	注浆点（处）	灌浆量（ml）
东壁	35	35150
南壁	33	35850
西壁	27	29500
北壁	50	101840

自2012年8月2日至9月24日，完成大威德殿的壁画病害保护加固面积共计167.61平方米。其中保护修复起甲壁画面积为64.52平方米，修补壁面裂缝及地仗脱落面积为25.99平方米，加固空鼓壁画面积为45.93平方米，清理污染壁画面积为22.88平方米，去除历史加固并补做新地仗的面积为4.48平方米，椽头锯缝3.81平方米（表6-4-8；图6-4-56至图6-4-72）。

表6-4-8　大威德殿壁画保护加固面积统计

方位	保护加固面积 /m²							
	起甲	裂缝及地仗脱落	空鼓	酥碱	污染	历史加固	椽头锯缝	小计
东壁	22.86	7.50	8.43	0	0	0.43	0.68	39.90
南壁	12.20	5.20	10.08	0	0.50	4.05	0.68	32.71
西壁	19.76	10.95	18.65	0	19.08	0	1.25	69.69
北壁	9.70	2.34	8.77	0	3.30	0	1.20	25.31
合计	64.52	25.99	45.93	0	22.88	4.48	3.81	167.61

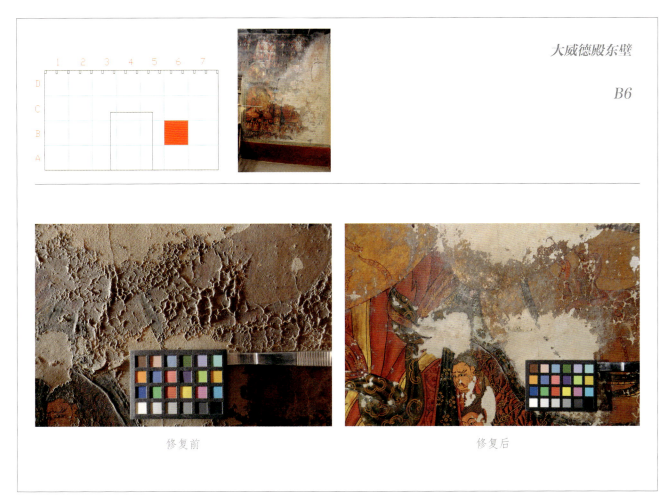

图 6-4-56　大威德殿东壁 B6 区修复前后比对

这处壁画位于大威德殿东壁 B6 区域，绘有众多小像。这里主要存在的病害是颜料层起甲，我们采用 3% 丙烯酸乳液对其进行了回贴加固。

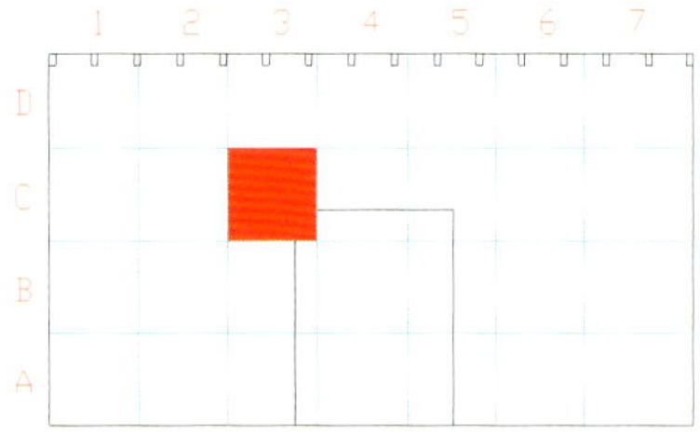

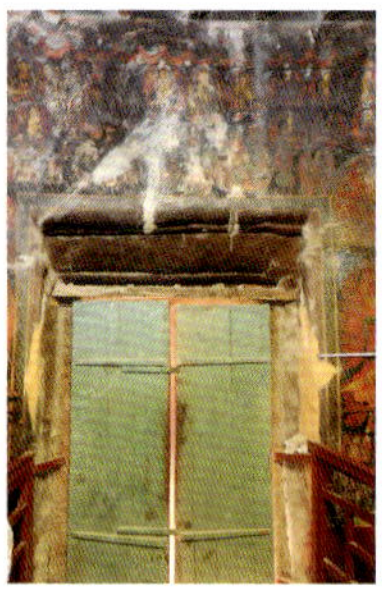

大威德殿东壁

C3

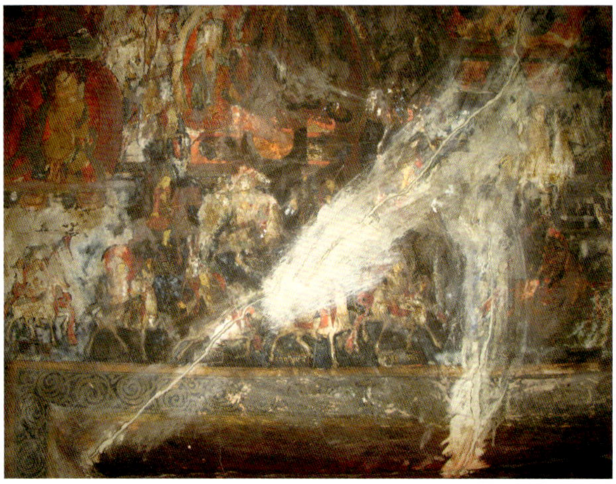

修复前

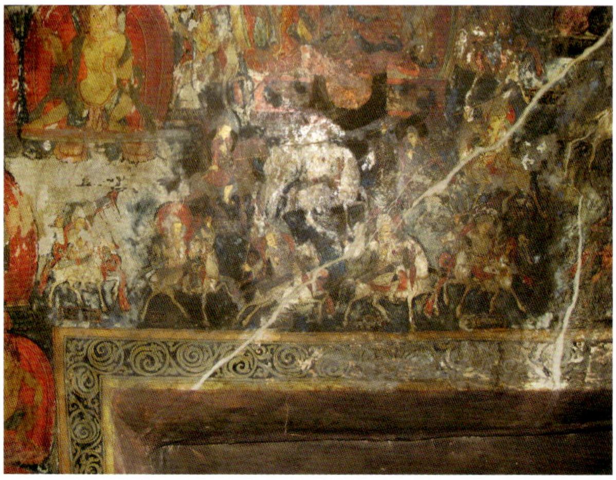

修复后

图 6-4-57　大威德殿东壁 C3 区修复前后比对

这处壁画位于大威德殿东壁 C3 区域，绘有众多小像。这里主要存在的病害是颜料层起甲、泥渍污染、错位和裂缝，我们首先采用洗耳球、软毛刷、脱脂棉、纯净水清除泥渍污染，然后采用 3% 丙烯酸乳液对颜料层起甲进行回贴加固，错位壁画整形后再用阿嘎土 : 沙 : 黄土 =2:2:1 和 4% 丙烯酸乳液配制的泥对裂缝进行修补。

修复前　　　　　　　　　　　　　　　修复后

图 6-4-58　大威德殿东壁 D5 区修复前后比对

这处壁画位于大威德殿东壁 D5 区域，绘有众多小像。这里主要存在的病害是颜料层起甲，我们采用 3% 丙烯酸乳液对其进行了回贴加固。

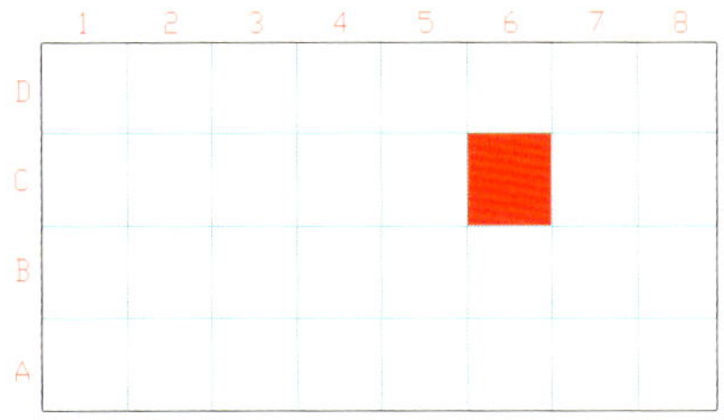

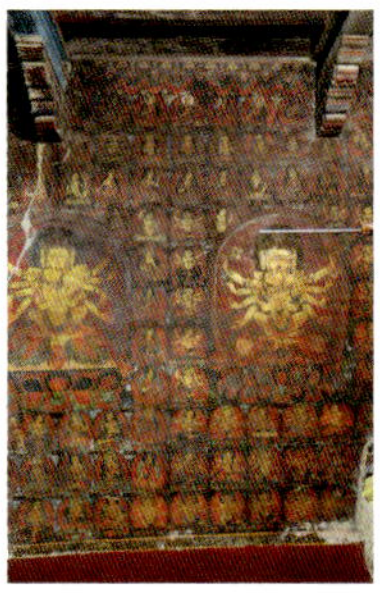

大威德殿南壁

C6

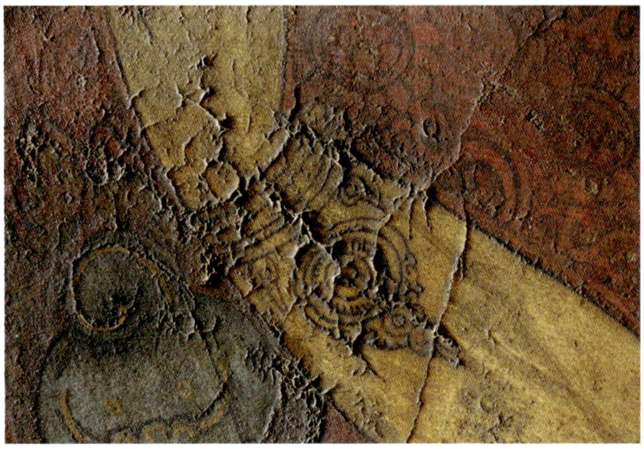

修复前

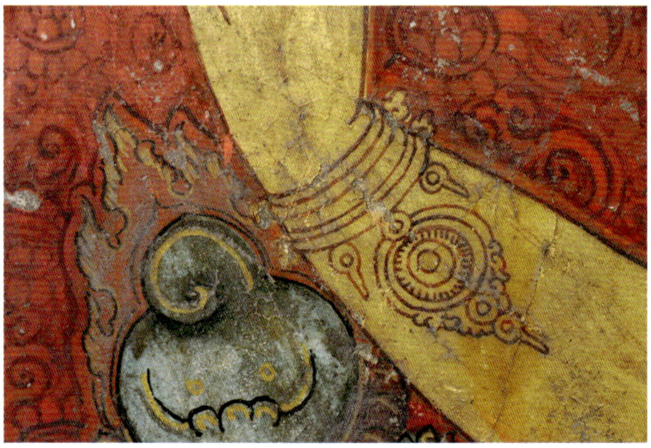

修复后

图 6-4-59 大威德殿南壁 C6 区修复前后比对

这处壁画位于大威德殿南壁 C6 区域，绘有密集不动金刚，周围绘有众多小像。这里主要存在的病害是颜料层起甲，我们采用 2% 硅－丙 :2% 丙烯酸 =1:1 的混合乳液对其进行了回贴加固。

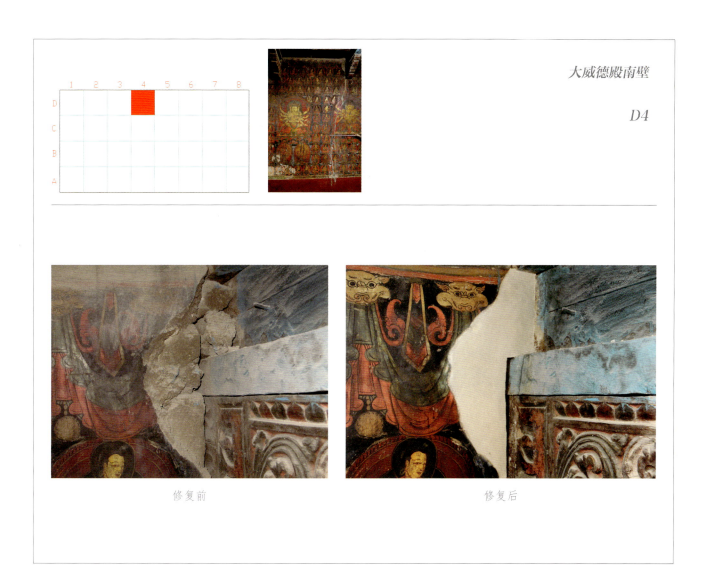

修复前　　　　　　　　　　　　　　　修复后

图 6-4-60　大威德殿南壁 D4 区修复前后比对

这处壁画位于大威德殿南壁 D4 区域，顶部绘兽面衔垂帐二方连续图案，其下绘有众多小像。这里主要存在的病害是地仗脱落，我们采用了阿嘎土∶沙∶黄土 =2:2:1 和 2% 硅－丙∶2% 丙烯酸 =1:1 的混合乳液配制的泥对其进行修补。

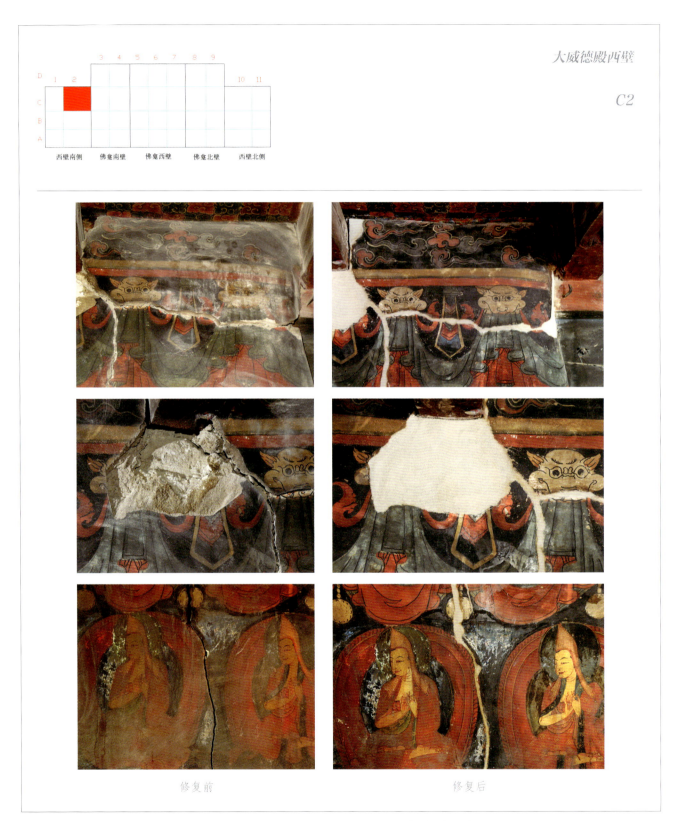

修复前　　　　　　　　　　　　　　　　　　　修复后

图 6-4-61　大威德殿西壁 C2 区修复前后比对

这处壁画位于大威德殿西壁 C2 区域，顶部绘兽面衔垂帐二方连续图案，其下绘有众多小像。这里主要存在的病害是历史加固造成的病害、裂缝、泥渍污染。针对历史加固造成的病害，我们采用了先去除历史加固材料，再用阿嘎土∶沙∶黄土 =2:2:1 和 2% 硅－丙∶2% 丙烯酸 =1:1 的混合乳液配制的泥对其进行修补；针对污染，采用洗耳球、软毛刷、脱脂棉、纯净水清除泥渍污染

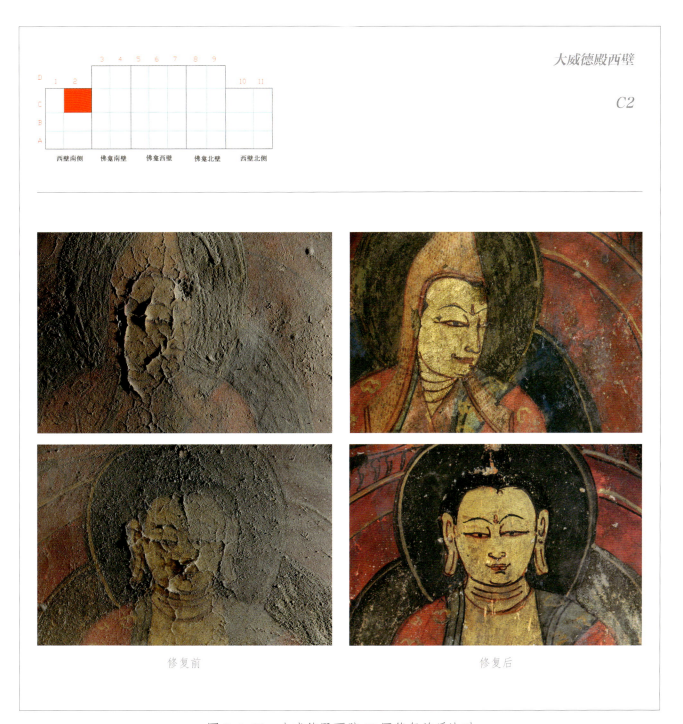

修复前　　　　　　　　　　　修复后

图 6-4-62　大威德殿西壁 C2 区修复前后比对

这处壁画位于大威德殿西壁 C2 区域，顶部绘兽面衔垂帐二方连续图案，其下绘有众多小像。这里主要存在的病害是颜料层起甲，我们采用 3% 丙烯酸乳液对其进行了回贴加固。

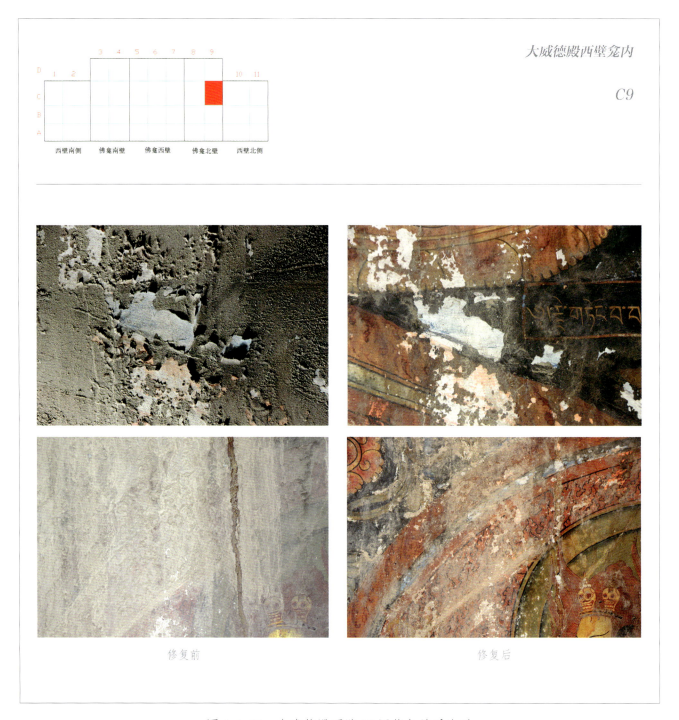

图 6-4-63　大威德殿西壁 C9 区修复前后比对

这处壁画位于大威德殿西壁龛内 C9 区域，绘有愚昧阎罗、特锤阎罗（局部）、嫉妒阎罗、周围小像漫漶不清。这里主要存在的病害是颜料层起甲、泥渍污染，我们首先采用洗耳球、软毛刷、脱脂棉、纯净水清除泥渍污染，然后采用 3% 丙烯酸乳液对颜料层起甲进行回贴加固。

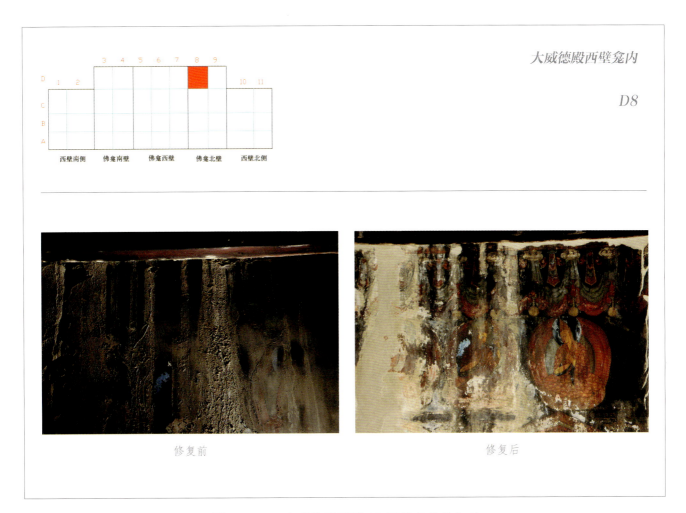

图 6-4-64　大威德殿西壁 D8 区修复前后比对

这处壁画位于大威德殿西壁龛内 D8 区域，壁画内容漫漶不清。这里主要存在的病害是颜料层起甲、泥渍污染、历史加固造成的病害。针对泥渍污染和颜料层起甲，我们首先采用洗耳球、软毛刷、脱脂棉、纯净水清除泥渍污染，然后采用 3% 丙烯酸乳液对颜料层起甲进行回贴加固；针对历史加固造成的病害，我们采用了先去除历史加固材料，再用阿嘎土 : 沙 : 黄土 =2:2:1 和 2% 硅 – 丙 :2% 丙烯酸 =1:1 的混合乳液配制的泥对其进行修补。

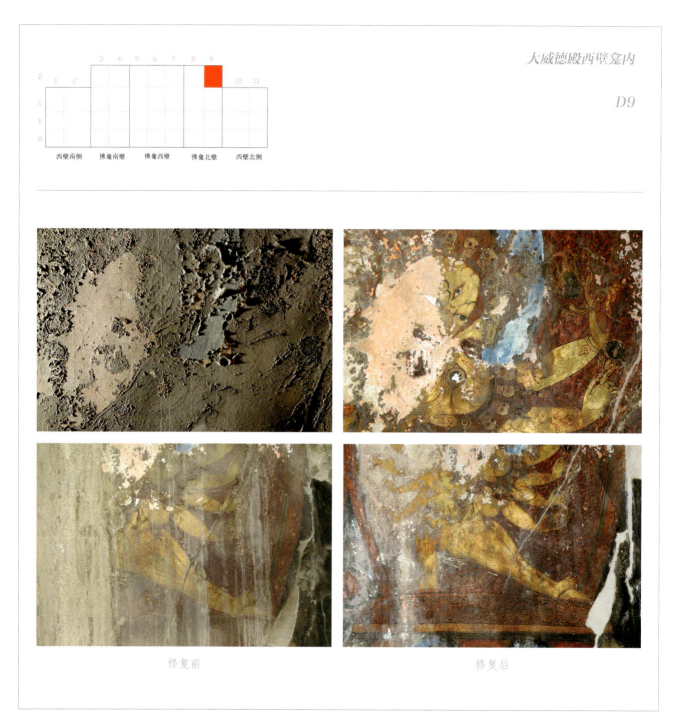

大威德殿西壁龛内

D9

西壁南侧　　佛龛南壁　　佛龛西壁　　佛龛北壁　　西壁北侧

修复前　　　　　　　　　　　　　修复后

图 6-4-65　大威德殿西壁 D9 区修复前后比对

这处壁画位于大威德殿西壁龛内 D9 区域，绘有愚昧阎罗、特锤阎罗（局部）、嫉妒阎罗和众多小像，壁画内容漫漶不清。这里主要存在的病害是泥渍污染、颜料层起甲、历史加固造成的病害。针对泥渍污染和颜料层起甲，我们首先采用洗耳球、软毛刷、脱脂棉、纯净水清除泥渍污染，然后采用 3% 丙烯酸乳液对颜料层起甲进行回贴加固；针对历史加固造成的病害，我们采用了先去除历史加固材料，再用阿嘎土：沙：黄土 =2:2:1 和 2% 硅 - 丙 :2% 丙烯酸 =1:1 的混合乳液配制的泥对其进行修补。

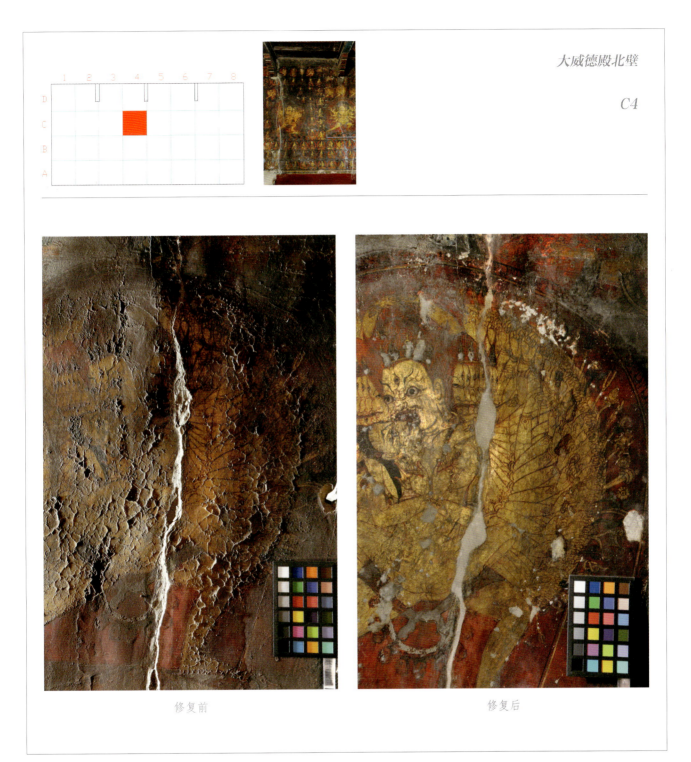

修复前　　　　　　　　　　　　修复后

图 6-4-66　大威德殿北壁 C4 区修复前后比对

这处壁画位于大威德殿北壁 C4 区域，所绘为主尊大像胜乐金刚上部的胜乐佛小像。这里主要存在的病害是颜料层起甲、裂缝，我们采用 3% 丙烯酸乳液对起甲颜料层进行了回贴加固，采用了阿嘎土：沙：黄土 =2:2:1 和 2% 硅 – 丙 :2% 丙烯酸 =1:1 的混合乳液配制的泥对裂缝进行了修补。

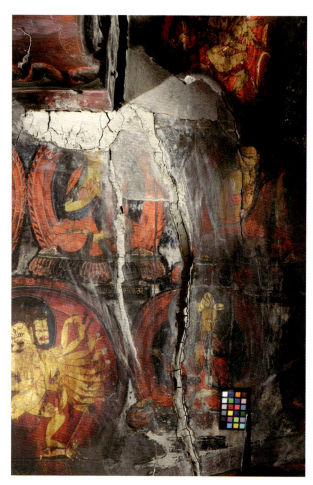 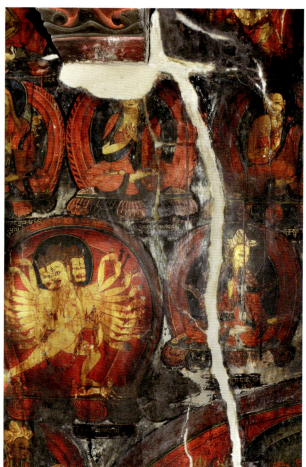

修复前   修复后

图 6-4-67   大威德殿北壁 C3、D3 区修复前后比对

这处壁画位于大威德殿北壁 C3、D3 区域，绘有持颅心喜金刚（局部），周围绘有众多小像。这里主要存在的病害是裂缝，我们采用了阿嘎土：沙：黄土 =2:2:1 和 2% 硅 - 丙 :2% 丙烯酸 =1:1 的混合乳液配制的泥对其进行修补。

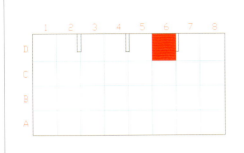

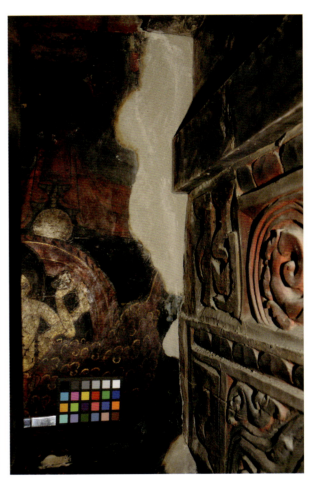

修复前 　　　　　　　　　　　　　　　　　修复后

图 6-4-68　大威德殿北壁 D6 区修复前后比对

这处壁画位于大威德殿北壁 D6 区域，顶部绘有兽面衔垂帐二方连续图案，其下绘有众多小像。这里主要存在的病害是梁头附近裂缝、地仗脱落，我们采用了阿嘎土：沙：黄土 =2:2:1 和 2% 硅－丙 :2% 丙烯酸 =1:1 的混合乳液配制的泥对其进行修补。

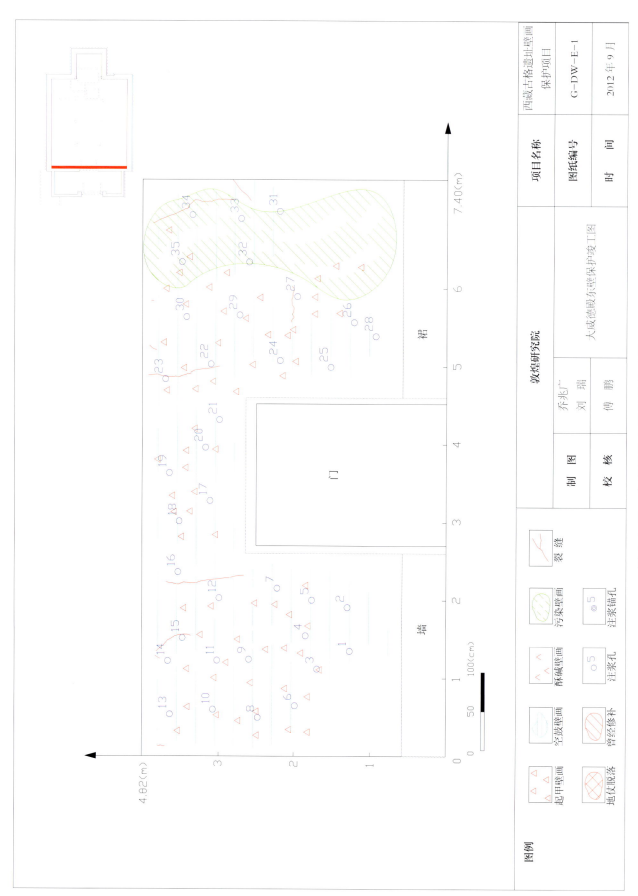

图 6-4-69 大威德殿东壁保护竣工图

图 6-4-70　大威德殿南壁保护竣工图

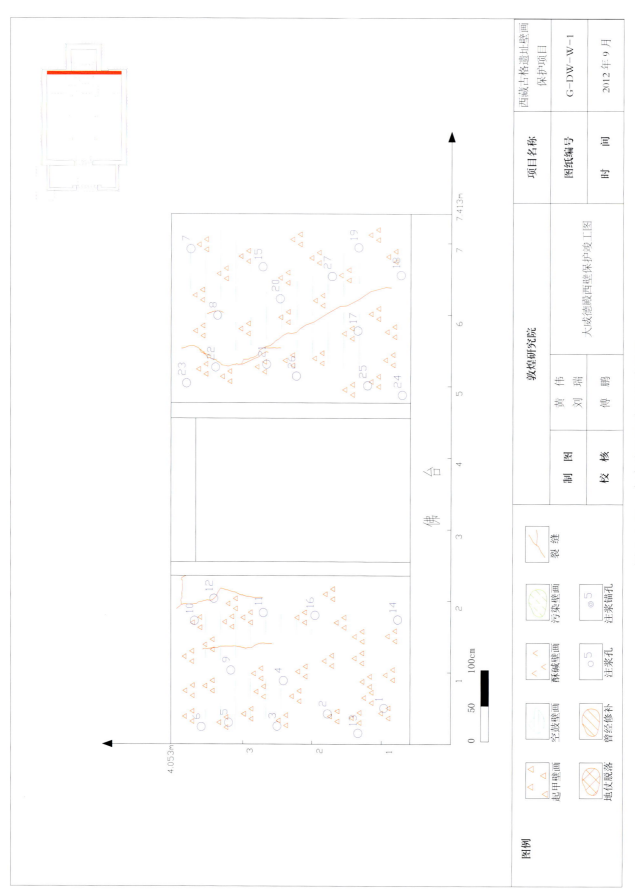

图 6-4-71　大威德殿西壁保护竣工图

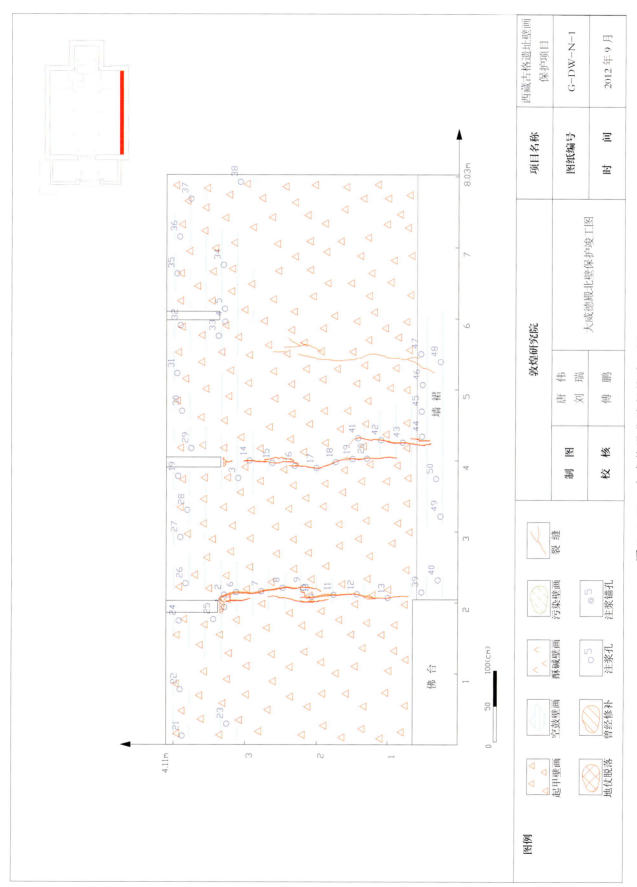

图 6-4-72　大威德殿北壁保护竣工图

五、红殿

2013 年 5 月 11 日进入红殿开展保护工作，红殿的室内净高 9.8 米，须搭建三层脚手架开展工作（图 6-4-73）。红殿作为古格遗址对外开放的主要殿堂，保护实施过程中，为不影响游客的参观，项目团队在做好各项安全防范、警示隔离等工作的前提下，并未搭建满堂架，而是采取一半施工、一半开放的方式。

根据详细的现状调查（图 6-4-74），可以确定红殿壁画主要存在的病害类型有：颜料层起甲、颜料层脱落、裂缝、壁面错位、地仗空鼓、地仗脱落、壁面污染、酥碱、历史加固造成的病害等。

南壁、西壁由第一组工作人员负责保护实施，东壁、北壁由第二组工作人员负责保护实施。

图 6-4-73　红殿保护实施平台　　　　　　图 6-4-74　红殿壁画现状调查

在 2012 年保护修复取得成功经验的基础上，对红殿壁画各类病害的保护加固材料进行了细微的调整。红殿建筑之前存在严重的漏雨问题，有多处因雨水冲刷而造成的较为严重的壁画污染，并伴有严重的空鼓、起甲，修复难度很大。我们对病害壁画首先进行了清污处理与起甲修复，然后进行灌浆加固（表 6-4-9），使壁画脱离危险。

表 6-4-9　红殿空鼓壁画灌浆量统计

方位	注浆点（处）	灌浆量（ml）
东壁	121	46216
南壁	60	75720
西壁	51	60032
北壁	41	70439

自 2013 年 5 月 11 日至 7 月 18 日，完成红殿壁画的病害保护加固面积共计 523.97 平方米。其中保护修复起甲壁画面积为 180.73 平方米，修补壁面裂缝及地仗脱落面积为 38.43 平方米，加固空鼓壁画面积为 176.81 平方米，加固治理酥碱壁画面积为 28.01 平方米，清理污染壁画面积为 74.74 平方米，去除历史加固并补做新地仗的面积为 22.90 平方米，椽头锯缝 2.35 平方米（表 6-4-10；图 6-4-75 至图 6-4-102）。

表 6-4-10　红殿壁画保护加固面积统计

方位	保护加固面积 /m²							
	起甲	裂缝及地仗脱落	空鼓	酥碱	污染	历史加固	椽头锯缝	小计
东壁	61.66	11.75	63.97	12.73	23.98	2.09	0	176.18
南壁	64.28	16.77	42.44	9.70	2.33	15.53	1.15	152.20
西壁	8.48	5.76	59.77	0	47.06	4.26	1.20	126.53
北壁	46.31	4.15	10.63	5.58	1.37	1.02	0	69.06
合计	180.73	38.43	176.81	28.01	74.74	22.90	2.35	523.97

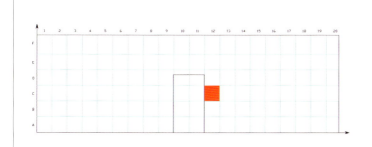

红殿东壁

C12

修复前

修复后

图 6-4-75　红殿东壁 C12 区修复前后比对

这处壁画位于红殿东壁 C12 区域，绘有经文（局部）、马头明王身体（局部）和背光花纹（局部）。这里主要存在的病害是颜料层起甲，我们采用 3% 丙烯酸乳液进行回贴加固。

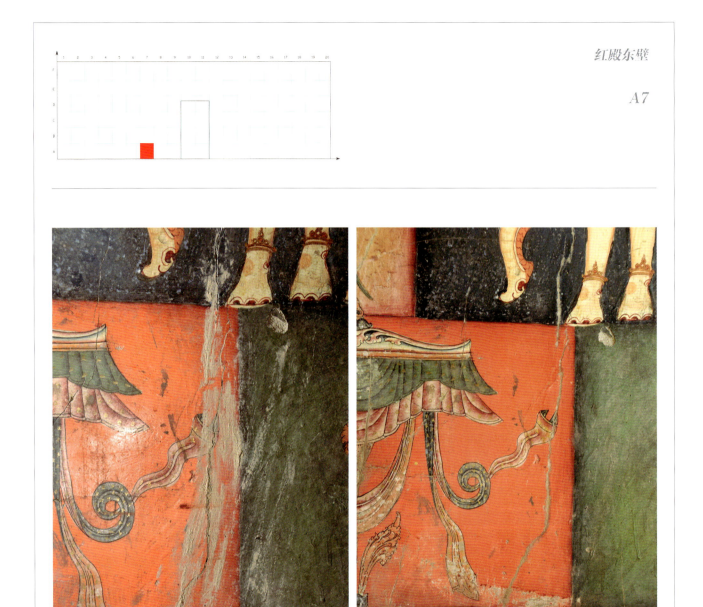

修复前　　　　　　　　　修复后

图 6-4-76　红殿东壁 A7 区修复前后比对

这处壁画位于红殿东壁 A7 区域，这里是红色墙裙，上绘经文（局部）、八吉祥、七政宝、金刚手莲台（局部）等图案。这里主要存在的病害是泥渍污染、颜料层起甲、裂缝。针对泥渍污染，采用的方法是用洗耳球、软毛刷、脱脂棉、纯净水清除泥渍污染；针对颜料层起甲，采用 3% 丙烯酸乳液进行回贴加固；针对裂缝，采用的方法是用阿嘎土：沙：黄土 =3:2:1 和 3% 丙烯酸乳液配制的泥进行修补。

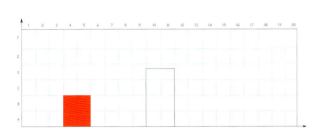

红殿东壁

A4、B4、A5、B5

修复前

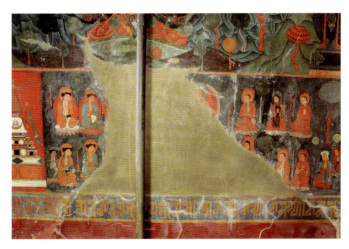

修复后

图 6-4-77 红殿东壁 A4、B4、A5、B5 区修复前后比对

这处壁画位于红殿东壁 A4、B4、A5、B5 区域，这里是红色墙裙，上绘经文（局部）、众多小像、八吉祥、七政宝等。这里主要存在的病害是颜料层起甲、历史加固。针对颜料层起甲，采用 3% 丙烯酸乳液进行回贴加固；针对历史加固，采用先去除历史加固材料，然后用竹子和长麻制作竹竿假墙，最后再用阿嘎土：沙：黄土 =3:2:1 和 3% 丙烯酸乳液配制的泥进行表面抹泥处理。

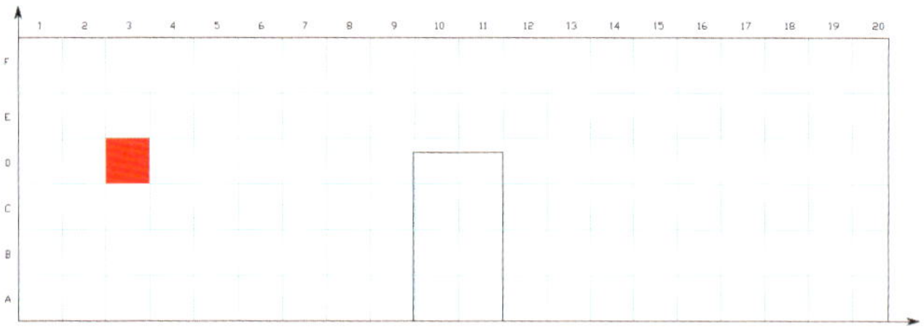

修复前   修复后

图 6-4-78   红殿东壁 D3 区修复前后比对

这处壁画位于红殿东壁 D3 区域，绘有喀萨帕尼观音、哈拉哈拉观音、金刚杵度母、引窣路佛（局部）。这里主要存在的病害是历史加固、错位、污染、裂缝、地仗破损、颜料层起甲。针对颜料层起甲，采用 3% 丙烯酸乳液进行回贴加固；针对泥渍污染，采用洗耳球、软毛刷、脱脂棉、纯净水清除泥渍污染；针对裂缝和地仗破损，采用的方法是用阿嘎土∶沙∶黄土 =3∶2∶1 和 3% 丙烯酸乳液配制的泥对其进行修补；针对壁画错位，采用矫正的方法进行整形；针对历史加固，采用先去除历史加固材料，然后再用阿嘎土∶沙∶黄土 =3∶2∶1 和 3% 丙烯酸乳液配制的泥对其进行修补。

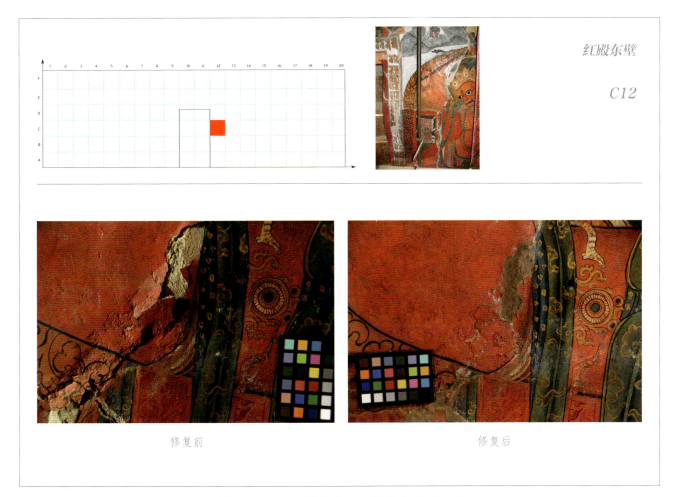

图 6-4-79　红殿东壁 C12 区修复前后比对

这处壁画位于红殿东壁 C12 区域，绘有经文（局部）、马头明王身体（局部）和背光花纹（局部）。这里主要存在的病害是裂缝、地仗脱落、颜料层起甲。针对颜料层起甲，采用 3% 丙烯酸乳液进行回贴加固；针对裂缝和地仗脱落，采用阿嘎土：沙：黄土 =3:2:1 和 3% 丙烯酸乳液配制的泥对其进行修补。

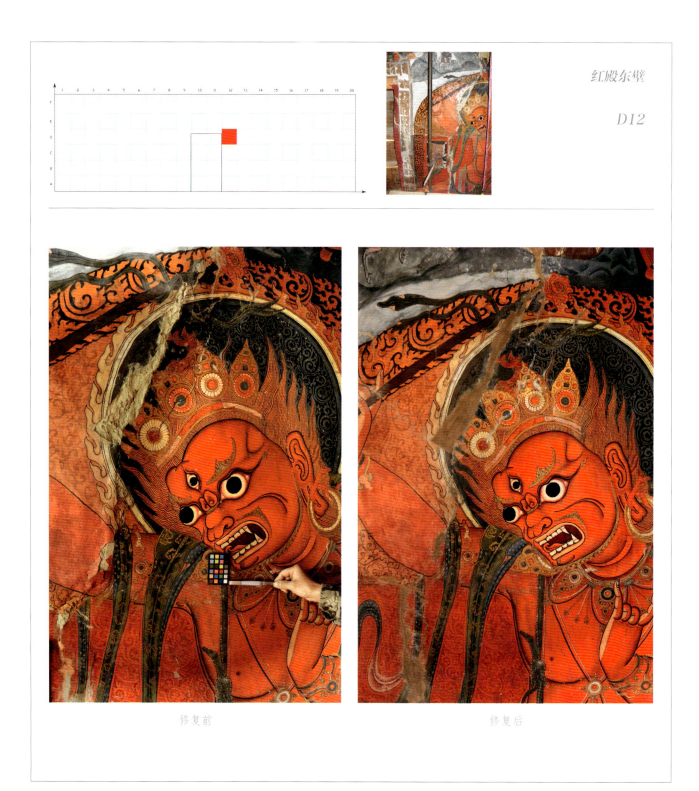

红殿东壁

D12

修复前　　　　　　　　　　　　修复后

图 6-4-80　红殿东壁 D12 区修复前后比对

这处壁画位于红殿东壁 D12 区域，绘有马头明王头冠、头部、右侧手臂及法器、背光（局部）。这里主要存在的病害是裂缝、地仗脱落、颜料层起甲。针对颜料层起甲，采用 3% 丙烯酸乳液进行回贴加固；针对裂缝和地仗脱落，采用阿嘎土：沙：黄土 =3:2:1 和 3% 丙烯酸乳液配制的泥对其进行修补。

图 6-4-81　红殿南壁 E12 区修复前后比对

这处壁画位于红殿南壁 E12 区域，壁画残缺，绘有法王洛桑扎巴和释迦牟尼头部背光、飞天（局部）。这里主要存在的病害是颜料层起甲、颜料层脱落、污染。针对颜料层起甲，采用 2% 丙烯酸 :2% 硅－丙 =1:1 的混合乳液进行回贴加固；针对污染，采用洗耳球、软毛刷、脱脂棉、纯净水清除污染。

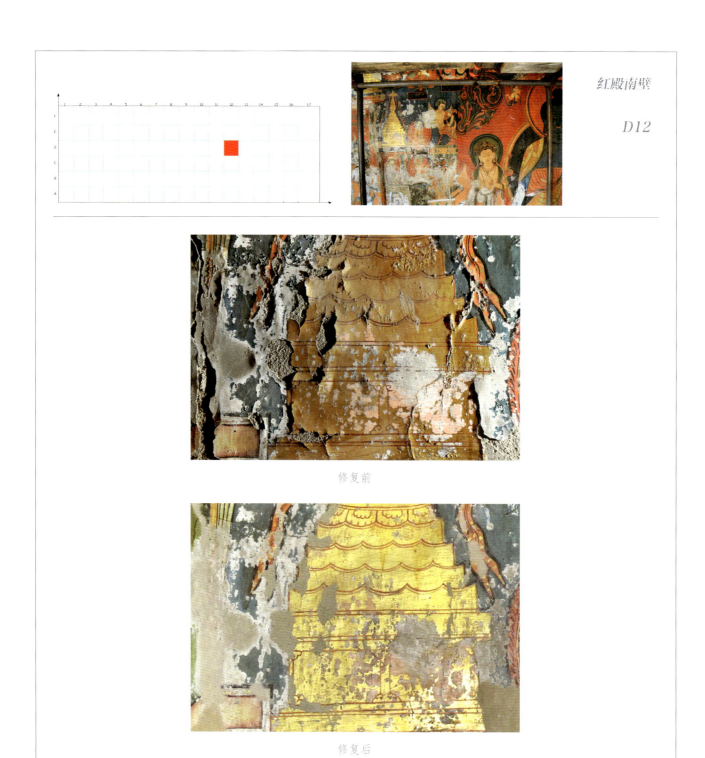

图 6-4-82　红殿南壁 D12 区修复前后比对

这处壁画位于红殿南壁 D12 区域，绘有金色佛塔、半人半鸟人物、菩萨和头部背光。这里主要存在的病害是颜料层起甲、颜料层脱落。针对颜料层起甲，采用 2% 丙烯酸 :2% 硅－丙 =1:1 的混合乳液进行回贴加固。

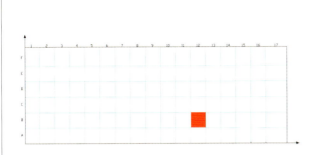

红殿南壁

B12

修复前

修复后

图 6-4-83 红殿南壁 B12 区修复前后比对

这处壁画位于红殿南壁 B12 区域，壁画残缺，绘有莲台、树木、白象、羊。这里主要存在的病害是颜料层起甲、酥碱、裂缝、地仗破损。针对颜料层起甲和酥碱，采用 2% 硅丙乳液进行回贴加固；针对裂缝和地仗破损，采用阿嘎土：沙：黄土 =3:2:1 和 4% 丙烯酸乳液配制的泥对其进行修补。

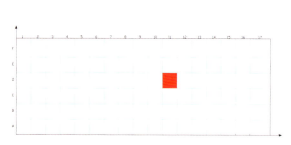

红殿南壁

D11

修复前

修复后

图 6-4-84 红殿南壁 D11 区修复前后比对

这处壁画位于红殿南壁 D11 区域，壁画残缺，绘有释迦牟尼坐像、菩萨、背光（局部）。这里主要存在的病害是颜料层起甲、裂缝、地仗脱落。针对颜料层起甲，采用 2% 丙烯酸 :2% 硅－丙 =1:1 的混合乳液进行回贴加固；针对裂缝和地仗破损，采用阿嘎土:沙:黄土 =3:2:1 和 4% 丙烯酸乳液配制的泥对其进行修补。

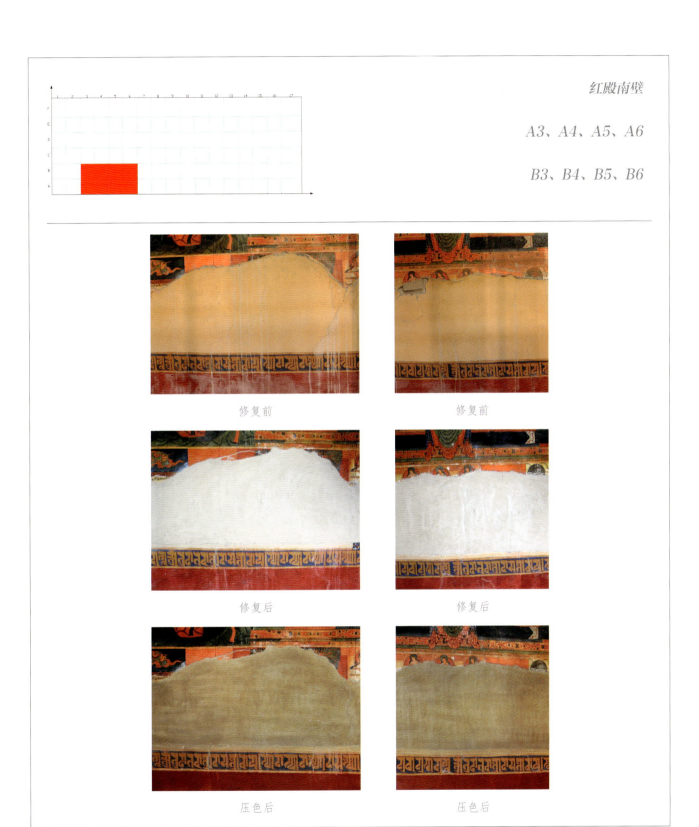

图 6-4-85 红殿南壁 A3、A4、A5、A6、B3、B4、B5、B6 区修复前后比对

这处壁画位于红殿南壁 A3、A4、A5、A6、B3、B4、B5、B6 区域，墙裙，经文上方壁画残缺，释迦牟尼坐像莲台下绘有树木、房屋（局部）。这里主要存在的病害是污染、历史加固。针对污染，采用用洗耳球、软毛刷、脱脂棉、纯净水清除污染；针对历史加固，采用先去除历史加固材料，然后制作竹竿假墙，再用阿嘎土：沙：黄土 =3:2:1 和 4% 丙烯酸乳液配制的泥进行表面抹泥处理，最后进行视觉压色处理。

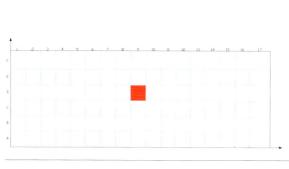

红殿南壁

D9

修复前

修复后

图 6-4-86　红殿南壁 D9 区修复前后比对

这处壁画位于红殿南壁 D9 区域，绘有立柱、永旦维林。这里主要存在的病害是颜料层起甲、泥渍污染。我们首先用洗耳球、软毛刷、脱脂棉、纯净水清除泥渍污染，然后采用 2% 丙烯酸 :2% 硅丙 =1:1 的混合乳液对起甲颜料层进行回贴加固。

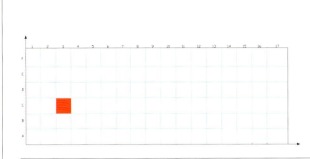

红殿南壁

C3

修复前

修复后

图 6-4-87 红殿南壁 C3 区修复前后比对

这处壁画位于红殿南壁 C3 区域，绘有释迦牟尼、菩萨、立柱和莲花座（局部）。这里主要存在的病害是颜料层起甲、污染，我们首先采用洗耳球、软毛刷、脱脂棉、纯净水清除污染，然后采用 2% 丙烯酸 :2% 硅－丙 =1:1 的混合乳液对起甲颜料层进行回贴加固。

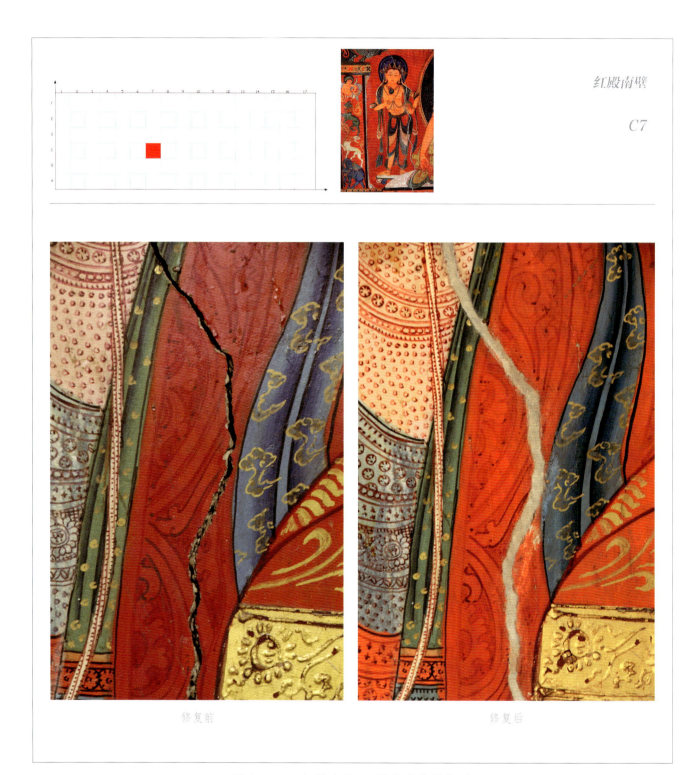

图 6-4-88 红殿南壁 C7 区修复前后比对

这处壁画位于红殿南壁 C7 区域，绘有释迦牟尼坐像、莲花座、菩萨（局部）。这里主要存在的病害是裂缝，采用阿嘎土：沙：黄土 =3:2:1 和 4% 丙烯酸乳液配制的泥对其进行修补。

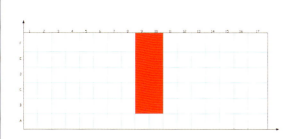

修复前

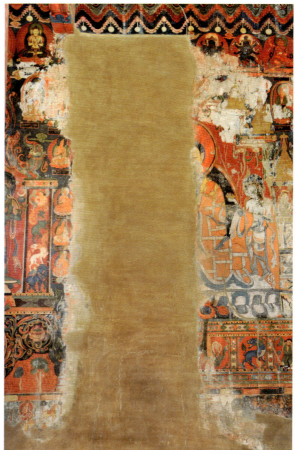

修复后

图 6-4-89　红殿南壁 B9、C9、C10、D9、D10、E9、E10、F9、F10 区修复前后比对

这处壁画位于红殿南壁 B9、B10、C9、C10、D9、D10、E9、E10、F9、F10 区域，壁画残缺，内容漫漶不清。这里主要存在的病害是历史加固，采用先去除历史加固材料，然后用竹子和长麻制作竹竿假墙，最后再用阿嘎土：沙：黄土 =3:2:1 和 4% 丙烯酸乳液配制的泥进行表面抹泥处理。

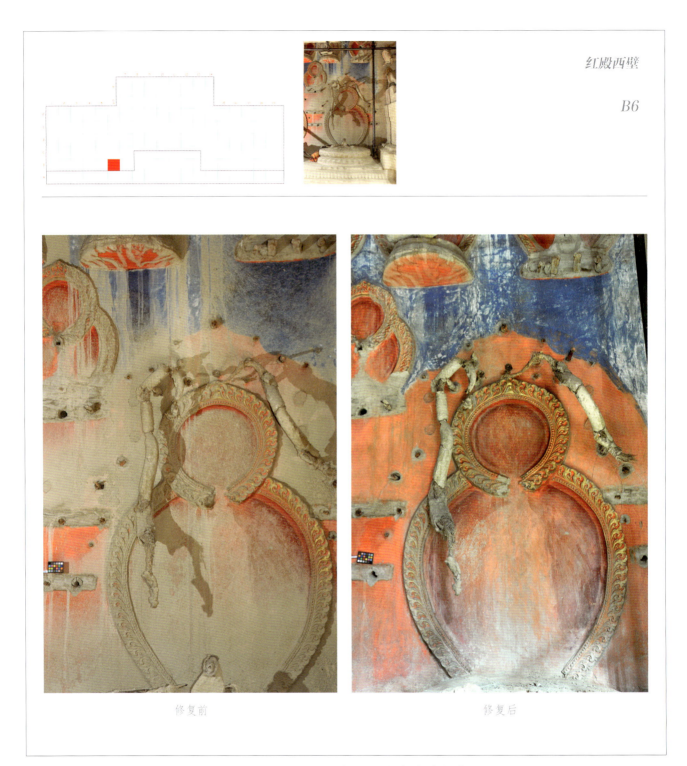

红殿西壁

B6

修复前　　　　　　　　　　　　　　　　修复后

图 6-4-90　红殿西壁 B6 区修复前后比对

这处壁画位于红殿西壁 B6 区域，绘有莲花座、佛像背光。这里主要存在的病害是柱孔破损、污染。针对污染，首先采用洗耳球、软毛刷、脱脂棉、纯净水清除污染，然后采用 3% 丙烯酸乳液对颜料层进行加固；针对柱孔破损，采用阿嘎土∶沙∶黄土 =3∶2∶1 和 4% 丙烯酸乳液配制的泥对其进行加固。

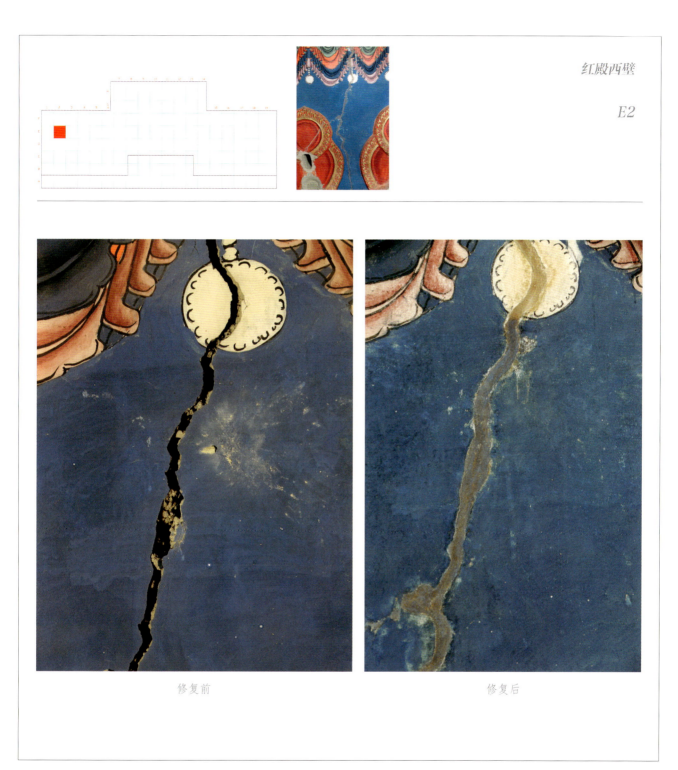

图 6-4-91 红殿西壁 E2 区修复前后比对

这处壁画位于红殿西壁 E2 区域，这里绘有佛像背光，上方绘兽面衔垂帐流苏纹条带。这里主要存在的病害是裂缝、污染。针对污染，采用洗耳球、软毛刷、脱脂棉、纯净水清除污染；针对裂缝，采用阿嘎土：沙：黄土 =3:2:1 和 4% 丙烯酸乳液配制的泥对其进行修补。

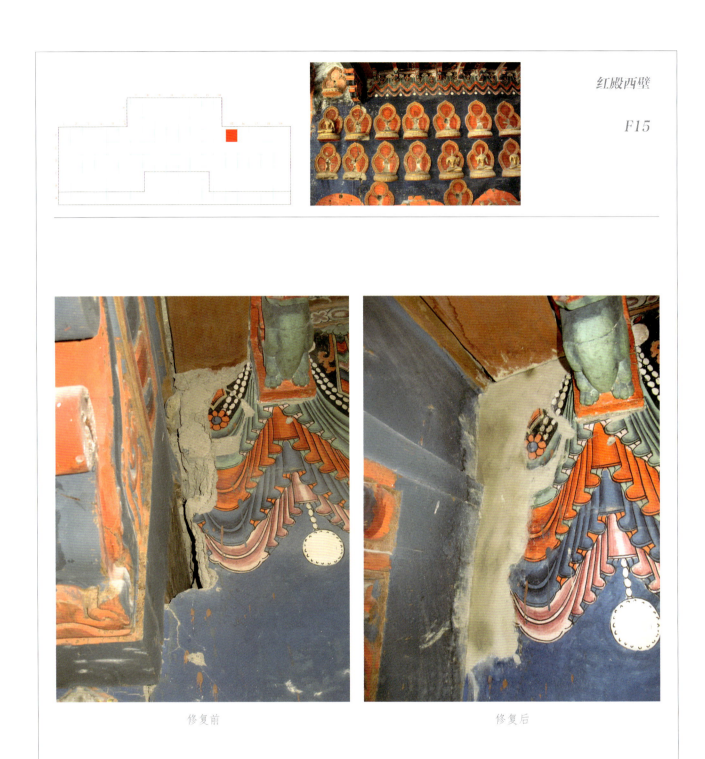

图 6-4-92　红殿西壁 F15 区修复前后比对

这处壁画位于红殿西壁 F15 区域、墙壁顶部，绘兽面衔垂帐流苏纹条带。这里主要存在的病害是裂缝和地仗脱落，我们采用了阿嘎土：沙：黄土 =3:2:1 和 4% 丙烯酸乳液配制的泥对其进行修补。

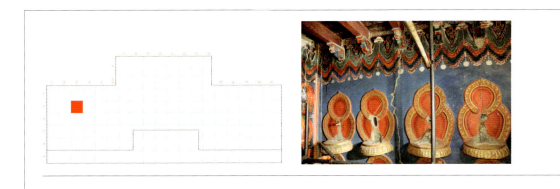

红殿西壁

E3

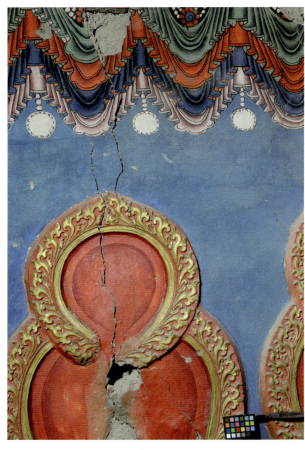

修复前

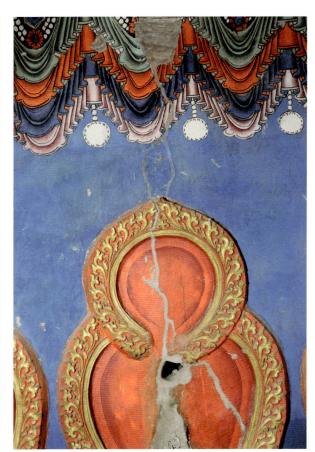

修复后

图 6-4-93 红殿西壁 E3 区修复前后比对

这处壁画位于红殿西壁 E3 区域，这里是佛像背光，上方绘兽面衔垂帐流苏纹条带。这里主要存在的病害是柱孔破损、地仗脱落、裂缝，我们采用阿嘎土：沙：黄土 =3:2:1 和 4% 丙烯酸乳液配制的泥对其进行修补加固。

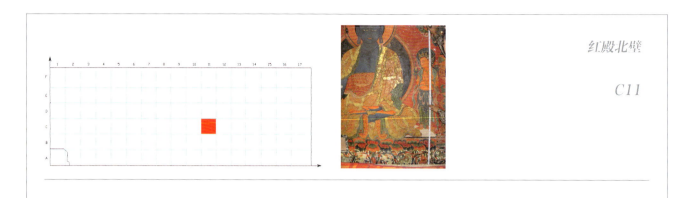

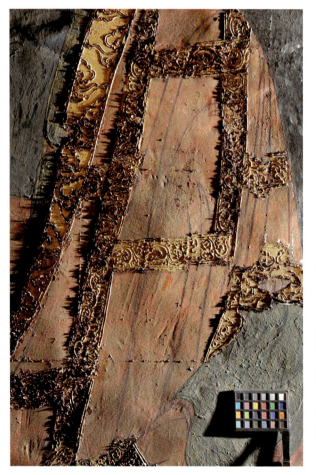

修复前　　　　　　　　　　　　　　　　　　修复后

图 6-4-94　红殿北壁 C11 区修复前后比对

这处壁画位于红殿北壁 C11 区域，绘有释迦牟尼（局部）。这里主要存在的病害是金箔起甲，我们采用 3% 丙烯酸乳液∶3% 硅－丙乳液 =1∶1 的混合乳液进行回贴加固修补。

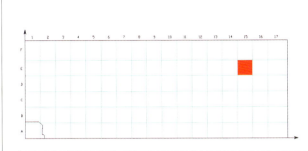

红殿北壁

E15

修复前

修复后

图 6-4-95　红殿北壁 E15 区修复前后比对

这处壁画位于红殿北壁 E15 区域，绘有小像、兽、曲杰阿旺扎巴、曲杰吉旦贡布、曲杰珠古朗卡见才、大瑜伽古古如。这里主要存在的病害是颜料层起甲、裂缝、错位。针对颜料层起甲，采用 3% 丙烯酸乳液 :3% 硅 − 丙乳液 =1:1 的混合乳液进行回贴加固；针对裂缝，采用阿嘎土 : 沙 : 黄土 =3:2:1 和 3% 丙烯酸乳液配制的泥进行修补；针对壁画错位，采用矫正的方法进行整形。

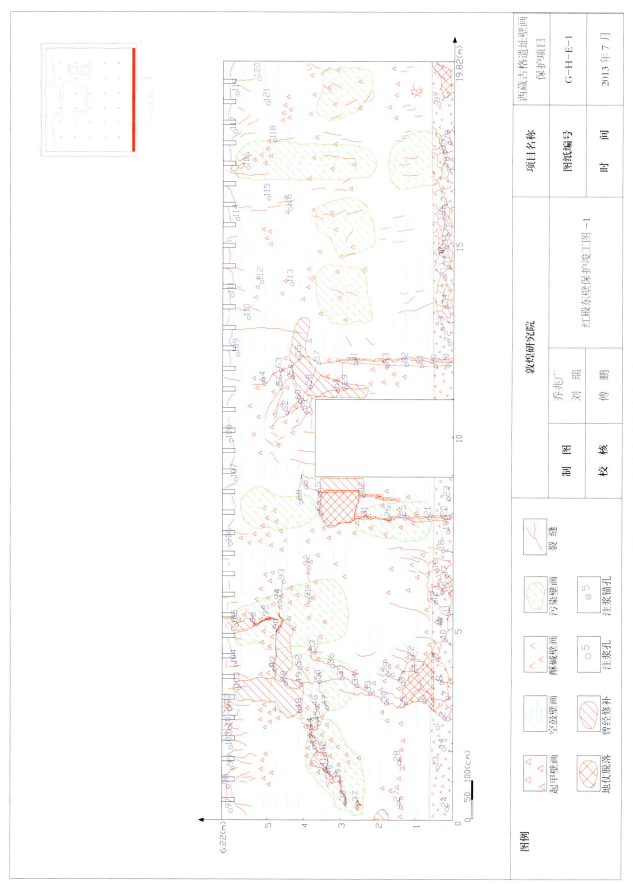

图 6-4-96　红殿东壁保护竣工图 -1

图 6-4-97　红殿东壁保护竣工图 -2

图 6-4-98 红殿南壁保护竣工图－1

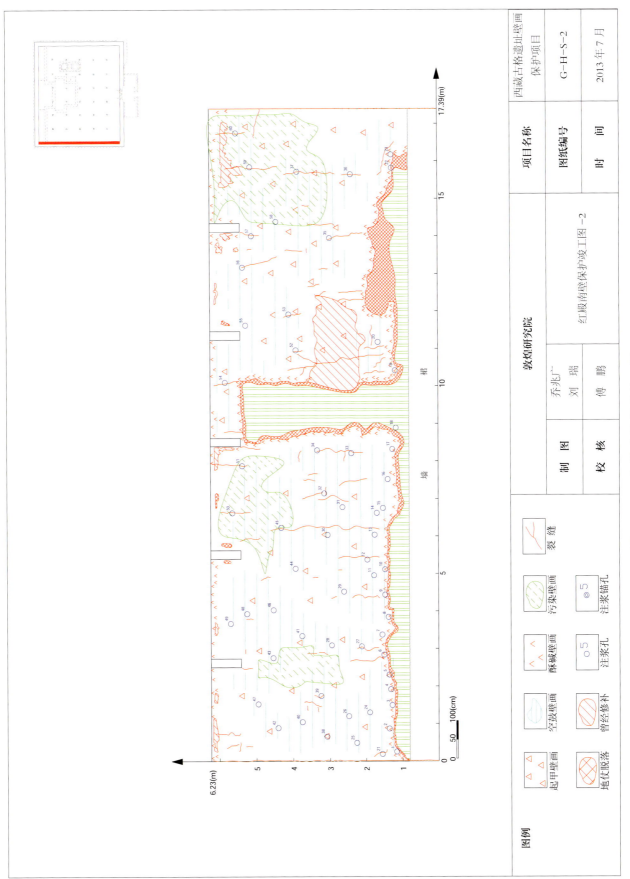

图 6-4-99　红殿南壁保护竣工图 -2

图 6-4-100　红殿西壁保护竣工图纸

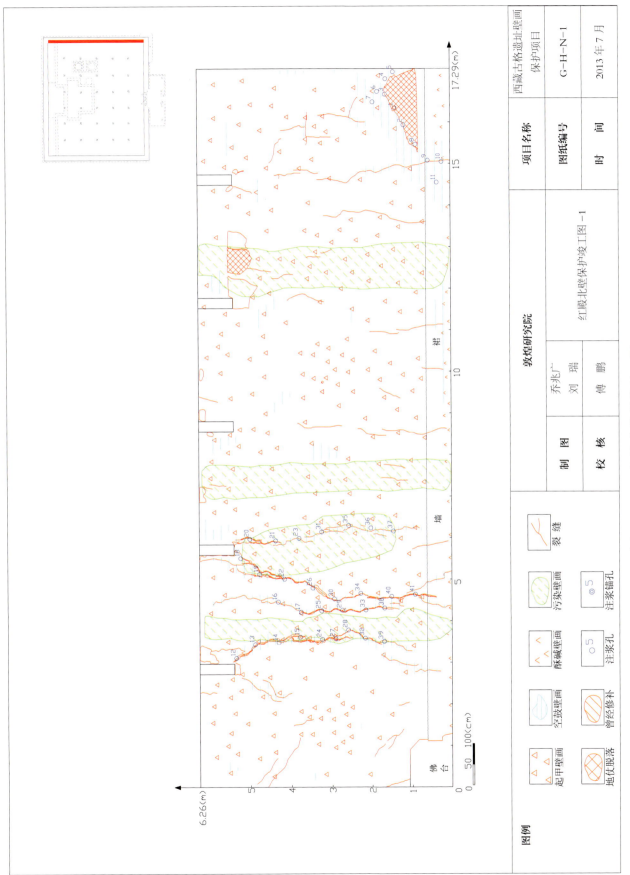

图 6-4-101　红殿北壁保护竣工图 -1

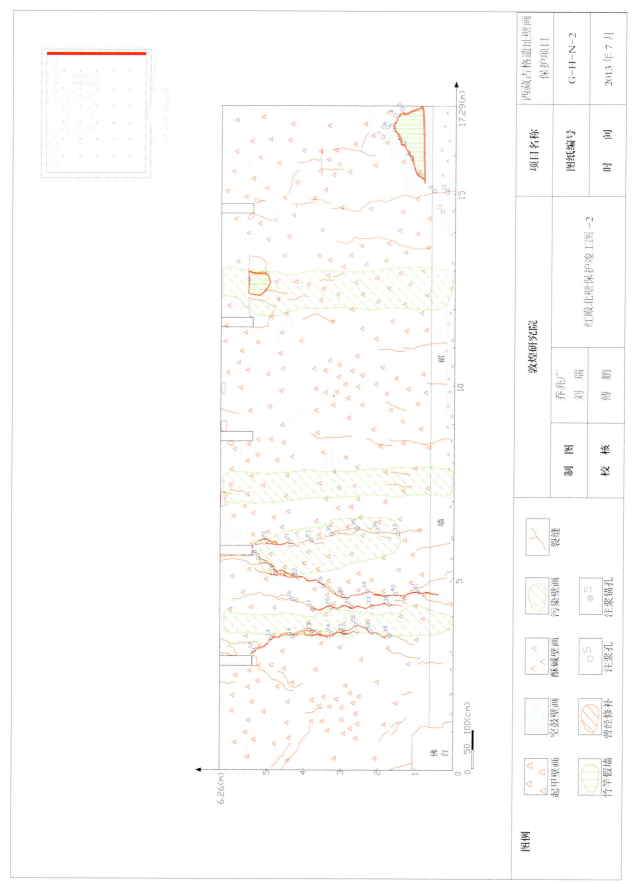

图 6-4-102　红殿北壁保护竣工图 -2

六、白殿

为配合古建维修施工，按照《西藏阿里古格遗址古建施工过程中壁画处置预案》，早在 2012 年 5 月就对白殿北壁佛龛内的壁画进行了临时保护，2013 年 7 月 19 日正式进入白殿开展保护工作。

白殿殿内净高（不含天窗）5.9 米，须搭建脚手架才能开展工作（图 6-4-103）。为防止人员走动带起尘土对壁画造成污染，脚手架均铺设了毛毯（图 6-4-104）。

图 6-4-103　脚手架搭设完成后

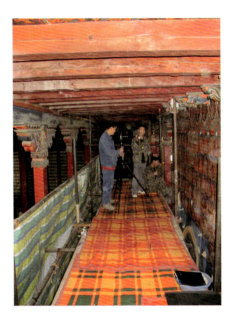

图 6-4-104　脚手架均铺设了毛毯

根据详细的现状调查（图 6-4-105），可以确定白殿壁画主要存在的病害类型有：颜料层起甲、颜料层脱落、裂缝、壁画错位、地仗空鼓、地仗脱落、壁面污染、历史加固或曾经修复造成的病害等。

南壁、北壁由第一组工作人员负责保护实施，东壁、西壁由第二组工作人员负责保护实施。

白殿壁画起甲修复难度非常大，在经历两次现场试验之后，对试验区域持续观察了两年才正式开展白殿的壁画保护工作。其他各类病害的保护加固材料也均是在之前保护工作取得成功

图 6-4-105　白殿壁画现状调查
（文字记录）

经验的基础上，进行了细微的调整。白殿建筑之前存在严重的漏雨问题，由此引起较大面积的壁画污染、起甲等现象，并伴有较大范围的空鼓。我们对病害壁画首先进行了清污处理与起甲修复，然后进行灌浆加固（表 6-4-11），使壁画脱离危险。白殿也有大范围的历史加固区域，鉴于工程量和工期的制约，项目团队根据历史加固材料对现存壁画的影响范围以及周边壁画的病害程度，基于确保壁画安全的原则，有选择性地进行了

表 6-4-11 白殿空鼓壁画灌浆量统计

方位	注浆点（处）	灌浆量（ml）
东壁	5	2400
南壁	32	51200
西壁	6	3120
北壁	62	83300

处理。白殿四壁存在多处支撑塑像或背光的孔洞，鉴于文物保护的原则，对这些孔洞予以保留，没有进行填充抹平，只是对这些孔洞的边缘进行了加固，以便将来的研究工作。

自 2013 年 7 月 19 日至 9 月 20 日，完成白殿壁画的病害保护加固面积共计 421.90 平方米。其中保护修复起甲壁画面积为 121.30 平方米，修补壁面裂缝及地仗脱落面积为 42.58 平方米，加固空鼓壁画面积为 93.91 平方米，加固治理酥碱壁画面积为 9.23 平方米，清理污染壁画面积为 117.10 平方米，去除历史加固并补做新地仗的面积为 27.55 平方米，椽头锯缝 10.23 平方米（表 6-4-12；图 6-4-106 至图 6-4-124）。

表 6-4-12 白殿殿壁画保护加固面积统计

方位		保护加固面积 /m²							
		起甲	裂缝及地仗脱落	空鼓	酥碱	污染	历史加固	椽头锯缝	小计
主室	东壁	28.99	8.16	15.55	1.78	19.68	2.19	3.12	79.47
	南壁	18.21	5.63	20.16	1.83	18.65	5.32	2.52	72.32
	西壁	21.93	6.47	17.68	1.49	12.27	5.89	2.07	67.80
	北壁	32.75	5.77	13.91	2.87	15.61	9.05	1.06	81.02
	小计	101.88	26.03	67.30	7.97	66.21	22.45	8.77	300.61
佛龛	东壁	8.74	6.79	12.34	1.26	15.71	2.20	0.55	47.59
	南壁	0.50	0.25	0.33	0	0.68	0	0	1.76
	西壁	8.74	8.47	11.89	0	26.71	2.40	0.68	58.89
	北壁	1.44	1.04	2.05	0	7.79	0.50	0.23	13.05
	小计	19.42	16.55	26.61	1.26	50.89	5.10	1.46	121.29
合计		121.30	42.58	93.91	9.23	117.10	27.55	10.23	421.90

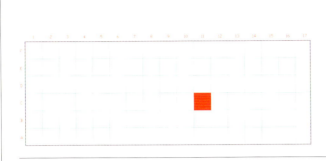

白殿东壁

C11

修复前　　　　　　　　　　　　　　　　修复后

图 6-4-106　白殿东壁 C11 区修复前后比对

这处壁画位于白殿东壁 C11 区域,绘有背光、金刚持各变相等小像(模糊不清)。这里主要存在的病害是污染、柱孔破损、背光脱落。针对污染,采用洗耳球、软毛刷、脱脂棉、纯净水清除污染;针对柱孔破损,采用黄土 : 沙 =2:1 和 4% 丙烯酸乳液配制的泥对其进行加固;针对背光脱落,采用黄土 : 沙 =2:1 和 4% 丙烯酸乳液配制的泥对其进行边缘加固。

白殿东壁

E3

修复前

修复后

图 6-4-107　白殿东壁 E3 区修复前后比对

这处壁画位于白殿东壁 E3 区域，绘有菩萨、天王等小像。这里主要存在的病害是颜料层起甲、污染、错位、裂缝、历史加固。针对颜料层起甲和污染，先采用洗耳球、软毛刷、脱脂棉、纯净水清除污染，然后再用 2% 丙烯酸乳液 :2% 硅 - 丙乳液按 1:1 混合后进行回贴加固；针对裂缝，采用黄土 : 沙 =2:1 和 4% 丙烯酸乳液配制的泥对其进行修补；针对历史加固，采用先剔除历史加固材料，然后再用黄土 : 沙 =2:1 和 4% 丙烯酸乳液配制的泥对其进行修补；针对壁画错位，采用矫正的方法进行整形。

白殿东壁

E16

修复前

修复后

图 6-4-108　白殿东壁 E16 区修复前后比对

这处壁画位于白殿东壁 E16 区域，残存壁画模糊不清。这里主要存在的病害是污染、颜料层起甲。针对污染，采用洗耳球、软毛刷、脱脂棉、纯净水清除污染；针对颜料层起甲，在清除污染后采用 2% 丙烯酸乳液 :2% 硅－丙乳液按 1:1 混合后对起甲颜料层进行回贴加固。

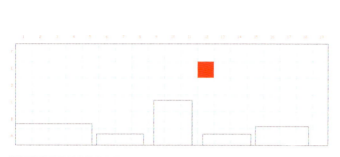

白殿南壁

E12

修复前

修复后

图 6-4-109　白殿南壁 E12 区修复前后比对

这处壁画位于白殿南壁 E12 区域，绘有山峦、彩云、神人及羊、马、鹿、牛骡等。这里主要存在的病害是颜料层起甲、地仗脱落、裂缝。针对颜料层起甲，采用 2% 丙烯酸乳液 :2% 硅 - 丙乳液 =1:1 的混合乳液对其进行回贴加固；针对裂缝和地仗脱落，采用黄土 : 沙 =2:1 和 4% 丙烯酸乳液配制的泥对其进行修补。

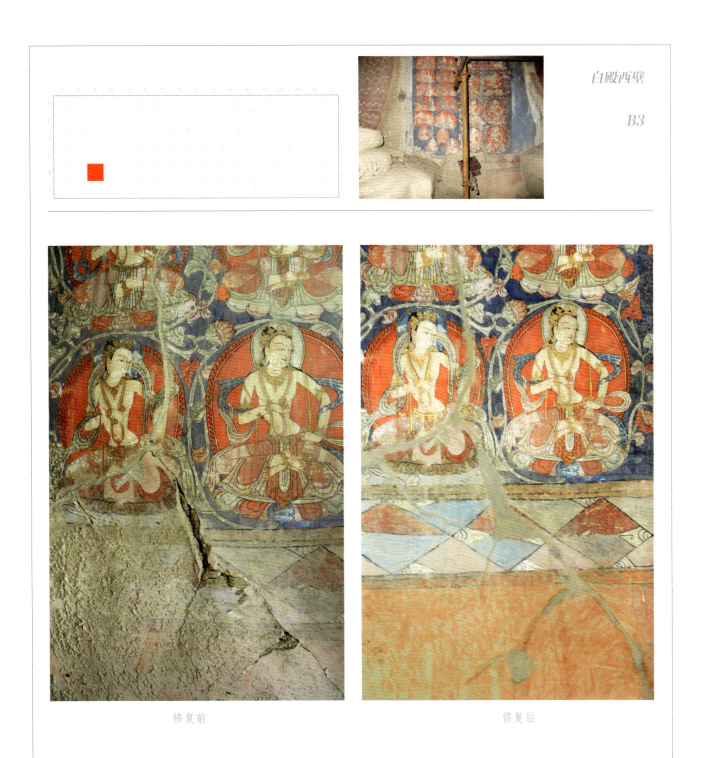

白殿西壁

B3

修复前　　　　　　　　　　　　　　　　　　修复后

图 6-4-110　白殿西壁 B3 区修复前后比对

这处壁画位于白殿西壁 B3 区域，绘有菱形海螺纹条带、各类护法、度母等小像。这里主要存在的病害是颜料层起甲、污染、裂缝、地仗破损。针对污染，采用洗耳球、软毛刷、脱脂棉、纯净水清除污染；针对颜料层起甲，在清除污染后采用 2% 丙烯酸乳液:2% 硅－丙乳液 =1:1 的混合乳液对其进行回贴加固；针对裂缝和地仗破损，采用黄土:沙 =2:1 和 4% 丙烯酸乳液配制的泥对其进行修补。

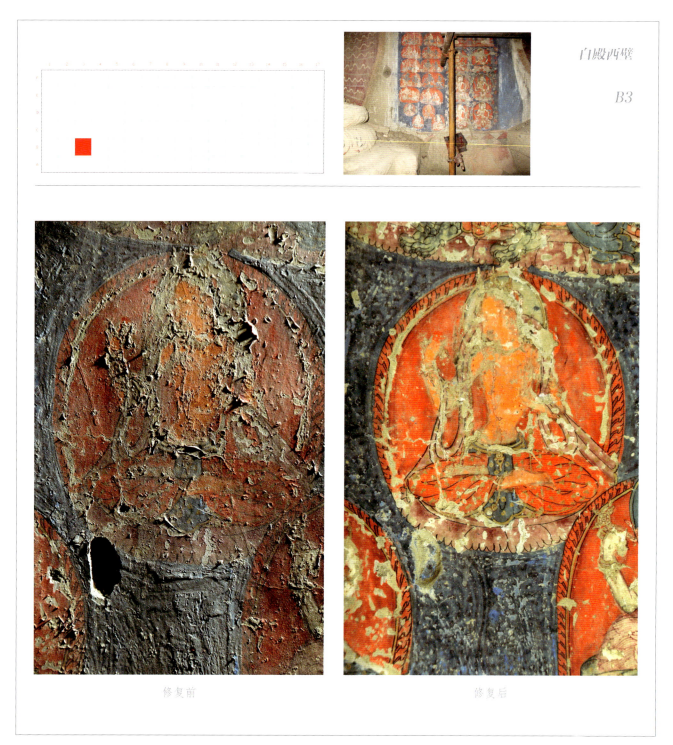

图 6-4-111　白殿西壁 B3 区修复前后比对

这处壁画位于白殿西壁 B3 区域，绘有菱形海螺纹条带、各类护法、度母等小像。这里主要存在的病害是颜料层起甲、地仗破损。针对颜料层起甲，采用 2% 丙烯酸乳液 :2% 硅－丙乳液 =1:1 的混合乳液对其进行回贴加固；针对地仗破损，采用黄土 : 沙 =2:1 和 4% 丙烯酸乳液配制的泥对其进行修补。

白殿西壁

D17

修复前

修复后

图 6-4-112　白殿西壁 D17 区修复前后比对

这处壁画位于白殿西壁 D17 区域，绘有背光、释迦牟尼说法、楼阁、草木、僧俗、人众等小像（模糊不清）。这里主要存在的病害是颜料层起甲、历史加固、污染。针对污染，采用洗耳球、软毛刷、脱脂棉、纯净水清除污染；针对颜料层起甲，在清除污染后采用 2% 丙烯酸乳液 :2% 硅 - 丙乳液 =1:1 混合乳液对其进行回贴加固；针对历史加固，采用先去除历史加固材料，然后再用黄土 : 沙 =2:1 和 4% 丙烯酸乳液配制的泥对其进行修补。

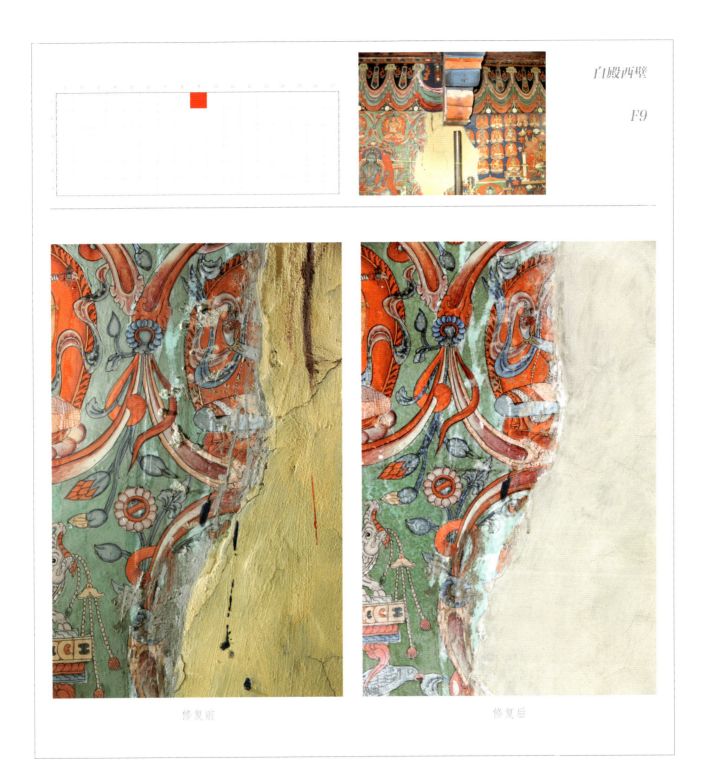

图 6-4-113　白殿西壁 F9 区修复前后比对

这处壁画位于白殿西壁 F9 区域，顶部绘有兽面衔忍冬垂帐图案，其下绘本尊佛母各变相、时轮金刚各变相等小像。这里主要存在的病害是颜料层起甲、历史加固、污染。针对污染，采用洗耳球、软毛刷、脱脂棉、纯净水清除污染；针对颜料层起甲，在清除污染后采用 2% 丙烯酸乳液 :2% 硅－丙乳液 =1:1 混合乳液对其进行回贴加固；针对历史加固，采用先去除历史加固材料，然后再用黄土 : 沙 =2:1 和 4% 丙烯酸乳液配制的泥对其进行修补。

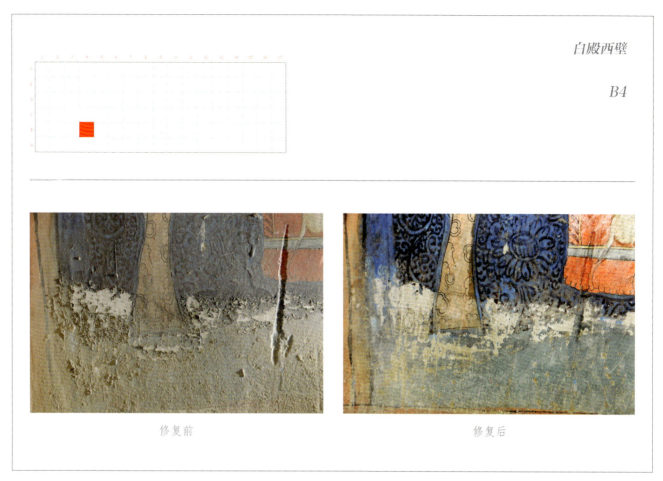

白殿西壁

B4

修复前　　　　　　　　　　　　修复后

图 6-4-114　白殿西壁 B4 区修复前后比对

这处壁画位于白殿西壁 B4 区域，绘有菱形海螺纹条带、度母等小像。这里主要存在的病害是颜料层起甲、颜料层脱落、污染。针对污染，采用洗耳球、软毛刷、脱脂棉、纯净水清除污染；针对颜料层起甲，在清除污染后采用 2% 丙烯酸乳液 :2% 硅－丙乳液 =1:1 的混合乳液对其进行回贴加固。

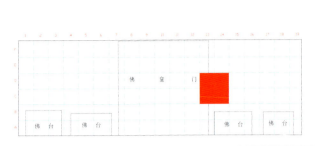

白殿北壁

C13、C14
D13、D14

修复前

修复后

图 6-4-115　白殿北壁 C13、C14、D13、D14 区修复前后比对

这处壁画位于白殿北壁 C13、C14、D13、D14 区域，曾经修复病害；绘有甘露王其子哲员吧、色赞等众多小像。这里主要存在的病害是颜料层起甲、历史加固、裂缝和污染。针对污染，采用洗耳球、软毛刷、脱脂棉、纯净水清除污染；针对颜料层起甲，在清除污染后采用 2% 丙烯酸乳液 :2% 硅－丙乳液按 1:1 混合后对其进行回贴加固；针对历史加固，采用先去除历史加固材料，然后再用黄土：沙 =2:1 和 4% 丙烯酸乳液配制的泥对其进行修补；针对裂缝，采用黄土：沙 =2:1 和 4% 丙烯酸乳液配制的泥对其进行修补。该处塑像已经损毁，支撑塑像的木棍也已不存，但壁面存在支撑塑像的木棍插入墙体时留下的柱孔，这些柱孔体现了支撑塑像的原始工艺，所以在清理历史加固之后，进行新补地仗的同时，对这些柱孔也进行了清理、加固，并予以保留。

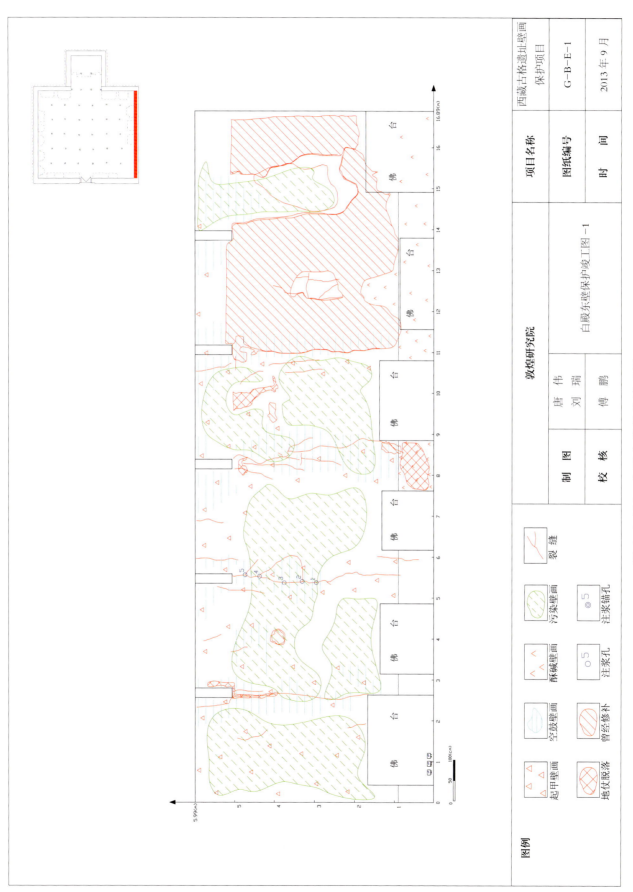

图 6-4-116 白殿东壁保护竣工图 -1

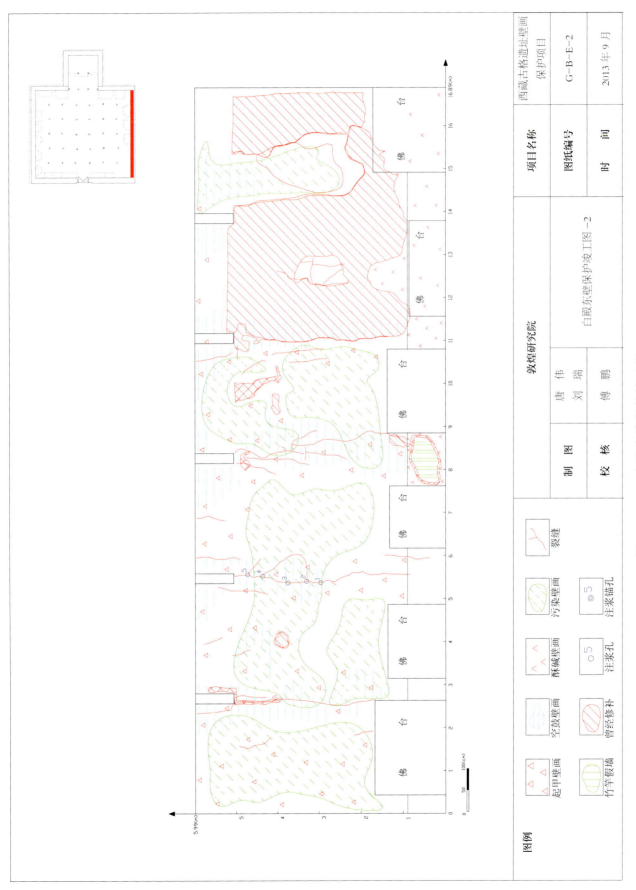

图 6-4-117　白殿东壁保护竣工图 -2

图 6-4-118 白殿南壁保护竣工图

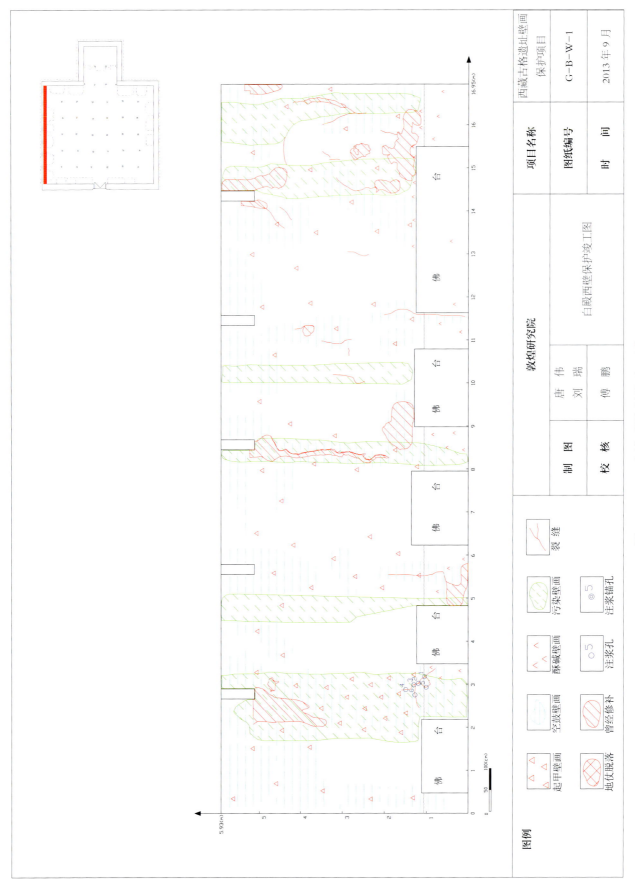

图 6-4-119 白殿西壁保护竣工图

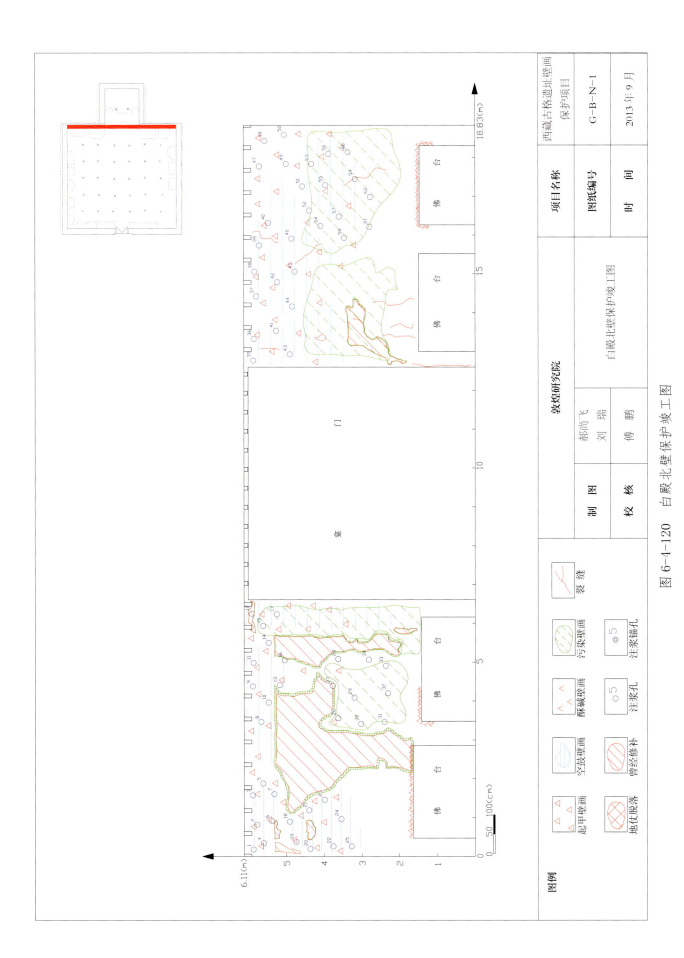

图 6-4-120 白殿北壁保护竣工图

336 古格遗址壁画保护项目竣工报告

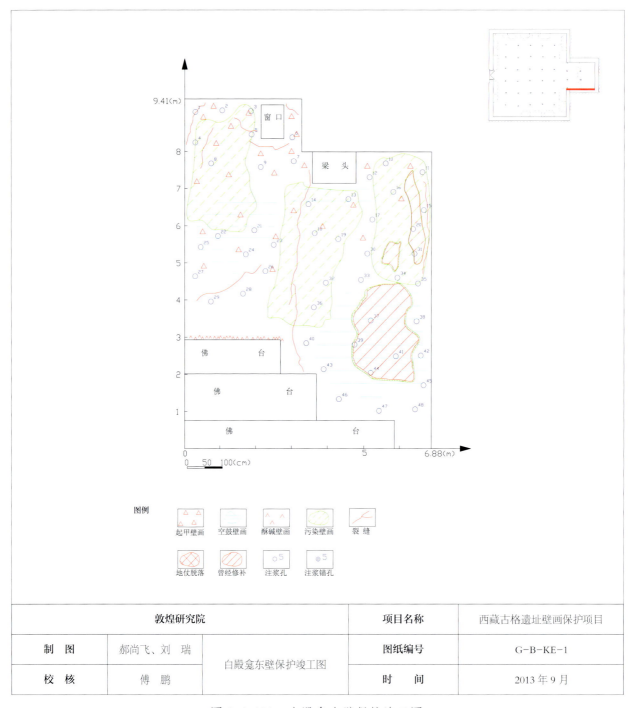

敦煌研究院		项目名称	西藏古格遗址壁画保护项目
制　图	郝尚飞、刘　瑞	图纸编号	G-B-KE-1
校　核	傅　鹏	白殿龛东壁保护竣工图 时　间	2013 年 9 月

图 6-4-121　白殿龛东壁保护竣工图

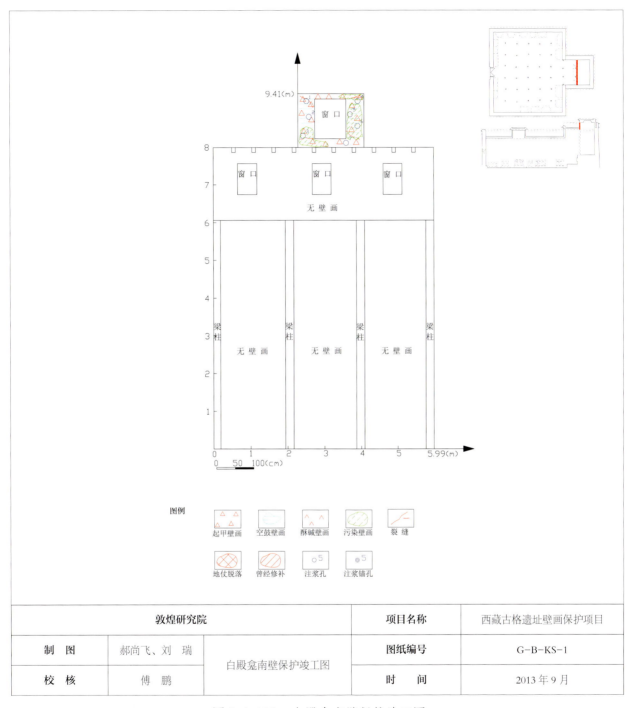

图 6-4-122　白殿龛南壁保护竣工图

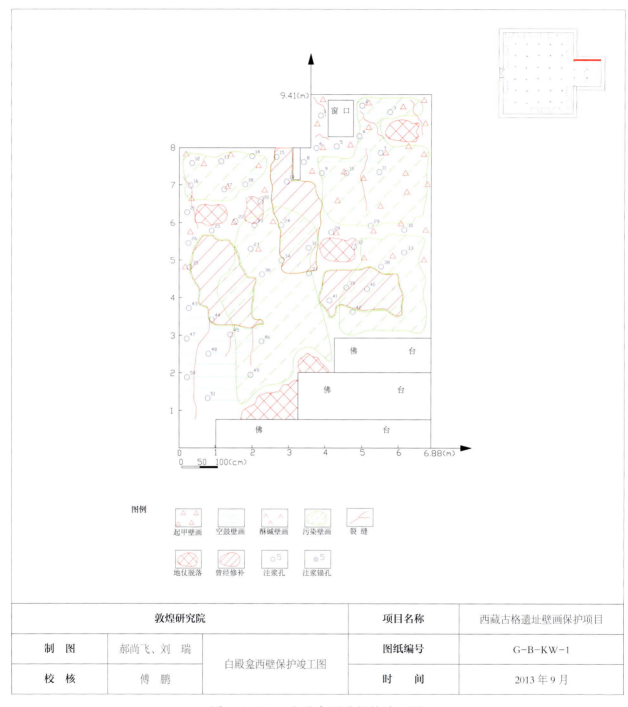

图例

起甲壁画　空鼓壁画　酥碱壁画　污染壁画　裂缝

地仗脱落　曾经修补　注浆孔　注浆锚孔

敦煌研究院		项目名称	西藏古格遗址壁画保护项目
制　图	郝尚飞、刘　瑞	图纸编号	G-B-KW-1
校　核	傅　鹏	时　间	2013 年 9 月

图 6-4-123　白殿龛西壁保护竣工图

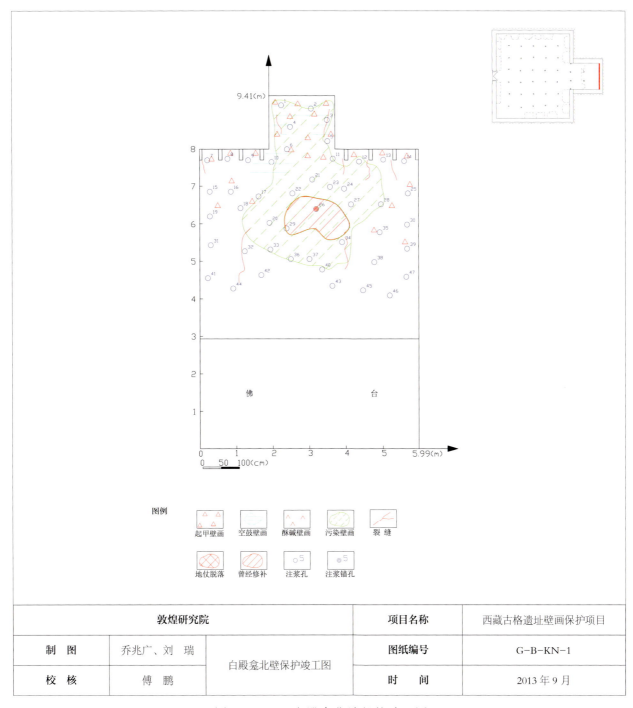

图 6-4-124　白殿龛北壁保护竣工图

第五节　小结

保护实施过程中，项目团队在充分了解古格遗址及其附属文物的文化价值的前提下，结合前期研究结果，根据不同殿堂或洞窟的工作环境，在实施过程中持续开展研究试验，不断总结，制订明确且可持续的治理措施，选取最适当的保护材料与工艺，以高度负责的态度谨慎实施，最终取得了理想的保护修复效果。项目实施期间，项目团队严格遵守相关法律法规，安全防范措施到位，从未发生安全事故。

自 2012 年 5 月 22 日至 2013 年 9 月 20 日，共完成古格遗址五个殿堂、一个洞窟的壁画保护工作，保护加固病害壁画面积总计 1265.40 平方米。其中保护修复起甲壁画面积为 411.64 平方米，修补壁面裂缝及地仗脱落面积为 131.65 平方米，加固空鼓壁画面积为 370.39 平方米，加固治理酥碱壁画面积为 43.04 平方米，清理污染壁画面积为 229.41 平方米，去除历史加固并补做新地仗的面积为 58.73 平方米，椽头锯缝 20.54 平方米（表 6-5-1）。

收集照片、图纸、文档等各类文件 57000 余个，按照古格遗址现存建筑建立完成壁画保护档案（不包含个人工作档案）6 套，共计 1376 页，累计达到 184924 字（表 6-5-2）。

表 6-5-1　古格遗址壁画保护加固面积统计

序号	建筑名称	保护加固面积 /m²							
		起甲	裂缝及地仗脱落	空鼓	酥碱	污染	历史加固	椽头锯缝	小计
1	度母殿	14.39	4.20	21.86	0	2.30	2.95	0	45.70
2	坛城殿	18.82	13.90	26.27	0	9.80	0.85	4.15	73.79
3	依怙洞	11.88	6.55	5.61	5.80	2.59	0	0	32.43
4	大威德殿	64.52	25.99	45.93	0	22.88	4.48	3.81	167.61
5	红殿	180.73	38.43	176.81	28.01	74.74	22.90	2.35	523.97
6	白殿	121.30	42.58	93.91	9.23	117.10	27.55	10.23	421.90
	合计	411.64	131.65	370.39	43.04	229.41	58.73	20.54	1265.40

表 6-5-2　古格遗址壁画保护档案统计

序号	殿堂（洞窟）名称	页数	字数
1	度母殿	80	14395
2	坛城殿	68	15711
3	依怙洞	47	9758
4	大威德殿	138	19962
5	红殿	427	60039
6	白殿	616	65059
合　计		1376	184924

结束语

古格遗址处于西藏阿里腹地的高海拔地区，自然环境恶劣，遗址又是依山而建，上下高度落差达 300 米，无论是日常生活还是在现场工作，对工作人员的身体都是一种极限的考验。在项目实施的时候，遗址还没有通电通水，这在敦煌研究院的壁画保护工作中是前所未有的，在如此艰苦的条件下，项目团队能够保质保量地完成各项工作实属不易。

近百年来，对古格遗址的考察活动屈指可数，研究成果亦极为少见，项目团队通过这些有限的资料，对古格遗址及其附属文物的文化价值进行了调查评估，在保护实施中最大限度地保留了文物的真实性和文化价值。

项目团队对古格遗址保存有壁画的建筑遗存内部温湿度环境，以及建筑、壁画的保存现状、干预历史开展了详细的调查工作，全面掌握了现存殿堂或洞窟的内部结构、附属文物保存状况、现存壁画的内容和面积，确定了壁画病害的类型和分布范围。

基于现状调查结果开展的前期研究工作，分析研究了壁画原始制作材料与工艺以及绘制年代，结合环境数据的分析结果，简析了导致壁画发生病害的影响因素。根据壁画赋存环境、绘制年代、原始制作材料、工艺、病害类型以及病害程度等不同特征，项目团队选取了多种类型最为严重、复杂的典型病害开展了现场保护修复试验，保护修复效果理想，试验取得了圆满成功。

古格遗址保护维修工程启动后，古建维修和壁画保护工作是同时开展的，壁画保护项目团队制定了科学合理并具有良好操作性的处置预案，在古建筑维修施工的同时开展了壁画的防护工作，最大限度减少了古建维修对壁画造成的影响。

古格遗址现存壁画病害面积高达 1200 多平方米，病害类型众多，分布范围广泛，局部病害程度严重，多种病害叠加的现象普遍，保护实施存在诸多难点，对团队成员提出了极高的要求。项目团队在总结敦煌研究院几十年来在石窟寺壁画保护修复的成功经验和教训的基础上，本着对文物高度负责的精神，慎之又慎地完成了壁画保护修复实施工作。

因建筑漏雨及墙体下部酥碱，红殿南壁壁画有大面积脱落，1997 年国家曾对古格遗址进行过抢救性保护，对脱落部位进行了加固处理。限于当时的技术条件，加固材料使用了较为坚固的水泥，虽然阻止了壁画进一步脱落，但因水泥透气透水性差，数年以后曾经加固部位的边缘出现了酥碱现象，造成壁画颜料层起甲、脱落。去除历史加固材料后，上部壁画因自重存在一定风险；南壁墙体外侧有较大体量的山体堆积，山体和墙体都具有较好的持水性，如果大面积补做新地仗，仍然不能解决墙体向殿内输送水分以及墙体下方因毛细现象水分爬升的问题。综合上述因素，项目团队借鉴莫高窟第16窟壁画保护的成功经验，制作了竹竿假墙，不仅起到了对上部壁画支撑的作用，同时阻断了由毛细现象带来的水分通路。因竹竿假墙与墙体之间存在空间，即便降雨过后山体或墙体持水，其水分只会影响竹竿假墙部分，而把对壁画造成的影响降到了最低。

白殿壁画存在大面积的颜料层起甲，作为早期遗存的壁画，白殿壁画的绘制极其精细，且壁画颜料层较薄，对这个殿堂的起甲修复技术要求非常之高，在经过两次现场试验之后，终于找到了理想的保护材料配比和工艺，白殿颜料层起甲壁画的保护修复效果表现出色。

保护实施根据壁画保存现状的实际情况，按照"一殿一方"的原则适当调整保护材料的配方，使每个殿堂、洞窟的病害壁画都得到了科学、有效地治理。项目结束至今，通过对古格遗址的多次回访、实地勘察，各类保护措施均取得了良好的治理效果。

古格遗址壁画保护项目建立了壁画保护档案机制，完成的档案由按照时间建立的原始资料档案、按照殿堂（洞窟）建立的壁画保护档案、按照工作人员建立的工作档案三个部分组成，这三个部分的内容互有重复，但可互相印证，确保了档案内容的真实性。

对于一座有着700年历史、留存1000千余平方米壁画的庞大遗址，我们所做的工作仍然还有诸多不足和遗憾，例如自然环境对壁画保存的影响还有待进一步的探索，壁画原始制作材料与工艺还有很大的研究空间。我们所做的一些保护修复仍然属于被动的抢救性保护，如何实现具有长远意义的预防性保护尤其是对边远地区珍贵文物的主动保护，还有很长的路要走。此次壁画保护项目的实施，能够尽我们所能稳定古格遗址壁画的保存现状，延缓壁画的病变速度，延长壁画的保存时间，我们感到非常欣慰。

编后记

"西藏阿里古格遗址壁画保护项目"始终是在敦煌研究院的组织和领导下开展的。王旭东研究员担任项目总负责，傅鹏担任执行负责。参加前期调查的成员有李最雄、王旭东、吴健、孙志军、傅鹏、乔兆福、赵新成、李新锁，由王旭东负责、李最雄审定、傅鹏编写完成《西藏阿里古格遗址壁画保护修复方案》。殷志媛、善忠伟提供了部分壁画样品的分析数据，王旭东、傅鹏、黄伟完成了现场试验。参加现场保护实施的成员有王旭东、傅鹏、唐伟、黄伟、乔兆广、郝尚飞、马宾、张世凯、文关候、吴德旭、龚成旺、李星、石成龙、王家辉、杨阳等人，当地雇工有格桑卓嘎、央宗、噶珍、冈巴扎西。傅鹏、马宾负责资料的整理、壁画保护档案的建立，侯文芳负责环境数据的整理分析工作，付立成、雷蕾、赵新荣对保护修复效果进行了艺术方面的指导，雷蕾、赵新荣完成新补地仗的视觉压色处理工作，汤爱玲、高三虎负责后勤保障工作。

王旭东自始至终指导了本报告的编写，傅鹏、唐伟、侯文芳、乔兆广等人参与了编写。本书引言、致谢、第一章、第二章、第三章、第四章第二～第四节、第五章第一节和第三、第四节、第六章第一～第三节和第五节、结束语由傅鹏执笔，第四章第一节、第五章第二节由傅鹏、侯文芳执笔，第六章第四节由傅鹏、唐伟、乔兆广执笔。

本报告封面照片由付立成拍摄。第一章、第三章、第四章部分照片由孙志军、乔兆福、傅鹏拍摄，第四章、第五章、第六章大部分照片由傅鹏、唐伟、黄伟、乔兆广、郝尚飞拍摄。图纸测绘由刘瑞、唐伟、黄伟、乔兆广、郝尚飞完成，傅鹏也绘制了部分图稿。

报告的编写从保护项目结束后的2015年开始，至2021年完稿，虽然历经多年的整理研究，但囿于我们的研究水平，报告中难免还会有很多错误，敬请各位专家、学者指正。

部分现场工作人员合影